古代地名の研究事始め

山城・丹後の伝承・文学地名を中心に

糸井通浩
Itoi Michihiro

清文堂

古代地名の研究事始め

——山城・丹後の伝承・文学地名を中心に

目次

Ⅰ　和語地名の研究のために……………………………………1

カット画／糸井通浩
装幀／寺村隆史

I 和語地名の研究のために

日本語の歴史と地名研究

一　地名研究の恍惚と不安

日本語の歴史の研究にとって、地名は断片的ではあるが、貴重な資料の一つである。日本語の歴史を明らかにしていくための文献には限りがあって、古くさかのぼればさかのぼるほど、文献は不足する。現在新たな資料としての価値が注目されているものに、地方の方言に残る古語の発掘と新出する木簡や地名の研究がある。

地名は言葉であるかぎり、意味を伝えるものであるが、固有名詞の性質から、他のもの（ところ）と区別・識別することを重要な機能としているため、符号的性格を帯び、比較的変化しにくい性質をもっている。それだけ古い形のまま残っている可能性が高い。しかし、一方、脆いところもあるのである。地名は硬くて脆い言葉なのである。何かを契機としてちょっとした変化を（音が抜け落ちたり、訛ったり）して、もとの意味がわからなくなってもあまり気にすることがない。同類の他と区別することを第一義とする符号的なものであるからである。ちょうど、自分の名前の意味を日頃はほとんど気にしないでいるのと同じである。

時代が下がると、とくに行政的に必要性に迫られて設けられた地名は、その由来も比較的わかっているのであるが、古い地名は、ほとんどが名付け親の不明な固有名詞である。どういう意味（価値）付けで名付けられたものなのか、不明なものが多い。おそらく、既存の言葉、名詞の場合なら、既存の普通名詞を用いたネーミングであったであろうが、いずれにせよ、他のもの(ところ)と区別しておく価値(差異)があったゆえ、その「ところ」のなんらかの特徴をとらえて名付けたものと思われる。そこに地名という言葉が伝えているはずの、文化的・歴史的情報が秘められているのであり、それゆえ価値がある。それを解き明かすことのロマン、ないし恍惚感に浸れるのであるが、一方、一般語と異なって、地名同士がかならずしも体系性をもって名付けられたものでないため、言葉としては互いに孤立しているところがあり、たどり着いた意味の解明が的確なのかどうかの、確かな手ごたえの得にくい不安も付きまとうのである。的確な断定も、また否定もしにくいところがある。

本稿では、古い地名を念頭に置いて、その現在伝わる「かたち」との関係で、古い「かたち」を復元する際に必要になる日本語の歴史的変化の主だった事実について整理しておきたい。ただ、地名の語源を探り、元の意味を明らかにするためには、まず現在において確かめることのできる、可能なかぎり古い形を確認することが肝要である。少なくとも現在の「かたち」はその元の「かたち」が変化してきた結果なのであり、語源を考えるには、その確認できた古い「かたち」で考えるべきで、それをさらにその「かたち」をさかのぼって考えることは、推論の域になることを心得ておくことが重要である。

二　文字の獲得

大同二年(八〇七)に書かれた斎部広成『古語拾遺』に、「上代之世、未有文字」と記すように、日本語には固有の文字がなかった。文字との出会いは中国の漢字との出会いに始まる。人名や地名という固有名詞の日本語を記す工夫から始まり、やがて漢字を用いて普通の日本語がそのまま記録できるまでに漢字の使用法が開発された。漢字を訓読みしたり、一字一字漢字の音を借りたり、訓読みの音を借りたりして記す、いわゆる万葉仮名による表記の獲得がそれを可能にした。

日本語を文字化して記録できるまでは、言葉は音で伝えていくしかなかった。口承伝承である。ひとたび語形が変化して伝えられると、元の形に戻ることがむずかしかったと思われる。それゆえ漢字を駆使して日本語が書き伝えられるようになったことは、画期的なことで、書承伝承が可能になったわけである。中央（都）などで記録された分については、こうして地名の語形が比較的安定して伝えられていくことが保証されたのである。

当初の地名の記録は万葉仮名式による文字化であったであろう。例えば、「和加狭」（若狭）、「伊奈利」（稲荷）と書かれた。意味も伴っていたはずの地名であるが、この表記式では、地名の音だけを伝えて、意味は伝えていない。また、子音で終わる漢字を、末尾に母音を加えて和語の二音に当てて用いるという表記（用字法）も生まれた（「二合仮名」という）。「丹波《たには》」国と書くのがその例で、「丹《タン》」の字を「たに」の和語音に当てたのである。「隠《オン》」を「おに」（鬼のこと）という語として取り入れたように。もっとも「たには」の語構成が「た・には」であったか「たに・は」であったかについては意見が分かれるところである。筆者は前者（田庭の意）と見る。日本語のフット（foot　言語にみられるリズムの一種）の影響で、意味は「た・には」でも音声上は「たに・は」と意識されていたことから、「丹波」と表記されたと考えてもよいからである。現在は「タンバ」と音変化している（もっとも、和語の音を伝えるための漢字利用であっても、日本語の意味に配慮して、その意味に相当する意味の漢字を選んだということはあったかもしれない。『万葉集』にはそういう工夫が見られる事例がある）。

和銅六年（七一三）に「風土記」編纂の詔が出た。編纂に当たって五つの要求が添えられたが、『続日本紀』によると、山川原野の名とその由来（地名伝説）や古老の伝える「旧聞異事」を記すことなどの要求の第一に、「国郡などの名」に「嘉名—好字」を、しかも二字で付けること（このことは「延喜式」によって確認できる）が要求されていたことが注目される。そこには漢字の伝える意味が意識されているのであるが、その漢字の意味が地名（和語）の意味と一致していたかどうかは疑わしい。おそらく考慮されなかったと言ってよいだろう。こうして「和加狭」「伊奈利」は「若狭」「稲荷」と表記されるようになったが、「若」が当の地名（わかさ）の意味を伝えているかどうかは、短絡的には判断できないのである。「きの国」「山城国き郡」の「き」を「紀伊」と二文字で記したのも、「好字二字」の原則に合わせたものと考えられる。

平安時代になると、平仮名・片仮名が確立する。この文字による表記の特徴は、日本語から清濁の区別がなくなったわけではないのに、これらの仮名には清濁の区別がなく、「か・カ」の文字が、「ka」の清音にも「ga」の濁音にも用いられたのである。このため仮名で記録された地名の場合にも、清濁の判断に注意を払わなければならなくなったわけである。もっとも、清濁の違いがかならずしも語の区別にならない場合があったことにも配慮しておくべきであろう。

こうして平安初めに仮名書きが可能になったが、その後、音韻の変化によって、「お」と「を」の区別や「い」と「ゐ」、「え」と「ゑ」の音韻上の区別がなくなったり、「ハ」行転呼の現象（語中語尾のハ行音をワ行音に発音する現象）などによって、仮名遣いの混乱が起こった。また、江戸初期になると、いわゆる「四つ仮名」の「じ」と「ぢ」、「ず」と「づ」それぞれ音韻上の区別がなくなって、表記上に混乱が見られるようになった。いずれもこれらの仮名の違いは、本来発音の違いに応じて語の違いにつながっていたわけであるから、現在の地名の「かたち」が古い時代にはどういう仮名で表記されていたかを正しく確認しなければ、別の語として誤った判断をしてしまう恐れがあるのである。

三　原初日本語の音韻の特徴とその変化

古代の日本語がまとまって記録されている文献と言えば、韻律の表現である和歌を集めた『万葉集』に尽きる。「記紀」「風土記」においては、断片的である。もっとも、今、地名研究においても注目される新しい資料として、次々と発掘されて報告される木簡がある。いずれにしても、こうした限られた文献を駆使して推定されている、いくつかの、本来日本語がもっていたと考えられる音韻的特徴について整理しておくことにする。

1　語頭に濁音、ラ行音は存在しなかった

原初の日本語には、濁音やラ行音で始まる単語はなかったと考えられている。しかし、濁音やラ行音がなかったわけではない。語中語尾では存在した。もっとも、助詞・助動詞には濁音やラ行音で始まる語(助詞の「が・ば」や助動詞の「らし」「らむ」など)が原初から存在したと思われるが、これら助詞・助動詞はつねにほかの語のあとについて使われる語であったから、これらの存在を先の日本語の連音上の特徴に違反するものであると考える必要はない。ちなみにこれらの連音上の特徴は、現在でもコリア語(韓国・朝鮮語)がもっている特徴である。例えば、「出る・出す」という動詞は、元は「いづ・いだす」であったし、「どれ・どこ」も元は「いづれ・いづこ」であり、「だれ(誰)」も「た・たれ」と濁らなかった。現在の濁音で始まる語は、漢字語や外来語をはじめ、和語に関しても、後世になって発生・導入された語であるか、元の語が変化してできた形の語かである。

2　語中語尾の母音音節は忌避された

原初の日本語では、日常的に最も小さい音の単位と意識される音節が、母音音節と子音一つに母音一つからなる音節の二種類であったとされる。つまり日本語はすべての音節が母音で終わるという「開音節」の言語であった。そして、原初日本語の、連音上の特徴として、「1」でみたように母音音節は語頭にしか現れなかったのである。このことはまた、母音連続（二重母音）を忌避したと言い換えてもよい。

そのため語と語が結合して複合語を造るときも、例えば「あら・いそ」（荒・磯）が語となると、母音「ア」を消去して「ありそ」となった。「わがいもこ（我が妹子）」という連語も一語的になると、「がい」の部分が融合して（「ア」を脱落させて）、「わぎもこ」となった。「はる（春）」と「あめ（雨）」が結合するとき、「はるさめ」となったのも、「s」音を挿入して母音連続を避けているのである。鳥取の「三朝（温泉）」を「みあさ」と呼ばず「みささ」と呼ぶのも同じ理由であろう。

古い語（地名）で、現在、語中語尾に母音音節を含むものは、元の「かたち」がなんらかの変化をとげた結果であると考えられ、元の形に復元して見なければならない。例えば「間人」（京都府京丹後市）を今「たいざ」と呼んでいるが、古代にさかのぼる地名であるなら、語中の母音音節「い」は何かの形の変化した結果とまず考えてみるべきである。例えば、「たゐさ」または「たぎさ」（「当麻」の「たぎま」が「たいま」になったように）であった可能性がある。

「邪馬台国」を通常「やまたい（国）」と言うが、この国名が和語なら、語尾のア行の「い」の存在は認めがたい。「やまい（ち）」という説も同じ。「台」の字は「と」と読まれた（卑弥呼の宗女の名「台与」を「とよ」と読む）から、「やまと（国）」であったと見るべきであろう。

3　上代特殊仮名遣いという事実

平安初期になって確立してきた平仮名、片仮名では、「み・ミ」という音節は一つであったが、それが上代にさかのぼると、平安以降の音節「み」に相当する音節に二つあることが、江戸時代以降の研究でわかってきた。その二つを甲類・乙類という名で区別する。つまり甲類の「み」と乙類の「み」という区別があったのである。それが平安時代になると、一つの「み」になったというわけである。

例えば、「神」の「み」は乙類で、「上」の「み」は甲類であったから、二つは明らかに別語で、江戸時代には「神は上にいるから神だ」と考えていたようだが、それが否定されたのである。上代以前に、こうした区別のあった音節は「キ・ケ・コ・ソ・ト・ノ・ヒ・ヘ・ミ・メ・ヨ・ロ・モ（「モ」は『古事記』のみ）」などであり、さらにア行の「エ」とヤ行の「エ」の区別もあった。平安時代になると、音節によって多少の時間差があるが、ほぼこれらの区別がなくなったと言えるようだ。

「邪馬台国」論争にかかわって、「やまと（国）」の「と」は乙類で、「大和《やまと》」の「と」と同じであるが、「山門《やまと》」の「と」は甲類で、異なるということが問題にされることもある。中には「悠紀・主基」の主基の「き」については甲類か乙類かでゆれていて、決定しかねるものもある。「丹後国丹波郡周枳郷」の「すき」が「主基」による地名ではないかと見る説があるが、少なくとも『日本書紀』で「基」は乙類、「枳」は甲類と異なっている。

もっとも、確かに「神」と「上」とは、上代において異なる音節をもつ語で別語であったことは明らかであるが、そのことが語源的にも両語が全く別語であったことを意味しない。「神」と「上」とは意味的に同源語であるという説（阪倉篤義「語源―『神』の語源を中心に―」『講座日本語の語彙』第一巻所収、明治書院、一九八二年）もあって、やはり同源語とみる「くま」の名をもつ地名の意味や用いられている所を明らかにして、「神」の語源を提示している。

4　音価の変化

音節の中には音質が変化したものがあることにも注意しなければならない。先の「悠紀・主基」の「すき」は、悠紀(国)の「次(の国)」の意味だとされる。「次」の意の語が「すき」から「つぎ」という語になったことを意味する。「木次町」(島根県)は「きすぎ」と読む[注]。

ハ行の子音の音価が、[P]→[F]→[h]と変わってきたとする仮説は定説化している。原初において、濁音のバ行に対する清音は、パ行であったわけである。現代では、濁音のバ行に対する清音はハ行とみて、パ行は半濁音と称しているが、清濁の対立は、バ行とパ行であることに変わりはない。日本語以外の語との関係を考えるとき、この事実を無視してはならないのである。

5　音便現象――特殊音節の発生

平安時代になると、音便現象が見られるようになる。「飛びて」が「飛んで」となる撥音便、「待ちて」が「待って」となる促音便、「咲きて」が「咲いて」となるイ音便、「思ひて」が「思うて」になるウ音便が生じた。これらの音便現象は、上代までの日本語の音韻上の特質をそこなう異分子の誕生であった。撥音便・促音便は、母音で終わらない音節で、特殊音節と呼ばれる。イ音便・ウ音便は、語中語尾に母音音節が存在すること(結果として二重母音)を許すことになった一大変化である。

早い例に、『出雲国風土記』で「秋鹿(郡)」をイ音便で「あいか」と呼んでいる例がある(『和名類聚抄』を踏まえた読みか)。「たには(丹波)」は撥音便化して、「たんば」となった。ただし、「丹後」を「たんご」と読むのは、「たにご」の撥音便でなく「丹後」を漢字音で呼んだにすぎない(音訓みの語)。「丹後」という地名は、「丹波」から分国されて「たにはのみちのしり」の意を省略的に造語した漢語である。「吉備国」が三つに分国されたとき、「備前・備中・備後」を「びぜん・びっちゅう・びんご」と言うようになったのと同じである。こうして漢語（字音語）の地名も徐々に増えてきたのである。

「間人」を「はしうど」と読むところがあるが、これは「はしひと」のウ音便化で、「いもひと（妹）」「おとひと（弟）」が「いもうと」「おとうと」となったのと同じ原理にもとづく。

6　ハ行転呼の現象

平安時代のもう一つ大きな音韻変化にハ行転呼という現象がある。語中語尾のハ行音をワ行音に発音するようになった現象である。「思はず」「思ふ」を「思ワズ」「思ウ」と読むように。この変化は、地名に関してもいろいろなところに関わっている。

「近江」を「オーミ」と言うのは、元の「あふみ」の変化した形で、「遠敷（郡）」（福井県）を「オニュー」と言うのも「をにふ」（小丹生の意か）の音変化であろう。

とくに興味深いのは、「―生《ふ》」という地名、例えば「栗生（峠・栗尾と表記する）」（京都府）、「埴生」が、前者は「クリオ」と言い、後者は「ハニュー」と言うように、二種の変化の見られることである。「途中」と言う地名を「栃生」の変化と見るのは、後者の変化と判断できるからである（木村雅則「京都地名散策「途中」」『京都新聞』二〇〇三年七月四日）。「粟生」など「―オ」となった地名は、「―尾」とも書くという説があり、「―」の部分に植物名を受ける「―生」「―尾」、および「―原」は関連しあっていると言う（例：松生―松尾―松原）。

「かはうち（河内）」は、まず語中語尾に母音音節を許さないという性質から「かはち」ないしは「かふち」となり、さらにハ行転呼現象で「カワチ」「カウチ―コウチ」となった可能性が高い。

7　二重母音の長音化

イ音便・ウ音便が生じて、日本語に二重母音が現れることになったが、さらに二重母音の一部が長音化する現象が中世には生じた。オ段に限ることであるが。先の「近江」が「あふみ」→「おうみ」となったのも、ハ行転呼「(あふ→)アウ」がさらに「オー」と長音化したからである。「かふち(河内)」が「コーチ」となるのも、「カウ」が長音化したのである。古語の「あふ―」という語が、「葵《あふひ》」のように「アオイ」となるものと、「扇《あふぎ》」のように「オーギ」となるものがあるが、後者の例は長音化した結果である。

そのほかの二重母音では、拗長音化したものもある。「あかい(赤い)」を地方によっては「あきゃー」と言うのが、それに当たる。「遠敷」の「ニウ」が「ニュー」となったり、「途中(栃生)」の「チウ」が「チュー」となったりするのも、それである。なおそのまま「アカイ」と言うのは、二重母音がそのまま生きている場合である。

8　四つ仮名の縮小

「じ」「ぢ」「ず」「づ」の四つを「四つ仮名」と言う。本来仮名が異なるように発音も異なっていた。ところが表記に当たって、江戸初期には混乱が生じてきた。つまり「ぢ」と「じ」に発音上の区別がなくなり、「ぢ」は「じ」に吸収されたのである。同じく「ず」と「づ」の間にも見られ、「づ」は「ず」に吸収された。その結果、現在、歴史的仮名遣いで悩まされる問題の一つとなっている。この点で、平安末期には区別がなくなっている「お」と「を」、「え」と「ゑ」、「い」と「ゐ」についても、その後、仮名表記の混乱が見られる。もともと区別があったということは、それが語(意味)の区別にもなっていたはずであるから、地名(特に、その語源)を考えるときにも、元の形を正確に把握することが要求されるのである。

四　語彙の歴史

現在の日本語を構成する単語には、日本語の中から生まれた固有語（和語）だけでなく、他の言語から取り入れた借用語がたくさんある。それらを「漢語」「外来語」と言うが、それらに似せた和製の「漢語（字音語）」「外来語」もあり、また、「外来語」とは普通近代になって入ってきた、主として欧米語を言うが、古代以前にも、中国からの「漢語」だけでなく、コリア語やアイヌ語、または東南アジアの諸語などからも移入された語があったことは十分考えられる。地名に関しても同じことがあり、各地名の語種（言葉の出自）を的確に見極めなければ、とんでもない結論を出しかねないのである。語彙の歴史には触れなかったが、重要な一面である。

【注】

本書Ⅱ参照。

難読・難解地名の生成（上）

はじめに―日本語と文字

言語は記号であり、音声記号を持たない言語は存在しないが、固有の文字記号を持たない言語は存在する。日本語は『古語拾遺』（斎部広成撰・大同二年〈八〇七〉）が「上古之世未有文字、貴賤老少口々相伝、前言往行存而不忘」と記すように、固有の文字を持たない言語であった。「かく」「よむ」という語は和語で古くからある語と推定されるが、本来は文字を「書く」「読む」の意味ではなく、「欠く・ひっかき傷をつける」「数を数える」の意味であった。中国から、あるいは韓半島経由で伝来した漢字・漢文を習得して用いるようになって「書く」「読む（あるいは詠む）」の意を中心とする語となったものである。もっとも神事や重要儀礼などで用いられた符号・標識・図像のような記号は存在していたかもしれないが、言語として体系をなす固有の文字記号は存在しなかった。

言うまでもなく地名も本来音声言語として生成され相伝されてきた。日本列島の言語は少なくとも中国語（漢語）でも韓半島語（コリア語）でもなかったが、日本列島の言語による地名（音声言語）を漢語の文字、漢字（文字言語）を用いて記録するようになり、ここに両者の対応ないし結合関係において様々なケースが生じて来ることになった。そもそも難読・難解とされる地名の存在する根源はここに発していると言っても過言ではない。

古代の文字資料として注目される古代木簡は、多くが各地方から大和へ献上された荷札木簡であるが、それらを見ると七世紀初頭にはすでに各地域で行政に当たる官吏たちには漢字が使用できる知識が備わっていたことを感じさせる。しかし、中国の歴史資料（『三国志』魏志東夷伝倭人条など）や国内出土の断片的な文字資料によって、それ以前から中国大陸や韓半島との交流があったことが確認でき、伝達言語は漢語（中国語）によったものと思われる。渡来人などが「おさ（をさ・訳語）」、通訳の役を担ったのであろう。どう読むか（音声）が重要な固有名（人名・地名）は、以上の資料においてすでに「音」を伝えるべく漢字使用の工夫がなされている。いわゆる万葉仮名方式などで和語の「音」を伝えている。(1)

現在難読・難解地名といわれるものも、当初から当事者達にとって難読・難解であったはずがない。時代が経過することで同時代性が希薄になるにつれ、難読・難解化してきたのである。八世紀後半成立とみられる『万葉集』の歌々も一〇世紀には読めなくなっており、源順ら「梨壺の五人」と呼ばれる人たちが『万葉集』訓読の研究に当たっているのである。現在に至ってもなお訓読の定説化していない箇所を残している歌も存在する。ただ、難読・難解化と言っても、一筋縄で括ることはできない。和語地名とそれを表記した漢字との関係には様々なケースがあり、また、和語地名そのものの問題、漢字表記そのものの問題などもあった。

以下において、地名の難読・難解化のメカニズムを整理してみたい。

一　地名の「難読」と「難解」

1　難読・難解とは

地名を表記した文字が読めない場合が広い意味での「難読」である。例えば易しい漢字で表記されている「浩一」という人名もどう読むかは分からないのである。しかしこの場合は特殊な読み方をしない限り「ひろかず」（訓読み）か「こういち」（音読み）かに絞れる。このレベルの通常の漢字使用の用法によって読める場合は難読とは意識されないが、狭義の「難読」地名は、現在通常の漢字使用上の知識ではどうにも読めない場合である。本稿では後者の場合を念頭に置いている。問題は、文字表記の地名の「読み方」が判明したからと言って、その地名の意味が分かるというものでもない。表意文字の漢字はその表語性故に特別だが、アルファベット、ハングル、仮名（ひらがな、カタカナ）など表音文字は、いずれにしてもそれぞれ一定の数しかなく、その気になればすぐ読めるようになる。しかし、読めたからと言って意味が分かるわけではないことは、経験済みであろう。地名についても、もとから読み方は分かっていても、「その意味は？」と問われて、意味の分からないものが多い。これを広い意味で「難解」地名ということにする。地名の難解さの一種として、読み方が分からないという難読さがあるということになる。

2　読めれば難読は解消

当然ながら、読めれば難読ではなくなる。文字が「読める読めない」かは、学習次第である。初めて出会う文字が、始めから読めるはずがない。「読めない」ことは恥ではないが、どう読むかを「知らない」ことが恥であるという場合はある。教科書などで学習する、歴史上社会上の地名や世間で常識的な有名な地名、例えば、（A）「大和」、（B）「飛鳥」「春日」「長谷」「日下」、（C）「稲荷」「愛宕」などは、大人であれば読めて当たり前であるから、難読と意識されていないであろう（特に同じ名が「人名」にもあるもの）。読み方に慣れてしまうと難読地名だと意識することはないが、実はこれら（A）～（C）は難読地名である。但し、それらを難読にしているメカニズムはそれぞれに異なる。また、（A）～（C）以外にも異なるメカニズムで難読・難解さをもたらしているパターンも色々存在する。本稿ではそれらを解きほぐしてみることにする。

一般語において「読める読めない」は、漢字の問題である。「読める読めない」の常識的範囲は、標準的には現代では「常用漢字表」の「音・訓」が基準になっている。但し、熟字訓など慣用的な読みが許されている漢字表記も常識的範囲にあるものである（例えば、「七夕」「二人」「梅雨」や「紫陽花」など）。これらの基準に外れる漢字表記（用字法）の地名は、狭義での難読ということになる。

なお、『京都府の地名』（平凡社）の巻末には、「主要難読地名一覧」が掲げられていて、何が難読かの一つの目安になり、重宝する。本稿でも事例をこの「一覧」から取り上げているものがある。

二　地名難読化の要因

1　「仮名」表記の地名

仮名でも「ひらがな・カタカナ」で表記される地名は、「平仮名・片仮名」を学習した者には読める。現在平仮名の地名も増えている。「さいたま市」「さくら市」「むつ市」など、また「マキノ」「ニセコ」や「アルプス」などもある。難読地名の問題は、和語地名を漢語(中国語)の漢字を用いて表記することに起因する。

2　万葉仮名表記の地名

万葉仮名とは、和語の一音一音を写すために用いた漢字のことである、漢字を和語の「音」を写す「仮名」として用いるのである。和語の人名や地名の「音」を表記する工夫がなされたことに始まったと言える。これには、漢字の「音」を借りる「音仮名」(例えば、「土佐(とさ)」は「土」も「佐」も音仮名)と漢字の意味に相当する和語の「音」を借りる「訓仮名」(例えば、「三津(みつ)」の「三」も「津」も「訓仮名」)とがある。但し、「三津」の場合、「津」は地名の意味を伝えていて「正訓字」の場合が多いか。「木津」の場合も語源が「木材集積の港」の意味なら、万葉仮名ではなく、「木」も「津」も正訓字の表記となる。

二音節地名(「とさ」「うじ」など)の場合、万葉仮名二文字で表記する例が多い。「賀茂」「嵯峨」「鳥羽」「飛騨」「美濃」など。漢字一文字で表記できる二音節地名でもあえて万葉仮名二文字で表記したものがあるとしたら、例の「風土記」編纂の詔勅の方針—地名は二文字で表記—が影響した結果かと思われる。

三音節以上の地名も「伊奈利」などと万葉仮名で表記されたが、後「稲荷」と漢字二文字の表記が一般化する。同様に「牟邪志(ムザシ)」が「武蔵」(「シ」に当たる漢字表記を省略)、「物集女(モヅメ)」が「物集」と書かれるようになり、「斯帰斯麻(シキシマ)」(「元興寺露盤銘」)も後には「敷島」と訓読みの漢字表記が一般化する。また「伊去奈《いさな》子《ご》(山)」(京丹後市)と書くこともあるが、通常「磯砂(山)」と書く。

万葉仮名は、和語の音を漢語の文字の音で写すのであるが、ある言語の音を他の言語の文字(音)で表記された語を「音訳語」と言う。万葉仮名による表記は「音訳」と言ってよい。仏教用語の多くは、サンスクリット語が中国で漢字に音訳されて、それが日本に移入されたものである。「阿弥陀」「仏舎利」「檀那」「卒塔婆」など。また、地名でも西洋の地名を以前には「英吉利（イギリス）」、「亜米利加（アメリカ）」「土耳古（トルコ）」、「華盛頓（ワシントン）」「独逸（ドイツ）」などと漢字で音訳され、多くが万葉仮名表記になっているが、今はカタカナ表記にする。しかし音訳であることには変わりがない。

いずれにしても、万葉仮名表記、あるいは音訳表記は、伝える言語の音を示すだけで、その語の意味は原則伝えてはいない。漢字の持つ意味は、和語地名の意味と無関係であるのが通常である。

和語地名の、漢字の音を用いての表記は、地名の音を伝えるためだけの記号のようなものであるから、その表記は一定しておらず、複数の表記が存在していることがある。「丹波（たには―たんば）」は、「丹波」の外に「旦波」「但波」「旦婆」「谿羽」などとも書かれたが、「丹波」に落ち着いたのである。「やましろ」はほぼ「山代」から「山背」へ、そして桓武天皇の勅により「山城」と表記するようになって定まったが、この表記の違いをもって、地名が変わったように説明されることがあるが、間違いである。「やましろ」という地名（音形式）に変化はないのである。但し、特定の地名に対する当時の人々の受け取り方が、使われた漢字に反映していると思われる場合はある。「やましろ」の漢字表記の変化もその例とみられている。

3　漢字の「音」活用と「訓」活用

漢字は表意文字と言われるが、漢字は音も意味も持つ言語記号で、厳密には表語文字と言うべきである。漢字で表記された語が、漢字の「音」を活用しているか「訓」（漢字の意味に対応する和語の音）を活用しているか、の区別が重要になる。「名代」は、「なだい」と読むか「みょうだい」と読むかで語が異なる。

「丹波」と「丹後」、一件同じような作り（命名）の地名のように思えるが、両者では漢字の用い方がまるっきり異なる。「たんば」は和語であり、「たんご」は漢語（漢字語・字音語）である。「たんば」は「たには」の訛伝とみられ、通説では「田庭」の意の地名とする。「田庭(たには)」という和語地名の音を写したのが漢字表記の「丹波」と言うことになる。「たには」に当てた漢字表記「丹波」では、語構成(語源)が「たに・は」であるかのように受け取られかねないが、こうしたズレはあり得たことで[2]、それ故、語源を探究するとき、漢字表記に惑わされないよう注意することが必要になる。漢字「丹(タン)」を和語の音「たに」に当てていて、音仮名の一種と言えるが、漢字一字に和語の一音節を当てる「万葉仮名」と異なって、漢字一字で和語の二音節に当てている、こういう漢字の用字法を「二合仮名」という。「但馬」の「但」や「乙訓」の「乙」「訓」なども同じ例である。こういう漢字の用字法で表記する地名も多くある。「当麻」の「当」(タギ→タイ)もそうである。漢字の音は基本的に一音節であるが、子音で終わる音節語(漢字)もあり、例えば「タン(丹・tan)」(一音節)に母音を加えて和語の二音節「たに」に当てている。因みに「隠オン」に母音を加えて「おに」として和語に取り入れた語が「おに(鬼)」と言われている。「楊ヤン・yiang」に母音を加えて取り入れた語が「やなぎ(楊・柳)」とみる説もある。

「丹後」は、本来「たにはのみちのしり」と読むものであったようであるが、通常「タンゴ」と読むのは、音読みである。少なくとも漢字使用が普及する以前からの日本の地名に音読みする漢字語(字音語)はあり得ない。日本の地名は基本的に和語である[3]。しかし、漢字使用の普及とともに「律令制」など行政上の理由で漢語を取り入れたり、漢字語の用語等が用いられるようになると音読みの地名も用いられるようになってきた。「丹後」もその例で、音読みの「一条」「九条」なども条坊制導入による漢字語である。また「京」「京都」はもと和語「みやこ」に当てた漢字表記であるが、「キョウ」「キョウト」と音読みするようになったものである[4]。

漢字とその訓(和語)との対応関係に関して、特に熟字訓的な漢字用法の場合は、現代通用の熟字訓(例：梅雨：つゆ、紫陽花：あじさいなど)でないと、難読地名と言うことになる。「鶏冠井(かいで)」は、「かいで」が「鶏冠」の熟字訓と言えるだろう。漢字の「鶏冠」は「とさか」を意味するが、形が似ていることから「かえるで(蛙手)」と読まれる。音変化して「かえで」「かいで」となった。紅葉する「かえで(楓)」も、その葉の形の類似による命名と思われる。漢字二字(以上)が和語一語に対応しているのが、熟字訓である。「揆(発)枳からたち神社」(京丹後市)、「蜻蛉(とんぼ)尻川」(八幡市)などにも見られる。

なお、熟字訓とは言えないが、漢字二字(以上)で和語一語に対応する例に、古代史で重要な「倭文(神社など)」があり、「しどり」(「しづおり」の縮約形・和風の織物)と読む。この類いは、(下)(本書、Ⅰ参照)で触れることにする。

4　地名の二文字好字(嘉名)化

和銅六年(七一三)全国に「風土記」編纂の詔勅が下ったが、その際地名の表記について「畿内七道諸国の郡郷名に好字を著けよ」(『続日本紀』)と勅令があり、また「凡そ諸国部内の郡里等の名、並二字を用ひ、必ず嘉名をとれ」(『延喜式』民部式)とも記されている。地名の漢字二文字好字化である。律令制の手本、中国の地名が漢字二文字であることに習ったものと見られている。この地名表記の方針が徹底したことが、地名の難読化、難解化をもたらす大きな原因の一つになった。

「好字化」することは、地名の「音」は写すとしても、地名の本来の意味は無視してもよいことを意味する。地名の意味を「文字(漢字の持つ意味)通り」にはすんなり受け取れないことになるのである。地名学では、動植物名の漢字を用いた地名には要注意と言われる。例えば、「梅津」(京都)「梅田」(大阪)の「梅」は「埋め」に当てた好字と思われる。また「熊野」の「熊」も「隈」と思われる。もっとも後者の例の場合、複雑な背景がある。「久万」「球磨」「隅」とも表記される地名とも意味は通い、「くま(隈)」は「神(かむ―かみ)」「上(かみ)」の語源とも関わると見られている。[5]「くま(隈)」は、川上など人々の居住地からは奥まったところを意味し、そこは神の居るところ、降臨するところでもあったと古代人はみていたようである。

しかし、動植物、特に植物名を用いた地名の全てが好字として、地名（その地勢）と関わりのない植物名を用いているとも言えないだろう。ここに難解さがある。「丹生ニュウ」「壬生ミブ」「芹生セリョウ」「芦生アシュウ」「栃生トチュウ」など「—生（ふ）」の地名、ないし「—生（ふ）」に復元可能な地名（例：「遠敷（おにゅう）」（福井）、「途中」（京都・滋賀）は、「小丹生」「栃生」であろう）がある。「生（ふ・おふ）」は「はら（原）」「はる（張る）」にも意味上通じ、[6]あるものの「繁茂」「満ちあふれる」（所）の意味を示すが、「—生（ふ）」の地名が全て「文字通り」かどうかは、その地がどういう地であったかをよく検証してみる作業が必要になる。

「二文字化」することは、一音節地名の場合であると、「つ」を「摂津」（国名）（「摂津」を今「せっつ」と読むが、重箱読みで、本来の和語地名にはありえない）、「き」を「紀伊」（国名・郡名）と表記したりする。二音節地名は万葉仮名で二文字で表記することが多いが、「二文字化」方針にとっては自然な表記法であったと言える。三音節以上の語の場合、二文字化には様々な場合がある。[7]なかで難読の原因の一つでもあるのが、地名の「音」の一部を漢字表記に写していないが、読むときはもとの地名の「音」のまま読むという場合である。例えば、「もずめ（物集女）」を二文字化した「物集」を「もずめ」と読み、「むざし（牟邪志）」（国名）を「武蔵」と書いて「むさし」と読むが、「め」や「し」の音を示す漢字はない。また、元「はたおりべ」を「服部」と書いて「はっとり」と読み、漢字表記の「部」に当たる「音」は消えているなど、この例も多い。因幡国の二つの「日部（郷）」、伯耆国の二つの「日下（郷）」、いずれも「くさかべ」（日下部）と読んだようである。また、「和泉」（国名）、「水泉」（山城国の郷名）の場合は、万葉仮名では三文字になり、訓読みの漢字では「泉」の一文字で示すことになり、「好字二字」にはならない。そこで先のように「和」「水」を加えて二文字化したものと思われる。[8]

もっとも各地に見られる「はやし（郷）」は「林」の意と思われるが、「拝志（師）」と嘉名二文字にしている（久世郡外・『出雲国風土記』意宇郡に「拝志郷本字〈もとのじ〉林」）。

以上、和語地名とその漢字表記との間（対応関係）に意味のズレ、または音のズレが生じて難読・難解をもたらすことになった場合である。

5　和語地名の音変化

（一）法則性に則った変化

和語地名とその漢字表記との間に意味のズレ、または音のズレが生じる原因には、地名の漢字表記は固定し変化しないが、もとの和語地名自体が口頭において音変化して漢字表記との関係にズレが生じてしまうという場合が多い。言葉である「地名」は本来音声言語で（漢字等で文字にするのは記録などのための二次的手段）、日本語自体の音韻変化の影響を受けることは言うまでもないが、日常的によく使われたりなどして音韻変化を起こしやすい。京丹後市弥栄町に「国久」と書く集落名がある。地元では「くにしや」と言うが、「くにひさ」の訛伝である。しかし、補助的な漢字表記が逆に基準的な公式性を保って、「くにひさ」の呼称も消えないでいる。愛媛県の「今治」も地元の年配の人は「いまはる」と言うと聞いたが、文字が優先して「いまばり」と一般には呼ぶ。一旦は音変化しても文字表記が元の呼称に揺り戻す（先祖返り）と言うこともあるのである。東京の山手線は「やまので（線）」と読むが、文字面から「やまて（線）」という若者も増えているとか。（補注1）

「河内飯店」という文字面を見て、どこのどんな店を思い浮かべるだろうか。関西なら、差し詰め大阪の河内地区にある中華料理店となろう。ところが実際にはベトナムのハノイにあった「ハノイホテル」のこと。「河内」は「ハノイ」の漢字表記（中国語音「フォーネイ」による）で、「飯店」は中国語で「旅館・ホテル」を意味するが、それを借用しているのである。ベトナムも、また韓半島もいわゆる漢字文化圏に属していた。（9）日本での「河内」も大阪の河内とは限らない。全国各地にある地名であり、「川内」と表記する場合もある（但し、この場合は鹿児島県薩摩川内市等、「センダイ」と音読みする地名もある）。

「河内」は、「かは（河）」と「うち（内）」の結合した複合語であるが、古代日本語では複合により一語化する場合、「かは**う**ち」のように語中語尾に母音音節（ここでは「う」）が存在することを避ける性質があり（原日本語では、母音音節は語頭にしか用いられなかった）[10]、母音音節「う」を消して「かはち」「かふち」と言うのが一般であった。さらに平安時代になると語中語尾の「は」行は「わ」行音化するという「ハ行転呼」と呼ばれる音韻変化が起こり、「かはち」は「カワチ」と発音されるようになったのである[11]。さらに、もう一つ一語化して生じる母音音節「う」の消去の方法があった。「かはうち」の「はう（Fau）」を融合させて「ふ（Fu）」にする、つまり「かふち」にする。同様に各地に「日置（ひおき）」と表記する地名があり、「ひおき」「ひき」「へき」などと呼ばれているが、「ひき」「へき」は母音音節「お」が消えている。後者は「ひお」を融合して「へ」となったもの。

「かふち（河内）」は、さらにハ行転呼によって「かうち」となり、結果生じた二重母音（［au］）が長音化して「こうち（コーチ）」と言うようになっている。但し、「河辺」を「こうべ」と読むのは、「かはべ→かわ（WA）べ→かう（U）べ→こうべ」という変化の結果であろう。高知県の「高知」ももとは「河内」であったと言われ、「かふち」から「こうち」になった例になる。もとの「河内」という漢字表記は同じでも、現在「カワチ」と「コーチ」の二通りの音形式になっている。「神戸」が「こうべ」と読まれることは後述。

ハ行転呼とそれに伴って生じる二重母音の長音化は、日本語の音韻史では大きな音韻変化であった。「―生（ふ）」地名は多いが、例えば「丹生」、もと「にふ」であったが、ハ行転呼で「にう」となり、長音化して「にゅう」と言う。例えば、「遠敷（オニュウ）」（若狭国）はもと「小丹生（をにふ）」と解されるが、表記を異にしている。また、変化の結果の音に合わせて漢字を新たに当てた地名もある。「途中トチュウ」はもと「栃生（とちふ）」であった可能性が高い。「祝園（ホウソノ）」はもと「はふりその」で「はふ」が「はう→ほう」となり、「り」が脱落した結果「ほうその」となった（因みに「ははそ（の森）」とは関係がない）。「栗生（アオ）」（向日市）など、「—生（ふ）」地名にはこうした音韻変化の結果で現在呼んでいるものが多い。

先に語中語尾に母音音節が現れることを避けるのが原日本語の性質と述べたが、言い換えれば、原日本語には二重母音は存在しなかったことを意味する。日本語に二重母音が生じるのは漢字音の導入や和語における音便現象の発生と定着によってである。つまり「イ音便」「ウ音便」が二重母音をもたらした。さらに室町期になると、「ウ音便」による二重母音が長音化することにもなる。

「神山」「神足」「神戸」、これらの「神」は「こう」と読むが、もと「かむ」であったものが「む→う（→ん）」の変化の結果生じた二重母音の長音化によって「コー」という音になったものである。「かむ」は、「神」を「かみ」という独立形に対して、他の語と結合するときの結合形「かむ」である（「かみ」ではない）。独立形「いね（稲）」に対する結合形「いな（稲）」の関係と同じである。

現代語では、名詞の結合形、独立形という区別（一種の名詞の活用—母音交替による）は、古代語の残存形として今も残るものにしかみられなく、再生産されることはなかった。

現代では身近な地名はともかく、その他、特に初めての地名などは、耳で聞くより目で文字（漢字表記）を通して知ることが多い[12]。漢字表記を現在の通常の漢字の知識で読むことになる。口頭で変化した慣用的伝統的な読みでなく、表記の漢字を読むことで元の形に戻ることもある。一般語でも、古代では「あら（荒）」と「いそ（磯）」の複合語は母音音節を消去した「ありそ（荒磯）」が普通であったが、語中語尾に母音音節が現れるように変化した以降では、「荒磯」という漢字表記を「あらいそ」と読むようにもなってきた。漢字表記を読むことで元の「かたち」に返る、いわゆる「先祖返り」が起こる。しかし、「神足」などは、「かむたり」と先祖返りして読むというのは、現代の通常の漢字知識では難しいと言える。難読である由縁である。[補注2]

(二) 臨時的な変化

(一)で見てきたケースは、日本語の音韻変化の一定の法則性に沿った変化に属する事例であるが、中には個別的に口頭で変化(訛)してその言い方が伝統化したものもある。京都の地名では「万里小路(マデノコウジ)」、「姉小路(アネヤコウジ)」、「正親町(オオギマチ)」(「正親」は親王(オオキミ)のこと)、「烏丸(カラスマ)」などがある。こうした訛(音脱落も含む)の慣用化したものは、聞かされないと伝統的な通常の「よみ」は分からない。また、これらの例は、目で見る漢字表記が優先して先祖返りし易いとも言える。

また、先の慣用読みと同様に、漢字表記はそのまま変わらないが、口頭での呼称の方が変化して、漢字表記の標準的な読みとズレてしまうことが個々の地名においては起こりやすい。これを臨時的な変化と見ておく。これにも音韻的に変化しやすいケースがいくつか存在する。

「印地(いじ)」(亀岡市)、「(奥・下)海印寺(かいじ)」(長岡京市)、「今安寺(こんなじ)」(福知山市)、「万畳鼻(まんじょばな)」(京丹後市)など「撥音」は落ちやすい。ラ行音は変化しやすいが、「栗田(くんだ)」(宮津市)など「り」が撥音便化する例が多い。「矢橋(やばせ)」(草津市)、「小橋(おばせ)」(舞鶴市)など「橋」が「はせ」と呼ばれる地名は各地に見られる。「土師・吐師(はぜ)」(福知山市)も同類の変化である。「白柏(しらかせ)」(宮津市)、「柏原(かせはら)」(亀岡市)の例もある。しかし、母音が交替している変化と言えばそれまでだが、交替変化をどう説明するかが問題、母音「イ」と「エ」の類似性によるか(東北方言を参考。秋田には「八橋」を「やばせ」という例があるようだ)。その他「谷」が「粟生谷(おうだん)」(京北町)、「神谷(かんだん)」(美山町)のように「ダン」と呼ばれるところが、「読谷村(よみたんそん)」(沖縄県)など各地で確認できる。

口頭で言い継がれる過程で「音」は変化しやすく、その他まだ様々な個別的とも言える変化が存在する。現在伝わる地名の「音(形式)」は、変化した結果である。元の形と変化した結果の現在の形とが余りにズレていると難読地名となる。地名の語源を探究するには、元の音形式を復元し、その元の形で語源は解明しなければ、無用な探究をすることになる。その意味で、守旧性を持つ書記言語である漢字表記が残っていることは、元の音形式を推定する上で大変有効である。現在の「くさじ」からは「くさ―草」はともかく「草内」の復元は手間取る。逆に「くさうち(草内)」が変化して「くさぢ(じ)」となったことは説明しやすい。現在の「あお」からの「粟生」の復元は難しい。漢字表記によって「あは(お)ふ」が想定できれば、今の「あお」までの音変化は説明できるのである。

6 「す・つ」(また「し・ち」)の問題

「ハ行転呼」「二重母音の長音化」は日本語における音韻体系の変化であるが、地名の語源を探究する上で無視できない音韻体系の変化に「四つ仮名」の問題がある。四つ仮名とは「じ・ず・ぢ・づ」の四つの音節のこと、仮名(文字)が異なるように「音」も本来異なるものであったが、江戸時代以降、「じ」と「ぢ」、「ず」と「づ」がそれぞれ同じ「音」になったことから、仮名遣いの問題が生じてきた。それ以前の古語においては当然、表記する仮名が違えば語が異なることを意味したことを、語源探究では踏まえなければならない。さきの「四つ仮名」(「じ・ず・ぢ・づ」)の濁音に対する清音の「す・つ」については厄介な問題があり、例えば「三次(みよし・広島県)」、「三次」が何故「みよし」と読めるのか、その説明に関わっているのである。(13)

これにはまずサ行・タ行の音価の体系的変化が関わっているようである、ざっとサ行は「tsa, tsi, tsu, tse, tso → ʃa, ʃi, ʃu, ʃe, ʃo → sa, ʃi, su, se, so」と変化してきた。つまり「し・す」は原日本語では「tsi, tsu」であった。一方タ行は「ta, ti, tu, te, to → ta, chi, tsu, te, to」と変化した。つまり現在「ち・つ」は「chi, tsu」である。原日本語の「し・す」の音価を現代語の「ち・つ」が引き継いでいるという形になっている。ここで思い合わされるのが、広島県から島根県に抜ける「木次線」を「きすぎせん」と読むことである。「次(つぎ)」を「すき」と読んでいる。大嘗会の時ト定された「悠基（ゆき）国」「主基（すき）国」の「すき」は、「ゆき」の正に対する副の意の「次」の意だとされている。「つぎ（次）」がもと「すき」であったことを証する。その他「つぎ（次）」が「すき」であった事例は注（13）の拙稿に示している。

「つ」と「す」の交替は一般語にも見られる。「消つ」→「消す」、「溢つ」→「溢す」がある。また「放つ」→「放す」もあり、この例では、「放す」から「話す」の意味も派生して、しかも「放つ」「放す」、どちらも現在も用いる。なお、「し」「ち」の交替例や、濁音の「ず」「づ」の交替を考えさせる例（河内の百舌鳥モズ腹の土師氏と乙訓の物集モヅ女の土師氏のこと、「葛」の「かづ（ら）」と「くず」のこと等）などについても注（13）の拙稿に譲る。

7　古語の残存

言語は変化する。言語は、その音形式と意味内容の結合が恣意性を基本とし、不完全なものであるが故である。古地名には、今では死語になったと言えるような、使わなくなった古語が残存していることがある。現代の通常の漢字知識では読めなくて、「難読」とされることになる。例えば、「帷子の辻」の「帷子（かたびら）」は、几帳などで隔てとして用いる布や裏をつけない着物のことだが、漢字「帷子」も「かたびら」も日常的でなくなってしまっている。なお、地名「帷子」の語源が文字通りの「かたびら」の意とは限らない。その地の地勢から語源は「片側が平らな地」の意とみる説があるのである。とすれば、「帷子」の文字表記は単に音のみを伝えるための宛字ということになる。

表記の漢字が通常よく見かける字であっても、読みが古語の残存であると、難読地名である。「車折（神社）」は「くるまざき」、漢字「折」を和語「さく（割く）」に当てているが、現代の当て方にはない[14]。「彼方（神社・宇治）」は「お（を）ちかた」と読むが、「をち」は「あちこち」の古語「をちこち（遠近）」の「おち（遠）」に同じ。「鹿ヶ谷」は「ししがたに」と読む。「しし」は古語で、獣の肉、またはその獣を言う語であった。特に「鹿」を言うのに用いた。先の「祝園」も「はふり（祝）」という古語を下敷きにする地名であった（語源的には「はぶり（葬り）」とも考えられる）。分水嶺を意味する「水分」を「みくまり」というが、「みくばり（水配り）」の古語的言い方を残している。

古語を残しているばかりか、それを表記する漢字自体が現代通用のもの以外であると一層、難読性が高まることになる。「帷子の辻」はその例である。「饑坂」（舞鶴市）は「かつえざか」、「渇坂」（亀岡市）とも書くが、この方なら読むことはできる。しかし、「かつゑる」（餓えるの意）という古語による。「柞原」の「ははそ」（秋に紅葉するコナラなどの総称）、「罧原」の「ふし」（「しば（柴）」の古語）なども漢字も難しく読みも古語を伝えているという例になる。「藤社（ふじこそ）神社」（京丹後市）の「こそ」（「比売こそ神社」〈大分県姫島、大阪市〉の「こそ」に同じ。「村社《むらこそ》講平」という元オリンピック選手もいた）や「梅迫（うめざこ）」（綾部市）の「さこ」（迫る状態を言う・狭い谷の意か）、「瓶原（みかのはら）」（木津川市）の「みか」なども古語の類いで、今では難読地名になっている。

概して古い地名は、今は消えた古語を残存させていることがある。漢字とともに読み方は伝えられていて読むことができても、意味が分からない場合、今は消えた古語である可能性があることになる。あるいは、古コリア語やアイヌ語、あるいは東南アジアの諸語など、他言語の借用であることも考え合わせなければならない。（未完）

【注】

（1） いわゆる「魏志倭人伝」に登場する「邪馬台（ヤマト）」「伊都（イト）」などの地名や「卑弥呼（ヒミコ）」「伊與（イヨ）」、「卑狗（ヒコ）」「卑奴母離（ヒナモリ）」「兕馬觚（シマコ）」など人名及び官職名は、万葉仮名方式で和名の「音」を写している。地名には二文字化方式のものも見られる。

（2） 阪倉篤義「仮名表記と韻律との関係」（『沢瀉博士喜寿記念万葉学論叢』）。

（3）弥生時代ころ以降の中国歴代史書には、倭人の地名・人名などを倭人語（倭語）で記録している。倭人語は『万葉集』などの和語に連なる。琉球語が倭人語と分かれたのが三世紀ごろと推定されているが、琉球語と和語との間には、同祖語であることを証明する「音韻対応の法則」の存在が証明されている。しかし、アイヌ語と和語との間には証明されていない。和語（日本語）は膠着語に分類され、アイヌ語は抱合語に属する（「抱合語」は、シベリアからアメリカ大陸にかけて特に多く分布すると言われる）。

（4）井上満郎「「京都」とは何か」（『地名が語る京都の歴史』東京堂出版）。人名も古くは和語名が正式であったと言われる。藤原「定家」を「テイカ」というのは慣用で正式名は「さだいえ」である。地名でも和地名（訓読み）を音読みして通用化した例も多く有り、漢語地名が増える要因になっている。「六甲（ロッコウ）」は「（武庫→）六甲（むこ）」という和地名の漢語化したものなど。

（5）阪倉篤義「語源―「神」の語源を中心に」（『講座日本語の語彙　語彙原論』明治書院）

（6）池田末則「「野」「原」考」（『古代地名発掘』新人物往来社刊）、糸井通浩「「原」「野」語誌考・続貂」（『愛文』一五号・一九七九年、本書Ⅱに採録）ほか。

（7）蜂矢真郷「地名の二字化―和名類聚抄の地名を中心に」（『地名探究』一〇号・二〇一一年）。

（8）「紅井くれない」（船井郡丹波町）、「綺田かばた」（山城町）など余計な文字（井・田）を持つと思われる地名や、「鶏冠井かいで」（「蝦手井」と表記した例もある）の「井」に相当する「音」はない例もある。

（9）韓半島では長らく漢字漢文が正式の書記言語であった。日常語（コリア語）を写すに適するハングル（表音文字）が成立したのは、一五世紀半ばである。

（10）「近江」も「オーミ」という音からは想定しにくい漢字表記で、本来難読といっていい例である。国名として、遠江国に対して「近つ淡海（あはうみ）の国」（近江国）と称したが、「オーミ」の音は「あはうみ」→「あふみ」→「あうみ」→「オーミ」となったもので、それに元の「近」を残したものである。

（11）「水原（みわら）」（京丹波町）「柚原（ゆのわら）」（亀岡市）など一見違和感あるが、藤原など「はら」が「わら」になるのは「ハ行転呼」によるもので、難読とするほどでもない。

(12) 文字文化が重視され、文字から学習するようになると、口頭で伝承されてきた地名が文字の影響を受けて変化(先祖返りもその一種)することがある。「山手(線)」が「やまのて」→「やまて」といわれたり、「岡屋(郷)」(宇治市)が「おかのや」→「おかや」ともなる。「女布」(舞鶴市ほか)を「にょう」と今言うが、「めふ(女布)」の変化なら「みょう」のはずである(もともと「にょふ」だったとは考えにくい)。「売布(めふ)」は「みょう」と言う。「女」文字の音(「にょ」)が変化を誘発したのかもしれない。

(13) 糸井通浩「地名に見る「す・つ」の問題―丹後の地名「久次」をめぐって」(『地名探究』八号・二〇一〇年、本書Ⅳ)。

(14) 現代中国語では「八折」は八掛け(二割引)を意味する。「割く」の意味に用いていると考えられる。

(補注1)

戦直後、鉄道施設などのローマ字併記が進められたが、その折「YAMATE」と表記され、その後「やまてせん」の呼称が定着したものの、今は「山手線」で「やまのてせん」と読むことにもどっている。一九六六年の「あの娘たずねて」(歌謡曲)の歌詞では「ぐるりまわるはやまてせん」となっている。

(補注2)

での変化の結果、元どういう地名であったのか推測しにくくなっている場合、その地名を示す、古来受け継がれてきた漢字表記が存在すると、その地名の元の「かたち」を教えてくれることがある。例:「にしごり」も「錦織」という表記の存在が、もと「にしきおり」でそれが語中語尾の母音音節を消す作用によって「にしごり」となったと分かる。もし今初めて「にしごり」という音連続語を聞いて、その漢字表記に「錦織」を思いつくことはとても困難である。このことは逆に、元から「にしごり」であったのではないことも意味する。

このことを考えると、地名が漢字表記で残っていることは、地名の語源探究において決して軽視してはいけないとも言えるのである。

難読・難解地名の生成（下）

〔承前〕本稿は、「難読・難解地名の生成　上」（『地名探究』一五号・二〇一七・四刊、以下「上」と略記する）に続くものであるが、難読地名が生成するパターン（型）として「上」で触れなかったものについては、本稿の「三」以下で触れることになる。

はじめに――地名の伝達機能

言語は記号である。文字記号を持たない言語はあるが、音声記号を持たない言語はない。言語は音声記号を本質とする。音声記号は意味内容を持った音声形式である。文字記号は、音声形式の言語記号を〈記録〉するために生み出された、言語にとっては二次的な記号である。

漢字漢文の導入に伴い、中国語（漢語）のための文字である漢字を活用して、固有の言語文字を持たなかった倭語（日本語）を〈記録〉する工夫がなされた。漢字は表意文字というが、音声形式を持たない文字はないから、むしろ表語文字と言うのが適切である。一つの漢字（文字形式）は意味内容と音声形式をともに持つ。倭語の意味内容は、漢字で意訳（翻訳）できるが、倭語の音声形式、これこそが倭語の生命であるが、これを文字化するには、漢字の音声形式のみを活用するという工夫によって初めて可能であった。これを音訳という。

倭語の記録（後々への伝達）に際して、意訳では伝えられない、音声形式を伝えなければ意味のない「ことば」があった。それが固有名である地名・人名であり、倭語独有の官職名、そして〈うた〉であった。「地名」はかくほどに、音声形式が重視された。現に一つの地名は、音声形式の違いによって他の同類の地名と区別されうるものである。地名は音訳されねばならない。ここにいわゆる「万葉仮名」と言われるような、音訳による表記（文字化）方法が生み出された。こうして地名も口承は勿論、「書承」の機能を獲得した。

そして、漢字を用いて倭語を記録する工夫が様々に行われた。その実態は『万葉集』の表記法を観察すればよく知れることである。

一　地名漢字表記の功罪

中国語（漢語）の文字である漢字を用いて倭語の地名を表記する。そもそも地名の難読（・難解）性の元凶はここに発している。漢字が読めなければ、難読である。難読性には様々なレベルと様々な要因が存在する。「上」では、それらを粗々ながら分類整理し解説している。難読性は、地名の音声形式及び意味内容の伝達にとっては、漢字活用がもたらす「功罪」の「罪」に当たる。「上」では専ら「罪」の面に注目した。しかし、「功」の面があることも「地名研究」にとっては忘れてはならないことである。

効用の第一は、記録性機能の獲得である。書記されたものだけが後世に伝えられてきた。文献資料という。中国大陸や韓半島の海外資料は勿論、『記紀』などの国史類、『風土記』のような地誌資料、そして今注目される「木簡」などが地名にとっても最古の書記資料となっている。これらにおいて、地名もすべて漢字で記録されてきたのである。

第二は、漢字表記の保守性にある（「文字、書記言語」一般に言えることであるが）。言語は変化するもの、口頭で伝承される音声形式は変化しやすい。音声形式を命とする地名も伝承の過程で音韻変化を起こしてきた地名が多い。現在変化した結果が伝わっていると思われる地名の中には、元（変化以前）の音声形式や意味内容がたどりにくくなっているものがある。所謂地名の語源の研究が必要になっている場合である。こういう時、その地名の漢字表記が元の音声形式を推定する上で有力な根拠になるのである。保守性をもつ故の漢字表記の効用の一つである。例えば、長岡京市の「粟生」は「アオ」と読む。伝達されてきた地名が音声形式の「アオ」だけでは、その語源（元の音声形式と意味内容）は様々な仮説が成り立ってしまうだろう。しかし「粟生」という漢字表記のおかげで、「あはふ→アワウ→アオー→アオ」と音韻変化を辿ることができ、「アオ」がもと「あはふ」であったという有力な元の音声形式を突き止めることができる。語源探究の焦点をぐっと絞ってくれるのである。ただし、「あはふ」という元の音声形式を伝える「粟生」という漢字表記が、元の意味内容を文字通り伝えているかどうかはまた別問題である。ここに地名研究の難しさがある。

第三は第二に付随することであるが、漢字崇拝という慣習である。例えば「日本橋」をどう読むかという問題がある。江戸と大坂では異なるという。「にっぽんばし」か「にほんばし」か。言語のゆれという。「茨城」「茨木」は「いばらき」か「いばらぎ」か。「八幡」は「やわた」か「やはた」か。例は多い。漢字表記は一つだが、いずれも音声形式がゆれている。「日本国」の正式な国名は、「にほん」か「にっぽん」か、国の政令では定まっていない。漢字表記すれば「日本国」と一つで定まっているから、音声形式のゆれは気にしない、と言うことらしい。漢字表記優位観によると考えられる。一方で「設楽」は「しだら」か「したら」か、「原田」は「はらだ」か「はらた」か、気にする人も多い。

特に地名は他の同類との差異（区別）を示すという記号性を強く要求することばであるから、音声形式を重視する。

「やはた」か「やわた」という音声の違いに固執することになるのも当然である。ところが、かつて『風土記』編纂に際して出された詔勅によって、漢字「二文字」化が実施されたが、地名の音声形式との対応を無視した事例も生まれ、「難読」の原因の一つとなっている。また、「好字」化の推奨が、倭語地名の音声形式は保っても、元の意味内容を無視することになり、「難解」の原因となった（元の意味〈語源〉を辿る上で障害となる）。このことはまた一面、漢字漢文崇拝の精神による漢字表記優位観を育む契機になったことを象徴している。

第四に、漢字表記による「ことば」識別の便利性も指摘できよう。表音文字（仮名やローマ字など）による表記に比べて、使用する文字数がコンパクトになる場合が多いし、同音異義語が多くなる日本語にとっては、漢字表記でそれぞれ語が異なること示すことができる。また、同じ語の地名でも「賀茂川」と「鴨川」とを区別したり、「埼玉」（県）と「さいたま」（市）と書き分けたりする事例もある。そして表語文字である漢字はそれぞれの字が意味内容を持っている、表意性を持っている故に、一見して語を認知ないし識別するのに便利に働く。

二　地名特有の用字法

「丹波」と「丹後」、同じ用字法による表記のようにみえるが、全く異なることについては「上」でも触れたが、前者が「たには」という倭語を写したもの、後者は「タンゴ」と音読みをする字音語である。[1] 倭語を写すのに漢字を様々に活用した。漢字は視覚的な「形態」（文字記号）を持ち、「音声」、「意味（義）」を示す。倭語を写すうえで、漢字の「音声」「意味」を様々に活用する工夫がなされてきたのである。ここではその内、地名表記において特有と見られる用字法を確認しておきたい。

1 「二合仮名」の活用

倭語の音声を漢字の音声を用いて写す際に見られる用字法である。漢字の音声は基本的に一音節である。子音で終わる音節と母音で終わる音節とがある。[2] 子音で終わる音節の漢字を活用するとき、二通りの活用法がある。

A 韻尾の子音を捨てて活用する。例：「安（アン）」を「ア」に、「楽（ラク）」を「ラ」に。

B 韻尾の子音に母音を加えて活用する。「二合仮名」という。[3] 例：「丹タン」を「タニ」に（「丹波〈たには〉」など）、「楽ラク」を「ラカ」に（「相楽〈さがらか〉」など）。

古代地名、特に三音節以上からなる地名には、この「二合仮名」の活用法で表記した例がとても多い。『和名抄』の地名を中心に論じられている蜂矢真郷『古代地名の国語学的研究』（和泉書院刊）[4] には、地名における「二合仮名」の活用実態が詳細に研究されていて、大いに参考になる。ここでは、代表的な事例をいくつか列挙しておくことにする（なお**太字**が二合仮名に当たる）。

ア **但**馬、**乙**訓、**当**麻、**設**樂、**達**良（安房郷名）、**秩**父（武蔵郡名）など。

イ 美**作**（国名）、男**信**ナマシナ（上野郷名）、平**群**、安**達**（陸奥郡名）など

アの例「乙訓」の「訓」、イの例「男信」の「男」もそれぞれ二合仮名の例になる。

2 二文字好字化で表記

和銅六年（七一三）『風土記』編纂の際に出された詔勅（『続日本紀』「延喜式」に記録がある）で「国郡郷」名を好字を用いて漢字二文字で表記せよという勅命は、難読地名を生む大きな要因の一つとなったが、地名にのみ見られる特有の用字法ともなった。

一音節地名や三音節以上の地名で一文字或いは三文字（以上）で表記されていた地名が、無理矢理「漢字二文字」に拡張あるいは縮約するということが強要されたのである。各ケースの整理とそれぞれの実態（事例）は「上」で触れたので、ここでは割愛する。また蜂矢前掲書にも詳細な分析が見られ、参考になる。

以上ここまで述べてきた倭語地名と漢字表記との関係を纏めると、両者の関係に、直接的な関係と間接的な関係とがあるとすれば、ここまでは、主として直接的な関係の場合を例に見てきたことになる。つまり、倭語地名の音声を写すのに、漢字のもつ音声か意味か、いずれかを活用している場合で、これを両者の「直接的な関係」の場合とする。但し、漢字の音声と意味、両方を同時に借用した場合は、漢語地名であり、日本語にはなっても倭語地名とは言えない（「京都《きょうと》」「銀座」など）。また、倭語地名である「栃生（とちふ）」が音韻変化して「トチュウ」となったものに後世「途中」と漢字表記（字音語）をあてている場合も直接的な関係の場合であるが、ただ難読ではないが元の音声形式に復元する上で困難を伴う点で難解地名と言うことになろう。しかし、いずれにせよ、直接的な関係の場合は、地名の本来の音声形式に復元可能な場合であり、倭語地名と漢字表記の関係が直接的な関係である場合と考えていいだろう。

逆に現在の漢字表記からだけでは倭語地名の元の音声形式が復元できない場合もあるのであり、その場合は倭語地名とその漢字表記の関係が「間接的な関係」の場合ということになる。以下、「上」では触れなかった「間接的な関係」の場合に話を進める。

三　和語地名とその漢字表記の関係が「間接的な場合」――「近接性」という関係

この項で採り上げるものが、最も難読な地名と言われているものである。これまで見てきたものは、漢語（字音語）

地名は勿論、和語地名（音形式と意味）と漢字表記（文字形式）との関係がいわば直接的であり、漢字表記が、和語地名の音を伝えているか、意味を伝えているか、いずれにしても表記された漢字の音か意味かいずれかと直接関係しているのであるが、この項に採り上げるものは、両者の関係がいわば間接的というべき場合である。つまり直接的ではないのである。勿論全く関係がないわけではなく、両者には〈近接性〉という関係があったというべきであろう。「間接的な関係」の場合、以下のような問題が存在することになる。例えば、「間人」（京丹後市丹後町）を「たいざ」と読む難読地名の場合、「間人」という各漢字及び漢字列の「音」からも「訓」からも「たいざ」という読み（ことば）は直接的には導き出せない。「間人」から導き出せる言葉（字音語は除く）と「たいざ」という地名とには直接の関係がないのである。しかし、漢字表記「間人」と「たいざ」との関係には何らかの「近接的な関係」があったと考えざるを得ない。そこで地名研究としては、次の三つの課題を解明しなければならないことになるのである。

A　漢字表記「間人」はどういう意味で、本来どういう倭語に当てた表記だったのか。
B　漢字表記のよみ「タイザ」は本来どういう意味で、本来どういう音声形式の語であったのか（本来の音声を残している場合と残していない（変化している）場合とがある）。
C　漢字表記「間人」と倭語の音声形式「タイザ」とが、なぜ結合しえたのか。
（以上の「間人」に関しての私見は、後述Ⅳ参照）。

1　両地名の併存という近接性によるもの

(一)「倭」「大和」の場合

「やまと」と訓むが、「倭」や「大和」という漢字からは直接的な関係で「ヤマト」という「よみ」は出てこない。
A　いわゆる『魏志倭人伝』始め中国の歴史書や後世の書ながら韓半島の歴史書『三国史記』などでは、日本列島の国・人を「倭国・倭人」と称している。「倭」は「ワ」と読まれたであろう。しかし、漢語「倭」の持つ蔑視性を嫌って、日本では同じ「ワ」の音の「和」に換え（天平勝宝元年〈七四九〉）、さらに「大和」とも表記（二文字化）し、それら（倭・〈大〉和）をすでにあった地名「やまと」で読んでいる。

Ｂ「やまと」の意味（語源）については、「邪馬台国」（通常「やまたいこく」と言い習わしているが、「やまと（こく）」と読むべき）の畿内説、九州説とも関わる問題で、その上上代では「と」の音には「甲・乙」の二種があった（上代特殊仮名遣い）ことも考慮して考えねばならない。畿内説に立てば、「山に囲まれたところ（山間の地）」の意になるか。(5)

Ｃ　日本を指す地名に漢字語の「ワ」と日本語（倭語）の「やまと」があったわけで、両語（地名）が併存していたと言える。あたかも漢語「花クワーカ」と和語「はな」とが日本では併存する関係に似ている。そこで「やまと」を「倭」の訓とする説もあるが、根本的には異なる関係である。「倭」字の音は勿論、その意味も和語地名「やまと」の音とも意味とも直接的な関係はないからである。海外と国内における呼称の併存という近接的な関係〈近接性〉にあったことによる。

(二)「倭（委）文」の場合

地名「倭文」は、『和名抄』では常陸国、因幡国、美作国、淡路国それぞれの郷名に見られる。また、式内社に「倭文神社」、部民の名に「倭文部」も存在する。いずれも「しどり」と読む。しかし「倭文」の漢字表記から直接的に「シドリ」という和名は導けない。

Ａ「倭文」の文字面から次のことが読み取れる。「倭」（「委」とするのは、「倭」の省画文字）は、（一）で触れた「やまと」を意味すると見られ、「文」は「あや（綾織物、またはその文様）」で、直接的には「やまと（の）あや」（和風の織物の意）と訓むところ。（もっとも「文」は「おり（織り）」と読めないことはないか）

Ｂ「倭文」を「シドリ」と読むことは、『常陸国風土記』久慈郡で「静織里」とあることから納得できる。また「神代紀下（九）」には、「倭文神之云斯図梨俄未」とある。つまり「しづおり」が融合形「しどり」となったものと分かる。「しづ」は倭風の織物（やまとのあや）をいう呼称であったようだ。「しづの（苧環）」という語があり、「しづやしづしづの苧環繰り返し…」（『伊勢物語』などに見える歌謡）とも詠まれている。また鳥取県倉吉市の「志津」、茨城県那珂市の「静」（もと「志津」）など地名「しづ」も存在する。

C　朝鮮半島などから渡来の高度な技法の織物に対して、倭国の伝統的な固有の織物の一種が「しづ」であったのであろう。「やまとのあや（倭文）」である「しづおり（しどり）」という近接的関係にあったことから、「しどり」に「倭文」という漢字表記を当てたものと思われる。産地名と技法名の併存という近接性によった地名表記ということになる。

2　枕詞とそれを受ける語（地名）という近接性によるもの

(三)「飛鳥」の場合

「あすか」と読むが、「飛鳥」の漢字表記との直接的な関係は考えにくい。

A　音読み「ヒチョウ」に比定できる倭語地名は考えにくい。重箱読み、湯桶読みで和語地名に当てたとも考えられなくはないが、本来は「とぶとり」と読むとみるのが穏当なところであろう。

B　地名「あすか」は、「明日香」や「安宿」とも表記される。語源については、「あ（接頭辞）＋すか（洲処）」説（池田末則）[6]などがある。飛鳥川の流域である。

C　和歌では「飛ぶ鳥の明日香」と、「飛ぶ鳥の」が枕詞として地名「あすか（明日香）」を導く例が見られる。『萬葉集』の七八、一九四、一九六、三七九一番の歌がその例になる。この枕詞とそれを受ける語（地名）という近接性から地名「あすか」を「飛鳥」と表記するようになったものと考えられる。一般語でも、「たらちねの母」の関係から、

「たらちね」を「母」の意に用いるといった例がある。

(四)「春日」の場合

「春日」を「かすが」と読むのを「熟字訓」と見る説もあるが、「紫陽花」を「あじさい」と読むという熟字訓の場合は、「紫陽花」の漢字表記と和語「あじさい」の間には、意味の上で直接的な関係があるが、「春日」と「かすが」の間にはそういう関係が想定しにくい。熟字訓とは認めがたい。

A　「春日」の漢字表記は、「はる(の)ひ」を本来念頭においた表記であろう。

B　和語地名「かすが」の意味については、これという納得いく説明がまだみられない。

C　「はる(の)ひ」と「かすが」の関係は、「はるひ箇須我を過ぎ」(武烈紀・歌謡)、「はるひの賀須我の国に」(継体紀・歌謡)や「春日を春日(カスガ)の山を」(萬葉集・三七二)などにみる両語の併記(共起的近接性)から考えて、「はる(の)ひ」が「かすが」(地名)の枕詞であったことを思わせる。

(五)「日下」の場合

「日下」を「くさか」と読むことについては、『古事記』序文に「於姓日下、謂玖沙訶、…如此之類、随本不改」とあり、証明されている。「日下」がなぜ「くさか」と読めるのかについては、諸説が有り定説はないが、しかし中で、「ひのした(の)」を地名「くさか」の枕詞であったと見る説が有力である。とすると、上記の例同様にA、B、Cの問題を考えなければならない例になる。因みに、和語地名「くさか」は「草香」の意の語とみる考えがある。生駒山の西麓、古代河内湖の東岸を拠点とする地名である。

(六)「間人」の場合

実は私見では、先に例示した「間人」の場合もこの「2」項の例になると考えている。(7) 漢字表記「間人」と和語「たいざ」とは直接的には結びつかない。少なくとも、間接的な近接関係を想定するしかないのである。

A　「間人」という漢字表記は、初出例が木簡にあり、「竹野郡間人（郷）」が確認できる。しかも「土師部（はじしべ）」の居住していたことが分かることに注目したい。この漢字表記は、「まひと」または「はしひと」と読める（聖徳太子の母「間人」皇后や古代氏族名などに「間人」があり、「はしひと」と訓まれている）。

B　古くから地元の民間語源説では、間人皇后伝説に基づいて地名「たいざ」を「対坐」あるいは「退座」と解しているが、とすると「たいざ」は和語地名でなく漢語地名となる。しかし、基本的に古代で日本の地名に漢語地名は考えられない。漢語地名であるとすれば、ずっと下った時代に成立した地名と考えざるを得ない。それ以前ではAで想定した「はしひと」が古来の本来の地名であったことになる。

もっとも、「たいざ」という呼称の初出例が朝鮮の資料『海東諸国紀』（一五世紀）の「田伊佐（津）」や地元の資料『一色軍記』（江戸中期）の「対坐」であることをどう理解するかが問題ということになる。またもし「たいざ」が古代からの地名とすると、このままではありえなくて「たゐさ（ざ）」「たぎさ」などの音変化したものと想定した上で、それに基づいて語源も考えることになる。

C　「間人」が本来「はしひと」だったとすれば、地名「たいざ」（もとは「たゐざ」か「たぎさ」か）の枕詞として「はしひと（土師氏の民の意）の」が用いられたと見ることができることになる。丹後地方が文化的にも早く開けた先進地域であったことは古代史の語るところで、大和の王権とも早くから深い交流のあったことは皇室との婚姻伝承（『記紀』）が伝えている。つまり文化的な、地名につく枕詞（呪的歌語）の存在も充分可能であったと思われる。

〈地名と枕詞〉

ここで足踏みして、古代地名の研究にとっての「枕詞」の重要性を振り返っておきたい。以上の（三）～（六）においては、枕詞の漢字表記が、枕詞のかかる地名自体を伝える言葉になった地名を取り上げてきたが、ここにみたような枕詞と地名が深く結びついた例は実は多くはない。現在想定できるものも含めて数例である。しかし、枕詞の成立やその表現機能から考えて、「地名」を探究する上で「枕詞」は大きな手がかりを提供してくれることば（歌語）であることは注目される。

折口信夫らの研究では、「枕詞」を「風俗諺（くにぶりのことわざ）」に発することばと見ている。伊東ひとみ氏[8]は、「折口曰く、…風俗諺がだんだん脱落変化して、最終的に残った最も大切な語句が枕詞なのだという。これは折口だけの独断ではなく、枕詞の源流が地名や神名を讃め称える詞章にあったとする見方は、現在の学界でも広く認められているものだ」と、要領よく研究史を纏めてくれている。地名にかかる枕詞は、その土地がどういう土地か、どういう特色、讃め称えられる面を持った土地であるか、を教えてくれる言葉であったと言えよう。地名の意味（語源）を探究する上で、無視できないことばである。

例えば、「やましろ（山城）」の枕詞は「つぎねふ（や）」、これを「継ぎ嶺生」と解するなら、「連なる峰々が生る」の意で、当初の「山代」という漢字表記の意味に相応している。「宇治」の語源は諸説あるが、枕詞が「ちはやぶる」であったことを踏まえた説はない。しかも「ちはやぶる」は「神」の枕詞であったことも考慮して検討すべきで、「うづ―うぢ（珍）」（太秦の「うづ」でもある）と考えてもみたいところである。宇治の「木幡」には「青旗の」（『萬葉集』）と言う枕詞があった。筒井功氏[9]のいう「青」地名の一つとみるなら、「こはた」の語源はともかく、この枕詞はこの地が埋葬地であったという土地柄を意味しているかもしれない。

ただ、枕詞の多くが、意味未詳となっているのが残念である。しかし、古代地名の研究にとっても枕詞の研究の進展と合わせて地名の研究と結びつけて行くことは重要な観点かと思う[10]。

3　異称の併存という近接性による場合

当該地において、同一地名を呼ぶ、複数の呼称が併存していて、それを一つにした呼称・表記が生じたと思われる場合である。

（七）「長谷（はせ）」の場合

「ながたに」（長谷）と「はつせ・はせ」（初瀬）の併存を一つにした地名表記とみる。ただし、「ながたに（の）」という、「初瀬・泊瀬」に掛かる枕詞であったと見る説もある（が、証例はない）。地名「初瀬」には、別に「こもりく（隠口）の」という枕詞（『萬葉集』）があり、「隠来之長谷之川之」（『萬葉集』・三三三〇歌）では「長谷」を「はつせ」に当てていて（三三三一歌も同様）、「長谷」を「はつせ・はせ」と読むことは早くに定着していたと思われることから、この場合を2の例とはしなかった。

（八）「一口（いもあらい）」の場合

音声形式「いもあらい」と漢字表記「一口」とが直接的な関係でないことが分かる。これまで幾つか考察が示されてきたが[11]、結論的には、旧来の呼称「いもあらい」と新参の呼称「いちくち（一口）」との併存を一つにした地名と考えるのがいいようである。

まず初出例の確認、管見では、『平家物語』はじめ、中世末までの資料では仮名書き「いもあらひ」か「芋洗（ひ）」のみで、「一口」という漢字表記の初出は江戸期以降の地元の資料においてである、

A　漢字表記「一口」の本来の読みは、「いちくち」か「ひとくち」か。その地への入り口が一つの土地とみる説や巨椋池から水の流れ出る口が一つであるからとする説、さらに当地の農産物里芋の「子芋」（「芋洗い」の芋）を指す語とみる説などがある。

B　「いもあらひ（い）」とはどういう意味か。それは、生成以来の音形式なのか、元の形の変化形なのか、に関わる。後者なら、元どういう形でどういう意味であったかを、その地の「環境（自然的・文化的・生活的）」を考慮して推定することになる。「いみはらひ（忌み払ひ）」「いも（疱瘡）祓ひ」の変化形とみる説などがある。この場合、音韻変

化の説明には、日本語史研究が明らかにしている学説に沿っていて、説明に合理性論理性がなければならない。「芋洗い」の意とすると、「芋」は里芋の子芋のことで、子芋を桶や笊に入れて、棒でかき廻しごろごろと洗うことを意味する。「芋の子を洗うよう」の「芋」である。全国的に見られた風物詩である。

C　Bの「いもあらひ」がなぜAの「一口」という漢字表記と結びつき得たのかを明らかにする。古くからの地名「いもあらい」と江戸以降の地名「一口(ひとくち)」という併存時期があり、「芋洗いのひとくち村」または「ひとくちの芋洗い村」などと言っていたのが、両方残すべく一つにしたとする説など。

なお、「一口(いもあらい)」の場合、Bで触れた「いみはらひ(忌み払ひ)」説が通説のようになっているが、その音韻変化の仮説が合理的かどうかはともかく、背景に「疱瘡(いも)」を忌むことから発生したという稲荷信仰―疱瘡稲荷、笠森(瘡護)稲荷―と結びついていることをどう説明、あるいは評定するか、さらに江戸(東京)に坂地名として「一口坂(いもあらいざか)」とかつて呼ばれ、今も呼ばれているものもあるという事実[12]との関係をどう考えるかなど、避けては通れない課題も多い。

(九)「匏宮(よさのみや)」の場合

純粋に「地名」の問題とは言えないが、丹後国の一の宮「籠《この》神社」の奥津宮(真名井神社)の古名と思われる呼称・表記に「匏宮」と書いて「よさのみや(与謝(佐)宮)」と読ませる例がある。「匏」は、瓢、瓠と同義の語で和語の「ひさご」に相当する。とすれば、「匏宮」は本来「ひさごのみや」を意味したであろう。にもかかわらずいずれも「匏宮」を「よさのみや」と読む、このズレも両者の近接的関係によると考える。つまり奥津宮を「ひさごのみや」とも「よさのみや」とも称していた(異称の併存)という近接性によるとみる。しかし、「匏宮」を「よさのみや」と読むことに関して、海部穀定氏(籠神社の先代宮司)は著書『元初の最高神と大和朝廷の元始』(桜楓社)で、古来の社伝・社記などの伝えるところを、次のようにまとめている。

与佐郡の与佐は残欠丹後国風土記によると、本字を匏といい、また、真名井の社の宮号を与佐宮というのは、社記によると、本来は、匏宮よさのみやというのであって、匏は、「天吉葛あめのよさづら」のことであるという。（略）磐境の傍に天吉葛が生じたので、これに神饌の水を盛って、お供えをされたので匏宮と云ったので、吉佐宮よさのみやと云い、或いは与佐宮と称し、その宮号が吉佐郡（与佐郡）の郡名の起源になったのであると伝えている。

この伝承には、幾つか疑問がある。海部穀定氏も「勿論、一種の説話であって、史実をそのままに伝えたものとは考えられない」と言われる通りである。この伝承が示す認識の根本は、『日本書紀』神代上（一書曰）にみる「天吉葛（あめのよさづら）」の読み取り方にあるが、「神代紀」上では、いざなみの命が火の神を産み、神避る時、水の神、土の神とともに「天吉葛」を生んだとする。「天吉葛」は樹木（植物）を代表しているとも解せる。

「天吉葛（あめのよさづら）」を「匏（ひさご）」と解することには問題はない。同じ伝承が祝詞の「鎮火祭」にも伝えられ、そこでは「匏（ひさご）」と明示しているのである。しかし、先の海部氏の「まとめ」で、「匏（ひさご）」を「よさ」とも言ったと理解しているのが問題なのである。「匏（ひさご）の宮（みや）」を「与佐（よさ）の宮（みや）」と読んだことから、両者の関係を匏（ひさご）＝与佐（よさ）という短絡的な認識で理解しているのである。偽書とされる『丹後国風土記・残欠』（本稿では、鈴鹿文庫本・愛媛大学図書館蔵による）に『出雲国風土記』の様式をまねてか、「與佐郡本字匏」としているのは、こうした認識（理解）によっているのは明らかである。郡名の「與佐」は本（もと）「匏」と表記した、つまり「匏」は「よさ」と言っていたと理解していることを意味する。近年でも「丹後国与謝郡はかつてはひさごと呼ばれていた」（金久与市『古代海部氏の系図』〈新版〉）とこの認識（理解）を受け継ぐ記述も見られるが、よくテクスト批判をすべきところであろう。

「天吉葛（あめのよさづら）」とは、勿論「ひさご」のことであるが、意味するところは、「天の（あめの）」は事物に対する尊称、「吉葛」の「吉（よさ）」は「よき・よし」と同語で、「つら（葛）」は「蔓（つる）草の総称」、つまり「貴重な、吉祥の蔓草」と「ひさご」を誉め称えた言葉なのである。この「よさ」、「よさ」だけでは「ひさご」を意味し得ないのである。匏（ひさご）＝与佐（よさ）と捉えたところが問題であったと考えられる。

では、「ひさごのみや」と「よさのみや」とはどういう関係にあったのか、が改めて問われることになる。A「匏宮」は本来文字通り「ひさごのみや」と呼ばれていたが、Bこの社は与佐（郡）の地に坐ます神の社であることから、「与佐宮」とも呼ばれていた（と思われる）。Cつまり一つの社の異称の併存関係から生じた呼称と表記が「匏宮」でもって「よさのみや」と読むことになった。両呼称が近接的関係にあったことによる合体した姿であったと解されるのである。

なお、伊勢神宮関係の資料や「丹後国一宮深秘」などの社記類や偽書『丹後国風土記・残欠』といった地元資料と「僧智海」との関係など、また「ひさごの宮」の意味するものは何か、さらには「匏宮」と「籠神社」との関係をどう見るかなどについては、別途『地名探究』（京都地名研究会会誌）に掲載予定。

四　その他―特殊な例

和語地名と漢字表記との関係が直接的な場合と間接的な場合とを見てきたが、なお以上の関係の範囲では説明のつかない地名表記も存在する。地名の音声形式の変化、あるいは表記の変更等に際して、誤用や捻れが生じたり、飛躍して表記されたりした結果と思われる場合である。これらは言語体系の変化という法則性によるものではなく、それぞれの地名において個別的に起こった言語変化であり、特殊なケースと言わざるを得ない。以下に幾つかの事例を取り上げておく。

（一）「稲荷（いなり）」の場合

地名というより山名あるいは神社名であるが、「稲荷いなり」は厄介である。「いな」はいかにも「稲」に当たるように見える。「稲」の訓読みには、「いな」と「いね」とがあるが、前者は結合形（いなほ・いなき・いなだ、など）で後者は独立形といわれ、古代日本語（むしろ原日本語）では名詞も活用した。「いな」の後には名詞が来るのが原理だが、「り」では腑に落ちない。また漢字「荷」が和語の「り」に相当する（音声も意味も）など、考えられない。そもそも古代日本語にラ行で始まる言葉は存在しなかった。

『山城国風土記』逸文では、「伊奈利」と万葉仮名で記されていて、「いなり」と呼称されたことは疑いない。その「いなり」を平安時代になって東寺の資料などから「稲荷」と漢字表記するようになったのも間違いないことである（「好字二字化」の影響もあるか）。「逸文」における「稲」を巡る「いなり神」の伝承を意識して、「いなり」の「いな」に「稲」が連想されやすく表記に用いられたのであろうが、「荷」の文字はどこから出てきたのか。「いなり神」を描いた古い絵に「稲を担う（荷負う）いなり神（老翁）」の姿を描いたものがあるが、「稲を荷負う」を意味して「稲荷」と表記したのだろうか。そして漢字表記「稲荷」の問題はともかく、では「いなり」の語源はどうか、ということになる。諸説あるが、私見も別に論じたことがある。(13)

（二）「三次（市）」（広島県）の場合

当地は、木簡「備後国三次郡下三次里人」の郡名に相当すると考えられる。『和名抄』にも「三次郡」とあるが、高山寺本には訓がなく、名古屋市博物館蔵本、江戸版本では「美与之」と訓じている。

現在「みよし」と読むが、難読地名である。ＪＲの「木次線」を「きすぎ」と読むなど古く「次」は「すき」と読んだ。木簡も『和名抄』の例も、本来「みすぎ」と呼ばれた土地であることを示している。のち中世―近世初期の文献で「三吉」「三好」「三善」などと書かれ、ここで「みすぎ」から「みよし」と読みが変化したようだ。特に

「三好」は「みすき」「みよし」両方の読みが可能である。しかし、江戸初期・寛文四年（一六六四）に表記は原初の表記「三次」（『風土記』編纂頃の表記）に戻すことになったが、呼称は当時の「みよし」をそのまま残したことから難読地名化した例と考えられる。つまり次のような経過をたどって現在に至ったと考えられる。三次（みすぎ）→三好（みすき）→三好（みよし）→三吉・三善（みよし）→三次（みよし）。漢字「好」の表記を媒体して「すき」から「よし」へと読みが変わったところに「捻れ」の原因があったかと推定する。(14)

（三）「吹田（市）」（大阪府）の場合

「行基年譜」天平一三年（七四一）に「次田堀川」「下嶋郡に次田の里あり」とあるのが、初出例とみられている。「すいた」という呼称は、『橘為仲朝臣集』の詞書に「つの国のすいたといふところ」とあるのが、初出例だが、平安末期以降の文献に「水田庄」「水田高浜あたり」「水田城」とあるのも「すいた」の音を写したものと思われる。後に「吹田庄」と表記する。あそらく「次田（すきた）」が「すいた」と音韻変化（イ音便化）して、それに「水田」「吹田」の表記が当てられたものと推測される。「次田」地名は他の地域にもあり、「すきた」あるいは「すいた」と呼ばれている。これらの事例も含め、漢字「次」が和語「すき」に当てられていたことに絡む「地名」の語源問題については、別稿で詳しく論じた。(15)

地名表記の漢字の訓みの変化、特に音読み・訓読みの交替という変化（例：「二荒（ふたら）→に（っ）こう（二荒）→にっこう（日光）」、「武庫（むこ）→六甲（むこ）→六甲（ろっこう）」など）や漢字の同じ音の文字への交替表記などにからむ地名などの事例については、具体例を参考文献①などによって確認することができる（栃生（とちふ→とちゅう）→途中など）。

地名「いかるが」を「斑鳩」（奈良県ほか）「何鹿」（丹波国郡名）と表記することについて、池田末則氏は「二字化に腐心したことが窺える地名用字」と述べている（『地名の考古学』勉誠出版）。前者は「いかる」ともいわれる鳥の名と見ての熟字訓的な用字で、後者は和語の「いかに（如何に）」「か・しか（鹿）」を活用する借訓という用字法によっている。地名「いかるが」の語源（意味）が「鵤」とも書かれる鳥の名に由来するかどうかは別問題である。

おわりに――ここから始まる地名研究

以上「上」「下」にわたって、和語地名と漢字表記との関係において、難読地名が生じるメカニズムを整理したが、様々なケースのあることが分かる。地名の「難読」はひとえに和語地名を中国語のための文字である漢字で表記したことに起因していた。しかし、地名の研究は、漢字表記された地名の「よみ」が分かったところから、あるいはそのもっとも古い「よみ」を確定、あるいは推定することから、本格的な研究は始まるのである。その点でも、初出例はしっかり確認することが重要になる。

言うまでもないが、「銀座」など漢語地名として命名された地名は漢字の音も意味も借りており、文字通りの意味の地名である。そこで、地名研究としては、なぜその地にそういう意味の地名がつけられているか、つけられたのかを明らかにすることになる。しかし、漢語地名は行政上つけられることが多く、時代的にも新しいものが多いので、比較的その命名の由来は解明しやすいものが多いと言えよう。平安京の通り名や後世の京都市内の学区地名などに漢語地名が見られる。

厄介なのは古くからある和語地名の場合である。漢字で表記する工夫がなされ、記録が可能になったが、和語地名の音声形式とそれを写す漢字表記の関係が、一筋縄ではないからである。直接的な関係から間接的な関係まで、さらにそれらの関係をも越えたケースまである。しかも漢字がそれぞれ意味内容を有している故に、その意味に惑わされて、和語地名の意味を取り違えてしまう恐れを持っている。そこに厄介さがある。

先に「間人（タイザ）」を例に取り上げたが、この地名の探究には四つの課題があった。まとめると、まずは、初出例の確認―いつの時代のどういう文献でどういう地域をどう読んでいるかの確認が正確になされねばならない。そして先にA、B、Cとして纏めた三つの課題について解明しなければならなかった。また特に二音節地名は、例えば「賀茂」「土佐」「加佐」など古代地名の場合殆どが「万葉仮名」で二文字に表記されていて、元の音声は復元できるが、漢字の意味は和語地名の意味内容（語源）を伝えていない、それ故語源を探究する上で、漢字は当てにできない、なんのヒントにもならないという厄介さがある。ここから地名の探求は始まるのである。

【注】

（1）「丹波」は元「たには」、後に撥音便化して「たんば」というようになったのに対して、「丹後」は、本来「たにはのみちのしり（丹波の道の尻）」であるが、漢字二文字化して「丹後」と書くのを音読みして「タンゴ」と呼んでいる。

（2）例えば現代語でも「京 jing」「安 an」「能 neng」「国 guo」のように一音節である。

（3）中国語をそのまま取り入れた語（借用語）、例えば「菊」「簡（紙）」「性（さが）」などもその例。なお、Aの場合を「略音仮名」という。

（4）同著には、『地名探究』第10号に掲載の蜂矢真郷「地名の二字化―和名類聚抄の地名を中心に」も収録されている。

（5）「やまたい（国）」を倭語だとすると、上代日本語以前には、「たい」の「い」のように語中語尾に母音音節が現れることはなかったから、「台」は「と」の音を示す用字とみる。「と」だとすると、上代以前には「甲・乙」の二種の「と」があった（上代特殊仮名遣い）ので、甲乙どちらの「と」であったかで、「やまと」の意味も異なることになる。『岩波古語辞典』「やまと」の項に「魏志倭人伝の「邪馬台」は漢魏時代の中国語の字音によれば」として、「台」は「と」でも「ど」でも乙類で、「後の「倭」「大和」のヤマトと同音」とし、「九州筑後の山門郡のヤマト」の「と」は甲類で別音である、とする。甲類の「と」は戸、門など狭隘なところの意だが、乙類の「と」は、処、所など、場所・ところの意である。

（6）池田末則編『奈良の地名由来辞典』（東京堂出版・二〇〇八年）の「飛鳥―明日香」の項。
（7）糸井通浩「地名『間人』について―『はし』という語を中心に」（『地名探究』創刊号・二〇〇三年、本書Ⅳ）、ほかに、「古代文学と言語学」（『古代文学とは何か』勉誠出版・一九九三年）、「間人」（『京都の地名　検証』勉誠出版・二〇〇五年）などでも触れている。
（8）伊東ひとみ『地名の謎を解く―隠された「日本の古層」』（新潮選書・二〇一七）。
（9）筒井功『「青」の民俗学―地名と葬制』（河出書房新社・二〇一五年）。
（10）勝村公『枕詞と古代地名―やまとことばの源流を辿る』（批評社・二〇〇五年）、駒木敏「枕詞と地名の始原―主として『風土記』について」（『同志社国文学』二六号・一九八六年）など。
（11）「一口」（執筆糸井通浩・『京都の地名　検証』（1）二〇〇五年、Ⅲ参照）、糸井通浩「難読地名『一口（いもあらい）』と疱瘡稲荷」（伏見稲荷大社『朱』五三号・二〇一〇年、Ⅲ参照）、小寺慶昭「難読地名『一口』再考」（『地名探究』一四号・二〇一六年）、『久御山町史』『巨椋池ものがたり』（ともに久御山町教育委員会刊）ほか。
（12）横関英一『江戸の坂東京の坂（全）』（ちくま学芸文庫・二〇一〇年）ほか。
（13）鈴鹿千代乃「山城国風土記逸文『伊奈利社』小考―『伊奈利』か『伊禰奈利』か」『朱』四四号・二〇〇一年）、「稲荷」（執筆糸井通浩・『京都の地名　検証』（1）（二〇〇五年）、綱本逸雄「伏見稲荷大社の『稲荷』の由来」（『地名探求』一四号巻頭言・二〇一六年）。
（14）糸井通浩「地名にみる『す・つ』の問題―丹後の地名『久次』をめぐって」（『地名探究』第八号・二〇一〇年、本書Ⅳ）
（15）注（13）に同じ。

【参考文献】

注や本文で取り上げた以外に下記のものを参考にしている。

①鏡味明克「地名と漢字」（『漢字と日本語』漢字講座3・明治書院、昭和六二年刊）

②鏡味明克「難読に隠された地名の意味」(『国文学』特集：「新しい「意味」の発見」・學燈社)
③鏡味明克「地名と表現」(『表現研究』八八号・平成二〇年)

Ⅱ　地名の諸問題

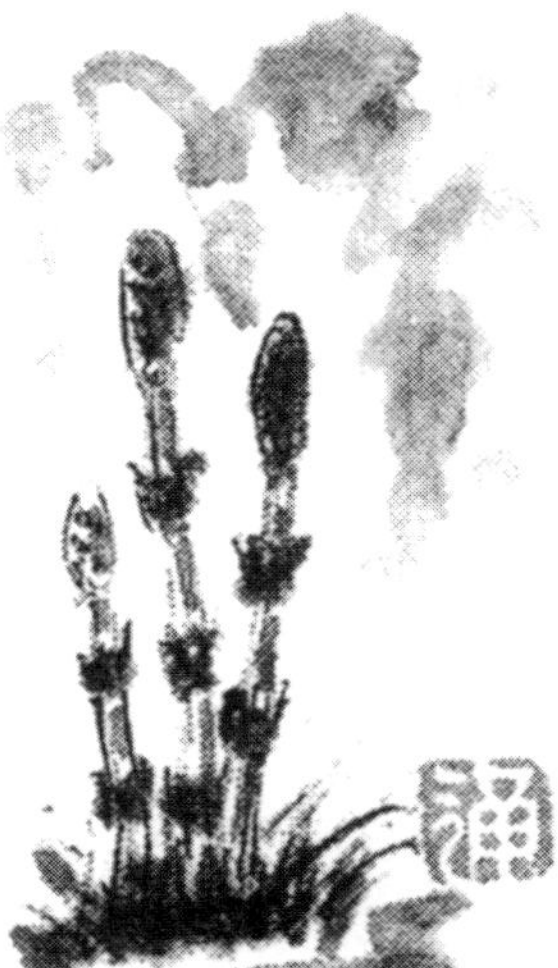

「原《はら》」「野《の》」語誌考・続貂

続貂とする由縁は、諸先学、諸辞典類にみられる諸学説をふまえてのことであることはいうまでもなく、直接的には、最近の、次の三論文に対する敬意に基づく。以下文献と呼ばせていただく。

〈文献一〉　吉田茂樹「古代の地名からみた「野」と「原」の諸問題」（『東アジアの古代文化』昭和五三年七月刊、同著『地名の由来』所収）

〈文献二〉　辻田昌三「野」と「原」（国語学会中四国支部24回大会発表　昭和五三年一一月、『国語学』第百十五集「要旨」所収）

〈文献三〉　池田末則「「野」「原」考」（『古代地名発掘』所収　新人物往来社・昭和五三年一二月刊）

右の三〈文献〉以前の主な説に、柳田国男『地名の研究』、阪倉篤義『語構成の研究』、『時代別国語大辞典　上代篇』、『日本国語大辞典』などに所収の学説がある。

なお、日本における「野」「原」の語義を説明した最古の文献として、次の『和名類聚抄』（以下『和名抄』）がある。

〈文献四〉　「野字亦作墅能郊牧外地也」「原毛詩注云高平曰原波良」

野を山の裾野、緩傾斜の地帯とする柳田説は、多くの辞書が継承するが、〈文献三〉は主として歴史文献にみる古代地名から帰納して、この説を受け、野は「そと・ほか・ひな」の意味を持ち、美称的な用法をも有する地形語であり、原は「平・墾」の意味をもって、広く平らな地を意味したと結論する。原↓野↓山の順で低↓高地となるとみる、いわば地勢上の対立概念と捉えている。この説には、『爾雅』にみる漢語の「野・原」の区別の影響がみられるが、和語の「の・はら」を、これで律しきれるかどうか、疑問である。

〈文献二〉が指摘するように、平安以降野と原の概念が接近し、類同の意義の語となって、『日本国語大辞典』の整理にみるように各語のブランチ①②及び①は同意義とみてよく、野を③において「野良、田畑をいう」とし、原を②において「林（ハヤシ）」とする所に、各語の独自の領域を見うる。しかし、後述の通り上代文献においては両語の意義の異質性は明らかであった。一体、この二語の対立性をどうみるかに、諸説の論の焦点がある。

〈文献二〉は、こうした従来の地形・地勢的対立で、野と原の相違をみるのを、「当時（私注・上代）の生活空間から来る結果である」とし、主として万葉集・祝詞等を資料として、次のように結論する。

野は、生活上の親近感を示し、原は、人間の住みにくい環境と区別し、前者が概して人間生活に近い場所であり、後者はその逆とする。この点で先の柳田―池田説と逆であると言えよう。つまり、環境文化的対立概念と捉えている。

以上の対立概念で捉える二種の説は、ある全体を二部する部分と部分の対立として捉えているのであるが、野と原は、そういう対立関係にあったと言えるのだろうか。

〈文献一〉は、『和名抄』地名及び『日本書紀』地名を主たる資料として、地勢的対立概念とみる柳田説を否定し、和語古来としては、地形語的要素の強い野のみがあったが、飛鳥朝頃から朝鮮語（pŏl＝『岩波古語辞典』も「朝鮮語pŏl（原）と同源」とする）をとり入れた「はら（原）」が、特殊な用法として併用されるようになったとみる。両語の対立関係は、いわば一般と特殊又は、全体と部分という意義上の対立関係にあったとみている。〈文献一〉は、「系統を異にする語の重層的使用の疑いもあるが」と保留したが、〈文献三〉の説は、この系統を異にする重層的使用とみる説にあたる。〈文献二〉がさらに保留した、皇居や陵墓が「原」に置かれる例があることは、何かを暗示しているかという疑問を、〈文献三〉は、その立場において明解に説明する。金思燁「肥の国地名にみられる高句麗的特色」（『東アジアの古代文化』十三号所収）の説く「高句麗は、初期の歴代の王の埋葬地名に例外なく原のつく表名を使っている」を論拠としてこの大陸文化の命名法を取り入れ、専ら天皇族の系統にのみ、「原」を用いたのだとみる。

以上の諸説に学びながら、以下に私見を述べてみたい。諸説も指摘することであるが、野、原を語基とする複合語の語構成を検する時、上代文献において、次のような明らかな傾向を指摘することができる。

(A)①地名＋野　（例、春日野）

②形容語＋野　（「形容語」は〈文献一〉の用語。例、大野、横野、長野など）

③植物名＋野　（例、竹野、紫野）

(B)①植物名＋原　（例、松原）　藤尾、栗尾　（樹木）（草類）

②地形地勢名＋原　（例、海原、河原）

③皇后、陵墓名に用いられた原　（例、浄御原）

(B)①は、松原、杉原、檜原などを典型とする語構成をなし、その植物は多く樹木である。この類は、〈文献一、三〉の指摘するように「杉生」「桐生」「桑生」を古形とする、その転成語であると考えられるが、ただちに語「ふ（生）」から語「はら（原）」が生まれたとはなしえない。しかし、ここに「はら」の語源を理解する方向は感得することが可能である。一方、地名として「―生」がさらに「―尾」となった例も多く、藤尾、神尾の形で現存する。

ところで、樹木を典型とはするが、草《かや》原、葦原、萱原など草類ともいうべき例もあり、これらになるとすでに上代文献において、萱野、草《かや》野など一部には、「―野」となり、後世の〈野〉と〈原〉の類同化の現象がすでにみられる。例えば、『播磨国風土記』に、「柏原の里、柏多《サワ》に生ふるに由りて号けて柏原と為す」（讃容郡）とする一方「柏野の里、柏、此の野に生ふ。故、柏野といふ」（宍禾郡）とある。これは樹木にも及んだ例で、野、原両用の例は、時代ともに多くなっていったとみられ、『延喜式神名帳』には、草《かや》野、菅野、粟野、桐野、などをみる。

「タカノ」と呼ぶ古代地名がある。〈文献一〉によると、『和名抄』で、高野7、高原1、竹野3、竹原3となっていて、混用状態の最も進んだ例となっている。式内社に鷹野神社もある。先にみた、野・原の語構成上の異質性からみると、竹なら竹原とあるべきで、野の場合には、「タカ野」のタカは形容語「高」又は地名「たか」であったとみるべきかと思われる。「神代紀下」では、竹林をタカハラと訓ませている。高原は、竹原であった可能性が強く、竹野は高野であった可能性が大きい。「タカノ」なる地名が、大和佐紀、山城愛宕《オタギ》、近江、丹後、但馬、因幡、美作に連続して認められ、その点からも、丹後の竹野郡(『和名抄』「タカノ」とする)竹野神社(式内社・斎宮社とも称す)及び但馬の鷹野神社なども「高野《たかの》」であったとみることができ、古代史の問題にとって注目すべきことではないかと想像する。又、単に「タカ」を地名とするものに、多賀郡、多賀社など多くみることができ、「タカ」という氏族の存在を考えるむき[1]もあるが、「タカノ」という地名との関係に考えてみる問題があるように思われる。

(B)②地形地勢名+原の例は、高天の原、天の原、海原(うなはら・わたのはら)、国原、野原、河原、滝原、池原、津原、室原、湯原(斎《ゆ》原とみて(B)③の例とみるべきか)などをいう。この類を〈文献一〉は、聖なる佳名、とするが、その必然性の根拠は薄弱である。

ところで、〈文献一〉は、(B)①②③の三類の原をそれぞれ語源を異にするとみている。私見は、この三類の「はら」を同一語とみる。三類の用法を統一的に捉えることのできる意義を「はら(原)」の語義そのものとみたい。もっとも、〈文献一〉がいう飛鳥朝ではなく、もっと以前において、朝鮮語(pŏl)と日本語「はら」とが共通祖語から分かれた語であったと考えられることは、今のところ否定はできない。むしろ、肯定すべき可能性の方が高いと考える。

三類の原を統括的に把握しうる語義は、「張る」の名詞形「はら」とみることである。「張る」の原義は、ものをそのものたらしめる、気が充実する、充満することであったと考える。日本の原始自然信仰の本質は、自然の様々な形態に「霊《ち》」の存在をみていたところにある。「霊《ち》」が「形《かた》」に備わって、様々な「かたち」を成していると考えていた。この「霊《ち》」が後には神の語にとって代わられるのであるが、記紀神話にみられる、様々の自然神の存在は、このことを証明する。

むる（群る）―むら（村）、くむ（隠む）―くま（隈）、つく（築く）―つか（塚）などと同様、この地霊の充満した（ハル）結果・状態が、原（ハラ）であった。しかし、それは単に地霊が存在するだけでなく、その地霊の働きが、具体的なかたちにおいて、その地霊の存在を発揮している状態をこそ「はら」と呼ぶことができたと思われる。『古事記』にいう、「次ぎて山の神、名は大山津見神を生み、次ぎて、野の神、名は鹿屋野比売神を生みませり。亦の名は野椎神と謂す」と。野椎は「野ツ霊《ののち》」であった。この語にさらに神を付加して称することは、本来なかったことである（溝口睦子「記紀神話解釈の一つのこころみ」（『文学』第四十一巻十号外）。野椎のハルところが「野ハラ」であった。さらに、天、海、池、川、国（陸）なども、それぞれの霊の充ちあふれた所とみて「―原」と呼ばれることになった。こうした自然の具体的な姿《かたち》に霊《ち》を実感する感覚が失われてくると、自然神も抽象的な神として実態と遊離して信仰されるようにもなる。

草木にも霊をみていた。それはまだ「草木ものいふ」ことが信じられていた時代のことであり、その時代に「ク《木》ク《木》ノ霊《ち》」という霊の存在を信じたのであり、別の認識ではあるが、「木玉（木魂）」の語もある。この草木の霊が充満し、ハル状態の空間がハラであった。杉原とは、杉の霊が充満し、「かたち」となって張る状態にある所を意味したのである。腹も、このハラから理解すべきかと思う。

原を阪倉篤義先生（『語構成の研究』）は、「ハルに対比されて、ひらけた状態の場所」とみておられる。このハル―ハラから「はらく（排開）」の動詞が派生したともされる。それは「ハル」を「墾る、晴る、春」つまり「ひらく、ひろげる」の意義とみておられることによる。〈文献一〉が(B)③の原を、「ハラ（開）く」「晴れ」と関係があるかといい、

〈文献三〉が原を「墾」と結びつけているのは、この考えに類同であると言えよう。ただし、後者が「植物名＋原」を「当該植物を伐採して墾いた「墾(はり)」であった」と解していることは疑問である。現に杉の原でなくなっても、もとの地名「杉原」(普通名詞から地名化したとみる)をとどめて、杉原と称するようになると、いかにも「杉生」地域を「墾」いてできた土地を「杉墾りの地―杉原」と呼称するようになったかに錯覚されるが、現に松が立ち並んでいるからこそ「松原」である、という実態をこれでは説明できない。原を私見のように考えることで、「―生」という語構成にも通うといえるのである。「春・晴れ」も直接的には「張る」の語義から派生したものであり、「墾る」も又、「張る」から派生した意義用法とみたい。原(はら)は、「墾る」よりも、そのもとの「張る」から直接派生した名詞形と考える。

(B)③類の典型は「真神原」「浄御原」「神原」「御(三)原」などであり、問題の大原もこの類で理解すべきか。〈文献一〉などで、(B)③類とみているものの中には、すでに既存の、原を含む地名又は普通名詞をもって、皇居名や陵墓名としているものもあるが、こうした特殊な土地(地域)が、又特殊な霊のハル地として認識されたことは充分考えられ、大土神(『古事記』)、大地主神(『古語拾遺』)、大土御祖神(「延喜式」)、地主神一座(同)など、土着神(大国魂神なども)の支配する所であって、それ故、原と認識されたと考える。この類の原が大和飛鳥地方に集中的に現存すると言われるのは注目すべきことであろう。

紙数が尽きた、結論を述べよう。野は、単独で用いられ、山、そして後には里とも対立的に意識される空間概念の地形語であった。野は野辺と辺を伴って用いられるが、同様に辺を伴うものに、川、山、池、海、沖、島、浜、磯、荒磯、岡、谷、都、国、夷、道、常世、上、下、本、末、いづく、枕、脚、葦など、[2] 多くは地形語や空間概念語であるが、原辺はみられない。「斉明記」「かはら」の割注に「川上・川辺」とあるが、原そのものが辺に近い語であったことを思わせる。又、〈文献三〉は、「柳原―柳本」などの交替例から、原が「もと」に通ずるとも指摘している。

原は、地形語ではなかった。単独に用いられることがほとんどなく、もっぱら「―原」という複合語を構成し、逆に「原―」という複合語も「野―」に比してはるかに未発達であった。原は、個々の霊のハル状態を個的な形象で認識する語であった。例えば〈石田の小野〉のははそ原」（『万葉集』一七三〇）なども、決して野・原の概念の混乱してきた状態を示している、とは考える必要はなかった。野が、地形的自然的分節語であるのに対して、原は信仰的人文的分節語であった。同一地域が視点によって、野の概念で認識されもし、又原とも認識されもしたのである。しかし、原が野に接近することによって、自然的分節語となっていくのである。

やがて、里、林などの概念（語）の侵入によって、野が限定的に認識されるようになり、野と原が接近混用されるようになった。しかし、一方なお、「草叢―野」「樹木―原・林」といった各語の独自な意義部分をも固定化してもいったと考えられる。多くの問題を残しているが、私見の基本となる所を素描してみた。

【注】

（1）鈴木武樹『地名・苗字の起源99の謎』（産報、一九七六年）。執筆後、田村憲治氏のご教示により、山田宗睦「日本人と神話」（『天理』道友社刊）を知った。

（2）上代文献において、時空間概念語及び地形語以外で、「辺」を用いるのは、植物の葦に用いた「葦辺」のみ。この語を「葦の生えているあたり」とするが、この「葦辺」の「辺」は「沖」に対して陸に近い所を指す「辺」であったと思量する。

（補注）

「野」は、「海―山―野―里―（内）」とそれぞれ対立的関係であったうちの一つである。ここに「原」との違いがみえている。

（参考）京の「野」地名

普通名詞としては、単独に「野」ということもあるが、「野」のつく地名となると、「―野」という表現になっている場合が多い。その性格について考えてみたい。

都の空間は、内裏を中心とした「うち（内）」とその周りの「さと（里）」とからなるが、都以外の地では、「里」が人々の居住空間で、その周りに「野」があり、更にそれを「やま（山）」ないしは「うみ（海）」が囲んでいる。[注]これが基本的な空間（区画）認識を示す語の関係であったといってよいだろう。「山や野」または「山野」とペアーで認識されるように「野」は里と山の間を占める。「人里」という言葉は比較的新しく、人の住むところとしては、「山里」が平安時代以降注目されるようになった。

行政区分として、古代では「国郡郷（里）」制がしかれたが、「郷」は「里」とほぼ同じとみてよい。しかし「風土記」などをみると、さらに「里」のもとに「村」の存在を示す記述がある。例えば、『丹後国風土記』逸文の「羽衣伝承」では「竹野郡船木里奈具村」、「浦島子伝承」では「与謝郡日置里、此里に筒川の村あり」とある。直接、集落を指すときには「村（「群れ」と同源語）」と言ったのであろう。そして、ここでの里は、すでに行政上の空間区分を指す語になっている。後には「山里（山居）」や「人里」などの認識が生まれたが、「里」とは区別される語で、これらは「野」や「山」との関係で考える必要があろう。

ところで、「野」とよく似た語である「はら（原）」は、野や山とどういう空間関係にあったのだろうか。いまでこ

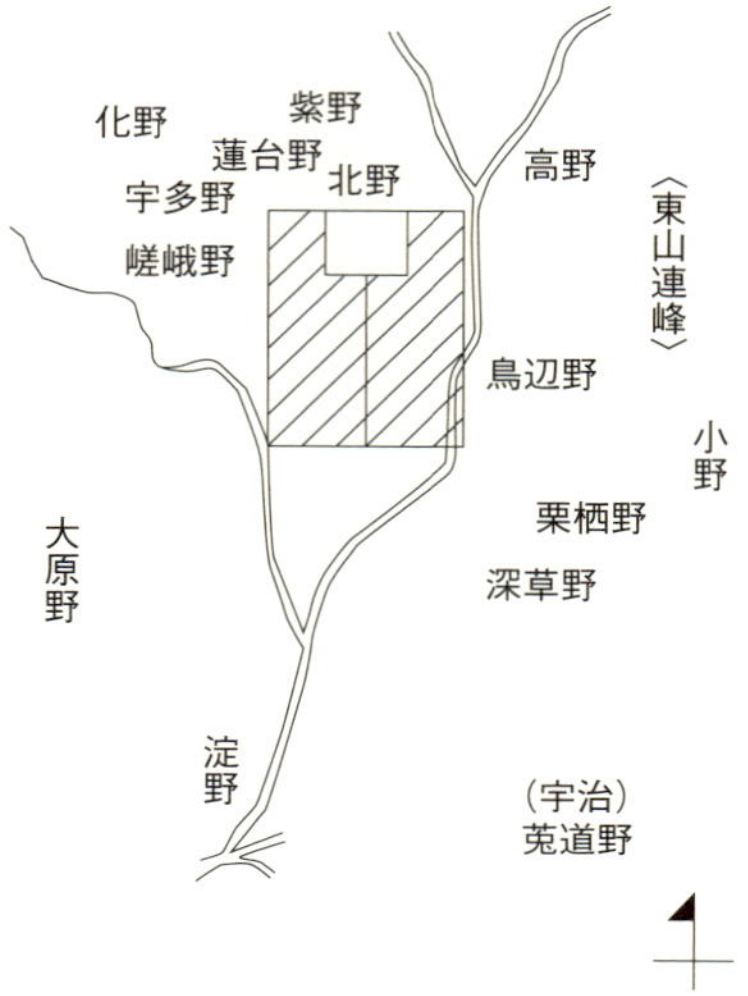

都と周縁の野

そ「野原」と言ったりするが、基本的には、「原」は「野」とは異なる認識で捉えられた空間認識を示す語であったと考えられる。多くの場合、古代では「原」は「―原」と複合語の形で用いられて、単独に「原」ということがなかった点が「野」とは異なる。「浄御原」「海原」「川原」「葦原」「松原」「桧原」「篠原」などと用いられたが、「―」に当たるものが広々と広がりその霊が充満している空間を意味したのが「―原」という地名であったと思われる。つまり「はら」は「張る」と同源語だと考えられる（九州や沖縄では、「はる」「―ばる」という）。そこは「野」でも「山」でもあり得た空間であった。「野原（のはら）」という複合語も当初は「野」が広がっている空間を意味していたもの（野の霊が張るところ）が、後に「野や原」の意に使われるようになったのではないか、と思う。そして後世になると、野と原とをあまり区別して用いなくなったといってよいだろう。

さて「―野」という地名にもどる。京の都の周辺には、「嵯峨野」「紫野」「北野」「化野」「栗栖野」「深草野」「大原野」「高野」等がある。しかし一方、「野」の地名には、これらと異なる「小野」「大野」「吉野」「広野」「佐（狭か）野」といった「野」の規模の違いを意味するだけの地名（普通名詞の地名化したもの）もある（ただし「吉野」は「野」の美称語か）。これらに対して前者は、里の外に広がる野のうちでも、人が住んだり、作物を収穫したりする場所として開拓された野を、「―野」と改めて命名して、地名としたのではないだろうか、「―」の部分に既存の「地名」が当てられることが多いことは、このことを物語っているように思う。「春日野」「飛火野」「武蔵野」「蒲生野」など。

ただし「北野」は、都の北外に広がる野であったからで、また「内野」とは、内裏（うち）の一部が荒廃して野の状態になり、作物が栽培されたりしたところであったためのネーミングと言われている。

野・原についてはまだまだ検討しなければならないことは多いが、中で難問は「高野」、その意味ないし成立事情がもう一つ分からない。つまり「たか」は本来「高」の意でよいのか、それとも「竹」か「鷹」か「茸」か、それとも族名か。丹後には古代地名「竹野」があり、元は「たかの」と言っていたものが、だんだんに「たけの」に変わってきたようだ。これももとから「たかの」であったとすれば、「たか」が「竹」の意であったかどうかを、検討しなければならない。古くは「竹」の群生する（竹の霊が充満する）ところは「竹原」と「原」地名で呼ばれるのが一般であったと思われるからである。

【注】

文部省唱歌「春が来た」では、「山に来た、里に来た、野にも来た」と詠んでいる。

地名（歌枕）の語構成—連体助詞「の・が」を含む地名

はじめに

本稿が対象とする語は、単なる地名—国郡郷里字といった行政的な地名—ではなくて、例えば、地形語である、普通名詞「山」を用いて、特定の、個別的な山を、他と区別するために用いられる「吉野山」「伊吹山」などの語（固有名）を対象とする。いわゆる「歌枕」と称されるものが主たる材料となる。

歌枕を構成するとき、連体助詞「の」「が」が用いられることがある。上代語において、「の」と「が」の文法的機能の共通性・相違性がいかなるものであったかが従来からいろいろに論じられてきたが、なおまだすっきりと説明しきれているとは言えない状況にある。その一つが地名を構成するときに使われる「の」「が」である。特に地名の場合には、「（現代語の）『緑が丘』などは、古代からの訳の分からない地名表現の再利用（されたもの）[1]」などと指摘されるように、課題を抱えているのである。本稿は、その課題解決の手がかりを得ようとするものでもある。

一　歌枕の語構成

古代における歌枕の語構成の実態を把握するための資料として、本稿では、鎌倉初期成立の『八雲御抄』[2](順徳院撰)巻五に収められた、歌枕を列挙する「名所部」を使用する。平安中期に芽ばえた歌語「歌枕」意識が確立して以後の歌枕を集大成したものと言ってもよい資料である。

助詞「の」「が」の使い分けに関して、地名が問題になるのは、次のような理由による。従来の研究が明らかにしてきたように、「が・の」の上接語において、一部の例外は認められるにしても、「が」の上接語と「の」の上接語とがほぼ相補分布の関係にあったと言えるのに対して、動植物名と地名については、そうした関係が認めがたいところにある。もっとも動植物名に関しては、「梅が枝《え》」から「梅の枝《えだ》」への交替があるかと思うと、「梅が花」とも「梅の花」とも言うといった、一見複雑な様相を呈しているようにもみえるが、「が」が用いられるとき、その下接語に一定の範囲が認定し得るところもあって、なお法則性は見出しやすいと言えそうだ。

一方、地名の場合、上接語の性質、ないしはその意義が明らかにしにくいこともあって、また下接語の面から言っても、今のところ明解な制約を想定することができないことなどから、「の・が」の使い分けに働く法則が見出しにくいのである。例えば、典型的には、「○○が岳《たけ》」がある一方で「○○の岳《たけ》」「○○岳」があったりするのである。とは言いながらも、この「岳」の場合も含めて、連体助詞「が」が用いられた用例が一例でも見出せる下接語の地形語がすべてにわたるわけではない。いくつかの限られた地形語の場合において、「〜が〜」の語構成が可能であったように思われる。また、上接語についても、例えば、「清見が関」「清見が崎」「清見が××」と言った例から、「が」が下接しやすい上接語といったものも存在したのではないかと思わせる節もあったりする。もっとも、「慣用的に使われることによって語彙的に固定して来ることもあり得る」、「習慣的固定化もある」[3]といわれる点には留意しなければならない。殊に地名の場合は、一般語と異なって符号的であることもあって、慣用化や固定化が起こりやすかったと考えられる。

まずは「の・が」に注目しながら、『八雲御抄』に集められた地名(歌枕)を語構成の面から整理し分類してみることにする。

『八雲御抄』(名所部)では、「山」から「寺」まで、五十の地形語別に歌枕が集められている。その地形語別に、所属の歌枕の語構成をみるとき、地形語と上接語の結合関係を示す文法形式に、連体助詞「の」による場合、同じく「が」による場合、そして、そのいずれにもよらない無助詞形式の場合がある。そこで、まずは大きく甲種・乙種の二種に大別し、さらにそれぞれを細分することにする。

甲種は、「なにはがた」のように、地形語「潟」が上接語「難波」と直接結合しているものを主とするグループとする。これを「無助詞型」と称する。

乙種は、「をたえのはし」のように、地形語「橋」(これは建造物であるが、広く地形語に類するものとみておく)が、上接語「緒絶」と結合するとき、助詞「の」を介しているものを主とするグループとする。これを「有助詞型」と称する。

無助詞型(甲種)は、三つの型に区分する。(a)型、ほぼ無助詞型のみがみられるもの。(b)型、その一部に、「の」が介入した有助詞型がみられるもの。(c)型、「の」助詞に加えて、助詞「が」の介入した例もみられるもの、とする。ただし、無助詞型を基本とするもので、一部「が」を介入した例がみられる、という型は存在しない。

有助詞型(乙種)は、四つの型に区分する。(d)型、「の」助詞介入型を基本とするが、一部に「が」の介入したもの、または無助詞型であるものも含まれるもの。(e)型、一部に「が」の介入した例がみられるもの。(f)型、一部に、無

地名の語構成

種	型	連体助詞		地形名
甲種（無助詞型）	ⓐ	無		川（河）・潟・田▲・野▲
	ⓑ	無	の	山・津▲・江▲・井▲・坂
	ⓒ	無	の・が	根▲（峯）・嶋
乙種（有助詞型）	ⓓ	の	が・無	原・浦・嶺・隈・沼
	ⓔ	の	が	磯・関・嵩《たけ》・崎
	ⓕ	の	無	岡・沢・市・橋・村・温泉▲・滝・渕・泊・河原
	ⓖ	の		林・牧・杜・社・渡・海・都・里・池・岸・湊・浜

（▲一音節語）

助詞型の例がみられるもの。ⓖ型、ほぼ「の」助詞介入型のみがみられるもの、とする。

右の分類は、必ずしも厳密なものとは言えない。また、あくまでも、『八雲御抄』の記録する型態による分類である。しかし、地形語によって一定の傾向があったことはうかがえるように思われるのである（〝図表〟は、以上の基準によって各地形語を分類したものである）。

上記の図表に関して、いくつかの説明を加えておく必要がある。連結手段である連体助詞の項の有無で言えば、ⓒとⓓはともに、三種のパターンを有していて同類としてよいところである。また、同じくⓑとⓕとがともに、無助詞型と「の」介入型との二種を有しているという点では同類とみてよい。しかし、いずれもそれぞれの中で、どの連結手段が基本であったかに違いがみられるものであり、それによって別の型にしてある。ただ、どの型が基本であるかの判断は、筆者の私的な判断によるものであることは認めざるを得ない。

先にも触れたが、この分類は、『八雲御抄』に採られている形態に基づいているが、それは撰者がその形式を標準的なものと認識していたものとみてよいであろう。しかし、例えば、「吉野川」の場合（これは無助詞型）、実際に歌に詠まれた表現をみると、「落ちたぎつ吉野の川の川の瀬の清きをみれば」（万葉集巻六）「吉野の川のたぎつ瀬のごと」（古今集恋三）などのように、「吉野の川」とも詠まれている。なかには、「ゐでの」とあって、有助詞型の「ゐでの（川）」

の存在をうかがわせるが、これは、「ゐでの(玉川)」などと詠まれたことによるのではないかと思われ、川の名として実際は、無助詞型「ゐで(井手)川」または「玉川」ではなかったかと思われるものもある。「宇治川」も、「宇治にある川」の意で「宇治の川」と用いられる以外は、無助詞型「宇治川」で通されたようだが、ただここで注意しておくべきは、先の「井手の玉川」がそうであったように、地形語の「川」が他の語と複合語をなしている場合には、「宇治の川霧」「宇治の川風」などと詠まれた。[4]「宇治川霧」「宇治川風」は言うまでもなく、「宇治川の霧」「宇治川の風」と詠むことは好まれなかったようだ。後者は散文では勿論認められたものである。こうしたことは、歌枕の表現が音数律の束縛を受けていたことが影響しているかも知れない。このことについては、他の語の場合にもあてはまることで、歌語一般について考えてみるべき問題である。

「野」に関しては、基本形は「春日野」「嵯峨野」など、無助詞型で、地形語「野」に「地名」が直接上接した形である。しかし、『八雲御抄』では、「やすの、」「あはの、」「うだの、」などとあって例外と思われるものを含んでおり、また「××の、」という表記形式の「の」が、「野」の意の「の」か、助詞「の」なのか判断しかねるものもある。

ところで、無助詞型というとき、厳密には次の二種は区別しておくべきであろう。

(ア)　嵯峨野、男山、宇佐橋、あゆち潟、竜田河など。

(イ)　長浜、なるさは、をの(小野)、入野(いりの)、大原など。

(ア)は、その形で固有名と認められる故に、即歌枕となるが、(イ)では、なかにはその形で固有名化して歌枕となっているものもあるが、多くは、普通名詞のレベルでとどまっている形であることから、このままでは歌枕となり得ずに、例えば、「きくのなが浜(「たか浜」とも)」「橋の小島」「真野の入江」「矢野の神山」など地名が「の」を伴って修飾化するのが一般である。先の「井手の玉川」も、むしろこの例に数えるべきものであろうか(「の」は「にある」

の意になる）。ただし、この類では「の」は用いられても、「が」が用いられることはなかった。

さて、「が」が介入する歌枕は、表中のⓒⓓⓔ型にみられる。甲・乙種の違いにかかわらず、いずれの場合にも、一方で「の」が介入する型と並存していることが注目される。言い換えれば、もっぱら無助詞型によるもの、もっぱら「の」助詞介入型によるものは存在するが、もっぱら「が」助詞介入型と認定できるパターンは存在しなかった。いずれも「の」の介入型と交替し得る可能性を残しているのである。これらの現象においては、「の・が」の間に相補的関係は認めがたいのである。

ところで、本稿が『八雲御抄』（名所部）を基礎資料としていることが必然的にもたらす制約について触れておかねばならない。野村剛史氏は、上代文献に確認できる「が」の用例はその全用例を掲示しているが[5]、その中に、「伏見が田井」（万葉集）が一例示してある。しかし、先の図表では、「田（田井）」は、ⓐ型に入っており、「が」介入例はないことになっている。『八雲御抄』では、「伏見の田井」とあるからである。また、ⓓ型に、「嵩（たけ）」があり、『八雲御抄』では、次の四例を示す。「いこまのたけ」「よしののたけ」「ゆづきが（たけ）」「あさまの（たけ）」（（ ）は筆者による補充）。ここにみる限り、「が」介入は、「ゆづき（弓月）が（たけ）」の一例であるが、野村氏も例示するように、上代では、「弓月が岳」「きしみが岳」「飛火が岳」「青根が岳」「きしまが岳」「をむろが岳」の六例が存在していて、「が」の下接語としては、「岳（たけ）」の異なり数が最も多い。上代では、もっぱら「が」助詞介入型の場合であった可能性がうかがえるのである。逆に、「山」「野」「河（川）」などには、「××が○○」の例はみられない。これらには、「が」と共起し得ない理由があったのではないだろうか。

「の」が介入する歌枕の場合、「吉野山」「吉野の山」のように、「の」の介入しない形も並行して用いられるものと、「逢坂の関」のように、「逢坂関」と「の」を介入させない無助詞型は普通用いられないものとがある。無助詞型に分類したものには、前者の傾向にあるものが多い。しかし、なかでも、ⓐ型は、例えば「難波潟」を「難波の潟」ということはない。もし言ったとすれば、「難波（地方）にある潟」の意を示し直接特定の潟を固有名的に指示する表現にはならないとみられる。「吉野山」といっても「吉野の山」といっても、指示する対象が異ならない場合とは違うのである。もっとも「吉野山」の場合は、今では特定の一つの山を指し、まぎれもなく固有名であるが、古典の和歌においては、どちらの型によっても、特定の一つの峯（山）を指示する語でなく、「吉野地方に存在する山（々）」（連峰名）を意味していたらしいことは注意しておく必要がある。その点で言えば、「吉野の山」の方が、指示内容に、より論理的に見合った形式であったというべきか。それらに対して、有助詞型、つまり助詞「の」が介入する形を標準的な形式と認めたものにおいては、後者の傾向にあるものが多い。

「吉野川」「吉野の川」の場合は、前者に属する例であるが、それにしてもこの二つの形式の間には、表現上の違いは全くないのだろうか。

特定の一つの川を指示するために「吉野川」「吉野の川」と表現している場合は、「吉野の川」とは、「吉野という名の川」の意に用いられていることになる。しかし、一方で、「吉野の川」という表現が、「吉野」地方に存在する「川（々）」の意を示し得るのだが、その場合は、特定の一つの川を指す固有名的な表現と認めることはできない。歌枕と認められている場合は、いずれにしても特定の一つの個別体を指す固有名として認められているのである。しかし、そうした特定の一つの個別体を指示するときに、それをどういうか、その表現形式には、様々な形のあったことを、先の図表は意味している。

ところで、歌枕「嵐山」は、「嵐山《あらしやま》」の形で登録されるのが一般的かと思われるが、『八雲御抄』では、「嵐の山」で採られている。現存の資料でみる限り、平安末期までにみられるものはすべて「嵐の山」の形であり、「嵐山」の形がみられるのは、平安末期以降である。ただし、『能因歌枕』（広本）のみが「あらしやま」としている（もっとも別の項目では「あらしの峯」ともする）。つまり、「嵐の山」という名が先にあって、後に「嵐山」の形も生まれたのではないかと考えられるのだが、このことは何を意味しているのか。平安末期までは、今の「嵐山」と「小倉山」とは同じ山のことであったとする増田繁夫氏の説がある。(5)「小倉(の)山」も、今の「嵐山」を指した固有名だったというわけであるが、ではなぜ同じ山を「小倉(の)山」とも「嵐(の)山」とも呼んだのか、ということになる。

なぜ、「嵐の山」なのか。「嵐」が地名である可能性は少ない。その証拠はない。とすると、「嵐の」とは、その山の様態を形容する語、「嵐の」と修飾・限定することで、その山を特定化して提示する内容(機能)を持ちえたことばだったのではないかと思われる。つまり、山の急斜面を吹きおろす風が印象的で、そのせいで紅葉が散ることを惜しみ詠むといった山だったのである。「嵐の山」とは「小倉(の)山」を比喩的に表現した別称、愛称(あだな?)に匹敵するものであったのではないかと思われる。(6)それが、「嵐山」と無助詞型化することで、固有名となり、そのために同じ山を指す固有名が二つ存在することになったことから、後、それぞれ別の山を指す名として働くようになって現在に至ったものと考えられる。「の」が介入する「嵐の山」の形が説明的な表現(属性をとり出して修飾限定している表現)であることは言うまでもない。

特定の、一つの個別体を指示する機能は、固有名にのみあるわけでなく、いわゆる普通名詞にも備わっている機能である。だから、特定の一つの個別体を指示する(意味する)からといって、その語が固有名だということにはならないのである。しかし、本稿では、「歌枕」として登録されている歌語は、たとえ、形態上普通名詞的なものであっても、固有名として扱っている。

「の」の介入の有無やその有無の区別については、各例それぞれに個別的事情が存在した可能性がある。すべてを一つの単純な原理で説明しつくすことはできないのかも知れない。その上、これらの語については、慣用化したり固定化したりして、例外的にみられるに至ったものも多くあるかも知れないことは前提においておくべきであろう。

二　「が」が構成する固有地形語

類似の文法的機能を有する「の・が」が並存する理由を、従来の研究では、助詞「の・が」の上接語の違いに求めてきた。確かに、典型的な違いで対立する一群の語群が存在していて、「の・が」それぞれに上接する語群が相補分布的関係にあることは認め得ることであった。そして、その意味的対立を、「うち」と「そと(よそ)」の対立、言語主体からみた「親」なるものと「疎」なるものとの対立、そして尊卑の待遇的対立などと捉えられてきたのである。この三つの対立は相互に関係し合っているもので、話者の、対立に対する主観的態度の差(価値づけのレベル差)だと言ってもよいかも知れない。そして、従来の研究では対象外におかれていた琉球語についても、内間直仁氏が(7)、琉球語にみられる「の・が」の対立について、次のように述べている。

「(このように)九州方言では「ガ」と「ノ」は敬卑の関係で使い分けられているのに対して、琉球方言の「ガ」と「ヌ」は、親疎の関係で使い分けられているという違いがある。これは、われと他者の関係を縦の上下関係でとらえているか、あるいは横の親疎関係でとらえているかの違いであるといえよう」「一方、『おもろさうし』では、「ガ」は用法が狭く、「ノ」は広いということはわかっているが、それらがどう使い分けられているかについては明確でないとされる」としているが、内間氏は、最近の著書で(8)、『おもろさうし』の「の・が」の使い分けについて、次のように結論しているのである。

「が」は、①身近さ・親愛などの主観的対象、②卑下の対象、③ウチなる対象・自重の対象、の語を上接語とするという。注目すべきことに、「の」に関して、地名は、「ちゑねん(知念)」の一語を除いて、「それ以外の地名はすべて「の」がうけている」と指摘していることである。

『おもろさうし』を含め古代文献にみる限りにおいて、「の・が」の使われ方について観察される「広さ」「狭さ」の対立は認めざるを得ないが、その「広さ」「狭さ」が何によってもたらされるのか、についての解釈が先にみた、従来の考え方であったが、野村氏は、従来の研究が「の・が」の本源的用法を「連体用法」にみているのに対して、詳細な用例の整理と分析を通して、「の・が」の本源的用法を「連用・連体」両用の「原始的修飾」にみる、つまり、「の・が」は連用・連体を未分化に上接語を修飾語化する機能をもった語であったとしている。[9] そして、上接語の違いにみられる「の・が」の使い分けを、その上接語の「名詞」が実体性を指し示すのか、属性性を指し示すのかによって異なるのだと解している。同じ名詞と言っても、指示・人称代名詞、固有名詞、普通名詞、抽象名詞によって、より実体性を示す機能に勝れているものと、より属性性を示す機能に勝れているもの、というレベル差のあることに注目しているのである。

こうした研究にもかかわらず、使い分けを相補分布的に捉えきれない場合が、動植物名や地名を構成する連体助詞「の・が」である。

ところで、既に印象的に感じとられていることではあるが、「の・が」の違いとして、例えば、「梅が枝《え》」と「梅の枝《えだ》」を比べてみると、その古風さ新しさを超えて、「が」の方が結合度が強く「梅が枝《え》」で一語(的)であるという印象がある(より一体化している)。その分、「梅の枝」の方が説明的分析的な表現と受け取れるのである。これは何を意味しているのだろうか。

人称語には、「わが／われ」「誰《た》が／誰《たれ》」「おのが／おのれ」という形態的対立があり、各ペアの前者が、いわば結合形(名詞の被覆形に相当する)で、後者は独立形(名詞の露出形に相当する)であると言ってよい。名詞で言えば、「いな／いね」「た／て(手)」の対立が、右の「—が／—れ」の対立に類似し、文法機能も共通している(もっとも、指示語では、「この／これ」「その／それ」「かの／かれ」という形態的対立をなしている)。

三　「が」の分布──その地域性・時代性

『八雲御抄』(名所部)に採られている歌枕で、「が」が介入する語が、どこの地方のものであるかを、本書の国別を示す傍注によって整理してみると(もっとも歌枕によって、本書自体にすでに異説がとりあげてあったり、その後の研究などで異説のあるものもある)、ほぼ、畿内及びその周辺地域と東日本(陸奥など)とにおさまっていることが指摘できる。そして中・四国・北陸道(それに九州)などにほとんどみられないことがわかる。なお、加納重文編『日本古代文学地名索引』やその他の資料を参照しても、ほぼ、右にみるような傾向に変わりはないように思われる。このことは、助詞「の・が」の使い分けに何か有意味なつながりがあることなのだろうか。

同一の対象地を指示するのに、「の」「が」両方の介入した形を有するものがある。先に示した、『万葉集』では「伏見が田井」であるものが、『八雲御抄』では、「伏見の田井」となっているものは、この例に属する。同様の例に、『万葉集』で「手結が浦」とあるものが、『八雲御抄』では「手結の浦」とある。

そこで思い起こされるのが、平安末期、藤原顕昭の著した『古今集注』に次のような見解のあることである。[10] 古今集224の「萩が花」の歌に注して、

「ハギガハナハ萩ノ花也。ノトイフ言葉ヲガトヨメルコトアリ。」として、「コマツノハラヲコマツガハラトヨミ」など多くの語例を列挙して、最後に、「キヨミガセキヲモウルハシウイハバキヨミノセキトコソイフベケレ。コレヲ大旨ケタムコトバナリ。シジガナドハ、サクルコトバトオボエタリ。オホヤケヲキミガトヨムコトハ、ナメシトイフベケレド、ウヤマフコトバニヨミナラハシタリ」。

ここにうかがえる言語感覚は、「が」が俗語的であり、「の」こそ雅語的(ウルハシク)であるという感覚である。と

は言え、平安時代になって、「が」が「の」に交替していったということが顕著にみられるわけではない。むしろ、逆に、次のような現象がみられることは注目しておいてよいだろう。

鬼伝説で有名な、陸奥の「安達が原」が、『八雲御抄』では、「あたちの(はら)」と示してある。それは『拾遺集』(559)や『大和物語』兼盛伝説にみえるのが、「みちのくの安達の原の黒塚に鬼こもれりと聞くはまことか」で、「安達の原」とあり、さらに、『拾遺集』(詠み人不知歌905)にも「みちのくの安達の原の白まゆみ心こはくも見ゆる君かな」とあることによるだろう。しかし、後世になると、謡曲「安達原(黒塚)」では「安達が原」と呼ばれている。陸奥の歌枕「雄島が磯」と『八雲御抄』にはあるが、それ以前の『後拾遺集』(恋四・その三・827)に「松島や雄島の磯に」とある。しかし、俊成女の歌では、「松島や雄島が磯」(『俊成女集』)とある。

また、紀貫之の「大原や小塩の山の小松原」(後撰集・373)の影響を受けたと思われる後世の歌では、「小塩山小松が原の」(拾玉集)「小塩山小松が原に鳴く鹿は」(壬二集)とあって、「小松が原」という語を流行させたという。[11]ただし、『八雲御抄』には採られていない。

『八雲御抄』巻第三の「野」の項に、「しめぢが原も、しめじの原と云う説あり」とある。同じく陸奥の歌枕で、『八雲御抄』で「まがきの(嶋)」とあり、『後撰集』の歌でも「さてもなほ籬の島のありければ」とある。しかし、『信明集』には、「あけくれは籬が島をながめつつ」となっているのである。同じことは、山城国の歌枕「橘の小島」についても次のようなことがある。『古今集』(詠み人知らず歌)では、「橘の小島の崎の山吹の花」とあり、『源氏物語』でも「橘の小島の崎」とあるが、『壬二集』では、「橘の小島が崎の旅衣」とあるのである。

以上のことは、本来、各出典の伝本間の異本本文の確認などを行った上で、さらに資料を広く調べてみるべきことではあるが、今は、一つの傾向が読みとれたということでとどめておきたい。凡そ、平安時代になると、「が」助詞が敬遠され、「の」助詞に交替するということがあったが、平安時代末期以降中世期になると、逆に「が」助詞による構成が好まれる傾向にあったと言えるようだ。ただ、「が」助詞と結合する下接語（地形語）は、一定の範囲のものに限られていたと思われることに注目しておきたい。しかし、それら「原」にしても「崎」にしても「磯」にしても、すでに上代文献において「が」助詞介入の歌枕の例がみられるものであったことは重要な意味をもっていると考えられる。

加納重文氏の労作『日本古代文学　地名索引』によると、『太平記』など、いわゆる軍記物語などにおいて初出例である地名や、その作品類で多用されたりしている地名に、この「が」助詞による構成語が目立つということがある。例えば、「相模が辻」（山城）「柳が辻」（山城）「梨が原」（但馬）「千町《せんちょう》が原」（伊予）「宝萬が獄」（筑前）「扇が谷」（相模）「鷺が森」（備中）[12]、同じみの「鬼界が島」「蛭が（小）島」などもそれである。これらは歌枕とは限らない。むしろ多くは歌枕ではない。しかしこのことは、先にみた歌枕において、中世になると「が」助詞が好まれる（?）傾向にあったことと関連するのではないかと想像される。しかし、これらは、「の」から「が」に交替したというより、地元において、本来「が」による地名だったとみるべきではないだろうか。とすると、歌枕に関しても現存の文献からのみ判断すると、平安末期以降「の」から「が」へと交替したようにみえるが、実は、日常語においては伝えられていた「が」形式を、たとえ平安時代になって一時的に「の」に交替させていた場合（例）においても、採用するようになったというものかも知れない。

ところで、琉球語を伝える『おもろさうし』[13]をみてみると、「が・の」の使われ方の点で、中央（大和）の京の文献の例に比べて、琉球語の方（『おもろさうし』）が、「が」がより広い使われ方をしていると思われる。例えば、大和の文献では、「天の《あめ》下」であるが、『おもろさうし』では「天《てん》が下」とあるなど。ただ、琉球語（『おもろさうし』）で注目しておきたいことは、無助詞型も広くみられることである。もし、この事実が、大和におけるより古い日本語の実態を琉球語が残していることを意味するとするなら、大和の日本語においても、より古い時代（文献以前）においては、現存の上代文献にみられる以上に、「が」による構成語はもっと「広い」ものであったのだと考えることができるのではないだろうか。

そこで注目されることは、野村氏(前掲出)が「記紀歌謡」の「の・が」に関して次のように述べていることである。「記紀歌謡中のノ・ガには、特にノについて万葉集とはやや異なる様相が認められそうである。第一に、記紀歌謡中には順接条件句が五九例(重複歌は一つに数える)認められるが、そのうちガで主格が表されているものは二一例、無助詞六例(ダ・モ一例含む)であるのに対して、ノで主格が表されているものは一例も見あたらない」。そして「万葉集ではガの使用が目立つ東歌を含め条件句内のノ主格は数多いのだから、これはやはり特異と見なされるべきであろう」と。こうした事実から、野村氏はさらに、「記紀歌謡では、ノの主格用法は十分発達していないと述べられるかも知れない」と言い、「記紀歌謡においては、連用・連体を問わず「主格・所有」のノは総じて未発達と述べることが許される可能性がある」と論ずる。

長い引用になったが、本稿にとっては深い示唆を与えてくれるものである。ここには、「ガの使用が目立つ東歌」という地域性の問題と、「ノ」の未発達段階、いわば、「ガ」の使われ方の広さを保っていた段階という時代性の問題とを投げかけているのである。おそらく、この地域性の問題と時代性の問題とは、別々の問題であるのでなく、根は一つではないか、つまり次のように考えられる。陸奥など東国の歌や沖縄の『おもろさうし』に共通する「ガ」の勢力、「ガ」の広さということを考えると、より古い日本語の層においては、「ガ」はもっと広く使用されていたものではなかったかということが考えられるのである。それが、動植物名や地名には比較的長く古態が保ちつづけられていたということになるのではないだろうか。いわば、「慣習的固定化」の生じやすい語彙グループであったからであろう。

【注】

（1）野村剛史「『の』と『が』＝主格と連体格の分化」（『國文學』學燈社・'98―10月号）。
（2）『日本歌学大系別巻三』（久曽神昇編　一九八一年六月刊）による。
（3）前者は、浅見徹「『廣さ』と『挾さ』―上代における連體格助詞の用法について―」（『萬葉』二〇号・一九五六年）。後者は、野村剛史「上代語のノとガについて（上・下）」（『國語國文』六二巻二・三号）。
（4）浅見徹（（3）論文）にも、この種の語構成に触れるところがある。
（5）増田繁夫「小倉山・嵐山異聞」（『文学史研究』24・一九八三年一二月刊）本書Ⅲ参照。
（6）いわゆる歌語であったとみるべきか（つまり日常語ではなかった）。例えば、「竹取の翁」「さぬきのみやつこ」のように、呼び名と本名という関係が想定できる。
（7）内間直仁『沖縄言語と共同体―ウチ社会の意識とことば』（社会評論社・一九九〇年四月刊）。
（8）内間直仁『琉球方言助詞と表現の研究』（武蔵野書院・一九九四年二月刊）。
（9）野村剛史（（3）の論文）による。
（10）『日本歌学大系別巻四』（久曽神昇編　一九八〇年刊））による。
（11）片桐洋一編『歌枕歌ことば辞典』（角川小辞典35・一九八三年一二月刊）による。
（12）（　）内の国名は、加納重文『日本古代文学　地名索引』（一九八五年・ビクトリー社）による。
（13）「日本思想大系18」（岩波書店刊）による。

古代音節「す・つ」をめぐる問題――「次」の訓をめぐって

はじめに――本稿の目標

古代地名について語るとき、必見の資料に『和名類聚抄』(以下『和名抄』と略す)がある。これに、高山寺本などの写本類と江戸期の版本(刊本)類とがあり、両者の間には様々な異なりがあるが、その一つが記載の「郷名」の出入りの問題である。例えば、「丹後国丹波郡(後、中郡)」でみると、高山寺本では「大野、新治、丹波、周枳、三重」とあるが、版本では、「新治」が「新沼」とあり、高山寺本には掲載のない「神戸」「口枳」が見られる。前者については、転写の際に起こる類字「治・沼」の誤写の問題であり、一般にはこうした場合、高山寺本の方に元の形が見られると考える。後者については、いろんな課題があるようだが、うち「神戸」については、私見を別稿で触れた(1)。本稿では、「口枳」に関して取り上げることになる。

問題の「口枳」は、これまた『丹後国風土記』逸文羽衣伝説の「比治山」をめぐる議論で取り上げられる地名「久次」(京丹後市峰山町)をどう読むかに関わって議論されてきた地名である。この「次」をどう読むか――「つぎ」か「すき」か、それが地元の地誌『丹後国中郡誌稿』にも「久次ヲ今「ヒサツギ」ト訓ズルハ後世ノ読方ラシケレド」と問題にしているように、これが本稿の課題であり、さらに「ち・つ」の音価についての日本語音韻史上の大きな課題にも関わることになる。

これらの課題について考えるのが、本稿の目標である。

一　地名に用いた「次」の字の読み

1　事例の列挙―『和名抄』から

「次」の字を「つぎ」と読まず、「すき」と読む地名に島根の「木次（来次）」がある。ＪＲには「木次線」も走っている。そのつもりで調べると、同種の例が意外にあるものである。

まず『和名抄』に当たってみると、次のような例が取り出せる。

1）出雲国大原郡：「来次（郷）」、『出雲国風土記』（来次郷）に「支須支社」とある神社は現在木次町木次に鎮座する式内社「来次神社」のことと思われる。歴史的には「来次庄」もみられるが、「来次」を「木次」と表記するのは、江戸期になってからのようである。これが、先の「木次線」の「木次」に当たる。

2）近江国浅井郡：「湯次（郷）」、高山寺本に「由須岐」とある。後、明治に「湯次」は「三田村」などと合併して、「湯田村」となっている。

3）隠岐国周吉郡：藤原宮出土木簡には「次評」とあって、「次」は「周吉（すき）」と読んだことが分かる。

4）備中国後月郡：「足次（郷）」、高山寺本は「安之幾」と読み、版本は「安須岐」とする。前者では「あしすき」が「あしき」になったか、「あすき」が「あしき」になったか（「あ・すき」が漢字表記「足」にひきずられて「あし・き」になったか）。

5）備後国三次郡：版本では、「美与之」とするが、この地名については、「3」で詳しく考察する。
6）阿波国美馬郡：「三次（郷）」、高山寺本で「美須岐」と読んでいる。
7）なお、土佐国吾川郡「次田郷」、筑前国御笠郡「次田郷」、薩摩国「在次郷」があるが、「和名抄」では、いずれも読みが不明である。[2]『日本地理志料』などの仮の読みでは、それぞれ「すきた」「すいた」「あらすき・いすき」（地元では不詳、または「ありつぐ」とする）としている。
参考）播磨国美嚢郡「志深（郷）」（之之美・ししみ）があり、「風土記」にも。しかし『日本書紀』仁賢、顕宗紀では同地名が「縮見」（ちぢみ）と表記されている。これは、「す」「つ」の交替でなく、「し」「ち」の交替例である。

2　事例の列挙―「神名帳」から

次に、『延喜式神名帳』（以下、「神名帳」とする）[3]に依って補足してみる。
1）出雲国大原郡：来次神社、「こすき」「こつき」の両方のふりがなが付けてある。
2）播磨国神埼郡：新次神社、「にひすき」「にひつき」の両方を振る。
3）備中国後月郡：足次山神社、「あしき」「あしつき」「あすき」の読みを付ける。
4）摂津国武庫郡：名次神社、「なつき」と読みを付す。
5）近江国浅井郡：湯次神社、「ゆつき」とあるが、同名の他二社（式外）は、「ゆすき」とある。

以上が一部を除き、『和名抄』「神名帳」に見られる、「次」の字を「すき」と読んだ可能性を示す事例である。概して、中国地方を中心に西日本に偏ってみられることが分かる。後世「つぎ」と読む「次」の字が古くは「すき」と読まれている、あるいは表記されている。つまり、「次」の字が当てられる和語を仮名で表記する時、「す（き）」から「つ（き・ぎ）」に変わってきているのである。この「す」と「つ」については、その音価が時代的に変わったとされる、音韻史上の問題の一つを示す、ささやかな事例なのである。

この点で、次の例も参考になる。

参考）丹後国与謝郡：木積神社、「神名帳」では与謝郡に入れてあるが、本来丹波郡（後、中郡）の神社と考証されており、京丹後市大宮町久住（くすみ）の神社である。地名と神社名とが重なることが多いことを考慮すると、「くすみ（久住）神社」を「こづみ（木積）神社」と表記したものと推定される。

つまり、「す」が「つ」に交替している例と言えよう。

上記の参考例もそうであるが、「和名抄」に比して、「神名帳」では「す」を「つ」と読もうとする傾向が窺える。このことは何を意味しているのであろうか。

3　「三次（みよし）」（広島県）の場合

この地名は、難読地名の一つで、他の地の例からすれば「みすぎ（あるいは、みつぎ）」と読むところ（この読みも今では難読であるが）を、「みよし」と読むのである。『広島県の地名』（平凡社）によると、当地の地誌『芸藩通志』に「（次の字を）〈よし〉と訓ずる義、未だつまびらかならず」としているという。現在も猶十分に解明されていないようだ。そこで、『広島県の地名』を参考にしつつ、この地名について、これまで明らかにされている記録をまず整理してみよう。

平城宮出土木簡に「備後国三次郡下三次里人」とあり、「三次」は郡名であることが分かる。『出雲国風土記』飯石郡の条にも「三次郡」と出てくる。『和名抄』でも当然確認できるが、高山寺本には読みがつけてなくて、江戸の版本では「美与之（みよし）」と読んでいる。「神名帳」（武田本）や『延喜式』民部省（九条家本）では、「三次」に「ミスキ」とふりがなを付けているが、その他の写本類では、みな「みよし」とある。

郡名「三次」とは、『芸藩通志』が指摘するように、三つの郷名「上次郷」「播次郷」「下次郷」を合わせたことを意味する郡名であろう。『広島県の地名』によると、現在この三つの郷をそれぞれ「かみよし郷」「はたすき郷」「しもよし郷」と読みを付しているが、『日本地理志料』は、「上次」「下次」は「上三次」「下三次」の略されたものと見て、「かみつみすき」「しもつみすき」と読んでいる。また『芸藩通志』は、「播次郷」は後の「畑敷村」のこととしているが、先に示したように、三つのうちこの郷名の「次」だけが「すき」と読まれているが、それは「畑敷(村)」とのつながりから了解されるところである。さらに「播次」は「八次(はたすき)」とも云ったようだが、後「八次(村)」は、「やつぎ」と呼ばれたようだ。

以上、「次」の字の読みにおいて、「すき」と「よし」の両用がいり乱れていることが分かる。問題はどうしてこういう事になったかである。

『広島県の地名』によると、中世から近世初期にかけては、「三吉」の字を当てることが多かったという。さらに、「三好」「三善」と表記されることもあった。いずれも「みよし」と読むことができ、この「みよし」が今に受け継がれているのである。そして、それを今「三次」と書くのは、寛文四年(一六六四)以降のことで、藩命にしたがって、「三吉」などを「三次」表記に統一したことによる。それは言うまでもなく、古代に遡って確認できる、この地を指した、由緒ある、元々の表記にもどしたのである。つまり今の地名「みよし」に由緒ある表記「三次」を復活させたわけである。

しかし、もとから「みよし」という地名で「三次」の字を当てたとは考えにくい。やはり当初は「みすき」という地名であったと考えるのが自然であろう。文献的な裏付けや他表記の時代的前後は不明であるが、「みすき」に「三好(みすき)」と当てるようになり、その「三好」を「みよし」と読むようになり、さらに「三吉」「三善」なども書くようになって「みよし」が安定してしまったのではないかと私量する。「好」の字は、「すく・すき」「よし・よき」の両方のよみが可能であった。あるいは、「み・すき(三次)」の「す」と「つ」が交替して「み・つき」となり、それに改めて漢字を当てるとき「みつ・き」と理解して「三吉(みつ・き)」[4]と書くようになり、そして「三吉」表記を「みよし」と読むようになって、一定の安定を得たのかも知れない。

4　「吹田(すいた)」(大阪府)の場合

大阪府吹田市として、市の名に残る地名「すいた(吹田)」は古い地名であるが、『和名抄』には見られないのである。しかし、「行基年譜」の「天平十三(七四一)年記」に「次田堀川」「下嶋郡に、次田里あり」とあり、この「次田」が「吹田」の、最も古い例だとされている。この記事は、三国川(今の神崎川)と淀川水系とを繋ぐときにできた堀川を取り上げたものである。この土木工事により、舟運の交通事情が良くなったと言われる。「吹田」というところは、水上交通上の重要な拠点となっていたのである。行政地名ではないが、かなり広い範囲を指す生活地名であった。

平安末期以降の文献では、「水田」と表記されることが多く、「水田庄」や「水田高浜辺」とか「水田城」の名が文献に拾える。「高浜」は『更級日記』にも書かれていて、遊女の出没する水辺であったようだ。さらに後になって「吹田」と表記されることが一般となり、「吹田の山荘」「吹田別業」や「吹田御厨」などが設置され、「吹田庄」と呼ばれる庄園が散在していたと言われる。早くに「すいた」という呼び方や「吹田」という表記が固定化していたようである。能因法師のころ、平安中期の私家集『橘為仲朝臣集』詞書きに「つの国のすいたといふところ」とあって、「すいた」であったことが分かる。

そこで、読みはともかく、初出例に「次田」とあるのは、「吹田」の誤り、つまり「次」は「吹」の字の誤記ではないかとする考えがある。「吹田」の「吹」は訓「ふき」に当て「ふきた」であったものが、のち「吹」を漢字音で読み、「すいた」となったと解するらしい。しかし、和語地名「すいた」の「すい」に「吹」を当てるのは、漢字音を利用したものであることは明らかである。また、和語地名として「すいた」と元から語中に母音「い」があるのは、古代の日本語としては不自然である。あるもとの語がイ音便化して「すいた」になったと考えるのが自然な変化である。また上記のように地名「吹田」が訓読みから一部音読み(「すいでん」でなく「すいた」)に代わるとみるのはどうだろうか。

私見では、もと「すき」にあたる「次」を用いて「すきた(次田)」といったのが、イ音便化して「すいた」となったものと考える。「行基年譜」の「次田」は誤記ではなかったとみる。このことは、「すいた」を「水田」と表記する場合もおなじことであり、「水」の字は音に当てただけで、地名の意味を伝えているものではない。(5)

私見では、吹田の初出例「次田」は表記に誤りはなく、「次田」と書いてもと「すきた」と言っていたものと思われる。(6) それが早くにイ音便化して「すいた」といわれるようになっていた。実は、「次田」と書く地名は他国にも見られる。先にも示したが、

1) 土佐国吾川郡「次田」郷

2) 筑前国御笠郡「次田」郷

「和名抄」には読みを付していない。『日本地理志料』などでは、仮に前者を「すきた」、後者を「すいた」と読んでいる。また『万葉集』巻六・九六一の歌の詞書に「次田温泉」があり、「すきたのゆ」と訓まれている。ただ、かりにもと「すきた(だ)」としても、この地名の意味の考察は本稿では保留とするが、「耕地整理された(鋤かれた)田」、の意味であったかも知れない。「次(すき)」の「き」も「鋤(すき)」の「き」もともに甲類の「き」である(後述)。それとも主基国に卜定されたときの田(主基田)、の意味だったたか。

二　その他「す」「つ」交替例

1　「主基国」は「次国」の意か

『和名抄』丹後国に「丹波郡周枳郷」がある。現在の京丹後市大宮町周枳にほぼ相当する。この「周枳(すき)」は、丹波国が主基国に卜定されたときの耕田に当てられたことによる地名でないか、という説が古くからある。確かに、高山寺本には見られないが、版本の『和名抄』には「神戸」が掲載されている。これは、今の「河辺」にあたり、周枳にある大宮売神社(丹後二宮・皇室祭祀の神)の神田であった地区を郷として取り出した地名であったと思われる[7]が、主基国として奉納する新米の耕田にふさわしい条件かとも言えよう。

『日本書紀』天武紀二年一二月条に、大嘗会に卜定された悠紀・主基国が「播磨・丹波」とある。丹波国は、主基国として卜定されたものと見られている。「国郡卜定」とされるように、「郷」の指定まであったかどうかは不明。さらに天武紀五年九月条にも「新嘗の為に国郡を占はしむ。」とあり「次、次此をば須岐と云ふ、は丹波国の加佐郡」とあり、「丹波郡」ではない。「丹波」は丹後が分国される以前の丹波であり、「次」が主基(国)のことであることは云うまでもない。問題は「次」の読みが万葉仮名で「須岐」とあることである。悠紀(斎忌の意か)が正に対して、主基は副の意で「次(すき)」と言い、その語源を表していると考えられる。そして、「次」の読みが「須岐(すき)」と注されている。「すき(次)」は「すく」という動詞の名詞形で、「後に続くこと、もの」を意味したのであろう。

上代以前、平安以降の「き」に相当する音には、甲類と乙類とがあって、異なる音節であったことが分かっている。音節が異なれば、別語であることになる。『岩波古語辞典』によると、それぞれの「き」をあらわす文字は次のように整理されている。但し、『日本書紀』の項のものを抄出した。
甲類の「き(ぎ)」：岐・吉・枳・企・祇／来・杵(古事記・万葉集)／／伎・藝・儀
乙類の「き(ぎ)」：奇・紀・気・基・己／忌・木(古事記・万葉集)／／疑・擬
ところが、この整理によると、「主基国」の「基」は乙類、「主基」を先の天武紀では「次」と表記し、それに「須岐」と読みを付けているが、「岐」は甲類で、混乱している。丹後の「周枳」の「枳」や隠岐の「周吉」(「次」評と木簡)の「吉」も甲類の「き」である。こうした甲乙の混乱をどう処理するか、『時代別国語大辞典　上代編』(三省堂)にも、「スキのキの仮名遣は動揺が見られ、甲乙を決定できない」としている。
『日本書紀』編纂期に、「次」を「すき」と読んだことは確かである。しかし、「周枳(郷)」が「次(すき)」の意である可能性はあるが、丹波国が主基国に選ばれたことによる地名である可能性は薄いと云わざるをえない。

2　「手次(襷)」

「襷」を「手次」と表記する例が、『古事記』や『万葉集』に多く見られる。例えば、
…　木綿手次(ゆふたすき)かひなに懸けて　…　(長歌・万葉集・四二三六)
他に「太手次」「玉手次」などがある。木綿や日影の蔓などを素材とした帯状のものを「たすき(襷)」といったのであろう。「玉だすき」は「畝傍(うねび)山」の枕詞であるが、「玉」を貫く紐・帯状のもの、つまり首飾りのようなものを意味したのであろうか。「畝傍」に掛かるのは、「玉だすき」を首飾りと見て、「うなじ(項)」の「うな」と「うねび」の「うね」が類音であることによるとするが、「うね(畝)」そのものに掛かると見て、「すき」は「鋤く」や「梳く」と同源語とみて、「筋を付けて整えること」が「すく」の原義であったと見れば、「玉だすき」が「畝(うね)」に掛かると考えることも納得できる。「襷(たすき・手次)」は手の代理をする、筋状に整えたものを意味したのではな

いだろうか。『新撰字鏡』に「襁（すき）」が「子どもを負う帯」とあるが、「手襁（たすき）」は、まさに手の代理を果たすひも状のものであった。

「襷（たすき）」についての詳しい考察が木村紀子氏にある。[8]「次」が和語「すき」を示しているのは明らかであるが、「次」の字が意味を表した正字なのか、二字仮名なのかはよく分からないと木村氏は言う。ただ、「た・すき」という語構成であることは動かないであろう。もっとも、この語は後世「たつき」と言うことはなかった。

3　動詞の場合

「す」と「つ」の交替する例は、動詞の幾つかにも見られる。「消つ」と「消す」、後世は「消す」が残る。「放つ」と「放す」の場合、後者から「話す―話」という語も派生してきた。もっとも現在もなお両方とも使われていて、共起する事態を役割分担して用いられている。「くだす（降）」と「くだつ」や「こぼす（毀）」と「こぼつ」など、これらについての指摘が奥村三雄氏にあり、[9]他に「サケビ（叫）―ヲタケビ、ヤツメサス（出雲の枕詞）―ヤクモタツ、マソケム（全）―マタケム、ウチヒサス（宮の枕詞）―ウチヒサツ、トコタチ（神名）―ソコタチ」なども示し、古代日本語のサ行音が破擦音（/ts/）であった傍証になるものの一つとして指摘している。

また、『常陸国風土記』に「袖を漬（ひた）すの義によりて、以てこの国（常陸（ひたち国））の名とす」とあることから、『時代別国語大辞典　上代編』では、「ヒタスに対してヒタツの形もあったという推定も不可能ではない」とする。この説によれば、「ひたす―ひたつ」も先の例の一つと言える。ただ、この例の場合、自動詞「ひつ（漬）」に他動詞を造る接尾辞「す」を結合して他動詞「ひたす」を派生したものと見るべきか。とすると、この「す」は「つ」と交替するものではなかったことになる。

三　タ行音・サ行音の音価の変移

和語の音韻の中で、古代のサ行子音の音価がもっとも明解にならないものとして、様々に議論されてきた。但し、中世末期の日本語をローマ字で書いたキリシタン資料によって、それ以降はかなりはっきりしている。キリシタン資料のローマ字表記からサ行音は［sa, ʃi, su, ʃe, so］であったことが分かり、その後中央語では［ʃe］が［se］となっている。問題は、キリシタン資料以前の音価についてである。

先行の研究史を、有坂秀世氏、亀井孝氏らの研究[10]をほぼ継承している、先の奥村氏の論文を参考にして纏めると、上代のサ行音は破擦音［tʃ］であったということになる。それが中世末期には、キリシタン資料によると摩擦音［ʃ, s］になっている。つまり「し」「す」に限っていうと、［chi, tsu］から［shi, su］に変移してきたことになる。では、いつ頃変移したか、それはまだ明確にはなっていないが、小倉肇氏[11]は、「し」「す」が語頭にあるときと非語頭にあるときとで、変移の時期に差があると見ており、「非語頭」から変移は起こり、それが「語頭」にも及んで、サ行音全体が変移（摩擦音化）を完結したのだという。

実は、この変移には、タ行子音の音価の変移が関連しているのである。タ行音の変移については、ほぼ次のように解するのが通説となっている。上代語では破裂音であった（[ta, ti, tu, te, to]）が、現代語では［ta, chi, tsu, te, to］である。つまり「ち」「つ」だけが、破裂音から破擦音に変わってきているのであるが、この変移については、ほぼ室町末期ごろのことと考えて良いようだ[12]。現代語では「ち」「つ」は破擦音であるが、その音価は、実はサ行音の「し」「す」の古い音価である破擦音［chi, tsi］と一致するわけで、これらが同時期にともに破擦音であったとは考えにくい。サ行音の「し」「す」の子音価が破擦音から摩擦音に変移してから、タ行音の「ち」「つ」の子音価の変移を誘発したと見るのが穏当であろうか。

こういう音韻の体系的変化の時期に、これまで見てきた「す」と「つ」の交替がどのように当てはめられるかについては、今後の課題である。おなじことは、「し」と「ち」の交替という問題もあろう。例えば、先のP.81の参考）の「しじみ」「ちぢみ」の例や粳（うるちまい）の古語「うるしね（粳稲）」から、方言では「うるし」と「うるち」の二つの形が認められることをどう解するか、などがある。[13]

四　丹後の古地名「久次」の探究

京丹後市峰山町の「久次」は、現在「ひさつぎ」と読まれている。峰山（旧丹波郡）から久美浜（旧熊野郡）に越える峠（菱山峠）[14]の手前にあり、「風土記」逸文の羽衣伝承（比治山・比治里）とそれをめぐる「式内社麻奈為神社」の同定が大きな問題になっている、渦中の地域に属する地名である。中世期に「久次保」があった記録がある（正応の「丹後国田数帳」）。『日本地理志料』は、その範囲を「久次、二箇、五箇、鱒留、大堂、茂地、大呂諸邑」に亘るとするように、大きな区域を代表する地名であったことに注目したい。

『和名抄』の高山寺本にはないが、江戸版本には、丹波郡の郷名として「口枳」というのがある。両本の間には様々な差異が見られるが、それをどう捉えるか。それは一筋縄で処理できるものでなく、事例ごとにそれぞれの理由があってのことと思われる。この例の場合、私見では版本の「口枳」は、古来の高山寺本系『和名抄』以後に付加された郷名で、「久次」を指すと考える。高山寺本の時代と異なり、郷名として「久次」が無視できない存在（「久次保」として存在したことなど）になっていたことを反映していると考える。版本において私的に修正付加されたと見る。但し「口枳」は「ヒサツギ」と読んだものではなかろう。私見では此を「クスキ」と読むが、すでにそういう読みは過去にも指摘されていた。

さて、従来「口枳」については、次のように捉えられてきた。

「口枳」は、「口周枳」のことで、「周枳」は「(丹波郡)周枳(郷)」を意味する、と。ここで二つに解釈が分かれる。郡衙からみて「周枳郷」の入り口の意に解して「くちのすき」と読み、該当の地区(新山村長岡村あたり)を指すとみる説(『大日本地名辞書』)が一つ。「口周枳」を「くちすき」と読み、これが「久次(くすき)」と音が通うことから「久次」のこととみる説(『日本地理志料』)とである。これらの考えに対して、『丹後国中郡誌稿』では、地理的に合わないなどの理由で疑問視している。参考までだが、『京都府の地名』(平凡社)では、「くちのすき」とふりがなを付けている。

私見は後者の『日本地理志料』の説に近く、「口周枳」は「くちすき」と読まない。「くすき」と読み、「久次(くすき)」を指したものと見る。『丹後国中郡誌稿』が「久次ヲ今「ヒサツギ」ト訓ズルハ後世ノ読方ラシケレド」と言うように、以前には「次」の字は、「つぎ」なく「すき」に当てた文字であったと考えるからである。

現在「久次」集落の背後の山を「久次(ひさつぎ)岳」と言っているが、古くは、「咋石嶽」と表記する「くひし(嶽)」であったようだ(「くひいし」の「い」の脱落・さらに他の呼び名もあったようだが、今は触れないでおく)。

それが世俗で口頭伝承されるうちに、「くひし」が「くし」となり、その音を万葉仮名で「久次(くし)」と写すようになったと考えられる。『丹後旧事記』は、「咋石嶽…世俗コレヲ久次(クジ)嶽トイウ」としている。「久次(くし)」は「咋」の仮名書きとする地誌類の考えは飛躍であり、同意できない。さらに「次」は「すき」に用いる字であることから、「久次(くし)」が「久次(くすき)」と言うことになったものと思われる。

そして、「久次(くすき)」が「ひさすき」を経て、「次」が「つぎ」と読まれて、現在の「ひさつぎ」になったものであろう。ここに「次」の字をめぐる「す」と「つ」の交替という現象の例が見られるのである。今の「ひさつぎ」

という読みについて、『丹後国中郡誌稿』は、次のように指摘しているのが注目される。

久次村ノ義　丹後国旧事記ニ云ク咋石嶽ハ久次村ノ後ロノ山ヲ云フ。世俗コレヲ久次(クジ)嶽ト云ト見ヘタリ。此外当国古書類ニ大同小異ニテ久次(クシ)ハ咋石云云。村名万葉仮名読ニテクシ村ナリ。当国ノ国主細川忠興在城ノ頃ヨリ久次ヲヒサツキト訓ニ呼称シ来タリ。コレハ由縁アル事也。久次ハ咋石ナリ奇石ナリ…。(15)

忠興は一六世紀末前後の人である。この記事のことが事実であれば、先に見たサ行タ行子音の体系的変移の時期からみて注目される。

なお、今の「ひさつぎ」の呼称について、「五箇村誌草稿」などが、「久次(くし)」を直接訓読みして「ひさつぎ」になったと見ているが、その可能性もあるものの、先の版本の「口枳」を重視すると、「くし」から「ひさつぎ」になる過程に、以上に見たような変移を考えることになる。

【注】

(1)　拙稿「周枳」(『京都の地名　検証3』勉誠出版・二〇一〇年)

(2)　消えた地名の場合、県別の地名事典(『平凡社』)では、『大日本地名辞書』『日本地理志料』などの読み方にしたがっているものが多い。

(3)　「新訂増補・国史大系」本(吉川弘文館)による。

なお、下記の事例4)の「名次神社」に関連深い当地の「名次山」は、『万葉集』巻三・二七九の歌では「なすぎやま」と訓まれている。神社名は現在も「なつぎじんじゃ」である。

(4)　和語地名に漢字を当てるとき、和語の意味が考慮されず、漢字を当てることもあった。例えば、「丹波」は「た・には(田庭)」の意であったとすると、漢字自体は「たん(たに)・は」と切って当てられていることになる。和語の語構成に合っているとは限らないのである。

と言われる。

（5）『出雲国風土記』で、「秋鹿郡」が「あいか」と読まれているが、イ音便はすでに平安時代以前からぽつぽつ見られる

（6）池田末則監修『大阪地名の謎と由来』（プラネットジアース・二〇〇八年）

（7）注（1）に同じ。

（8）木村紀子『原始日本語のおもかげ』（平凡社新書・二〇〇九年）「タスキとソデ」

（9）奥村三雄「サ行音はどのように推移したか」（『國文學　解釈と教材の研究』二七巻一六号・一九八二年）

（10）有坂秀世『国語音韻の研究　増補新版』（三省堂・一九五七年）、亀井孝「すずめしうしう」（『成蹊国文』三号・一九七〇年、『亀井孝論文集　3』吉川弘文館に収録）による。

（11）小倉肇「サ行子音の歴史」（『国語学』一九五・一九九八年）による。

（12）馬淵ゆう子「『チ・ツ』の音価の変遷」（二〇〇三年度龍谷大学卒業論文）は、注（9）（10）（11）の研究論文なども踏まえ、独自に中世末期の中国資料（『日本国考略』、『日本館訳語』など）を詳細に検討し、これらの資料が、破裂音から破擦音への変移の過渡期にある資料であると結論している。

（13）奥村氏は、注（8）の論文で、『万葉集』の東歌・防人歌では、「父（シシ）」「太刀（タシ）」「離ち（ハナシ）」など、「中央語のチをシで表記する傾向が著しい」と指摘している。

なお、亀井孝「すずめしうしう」（注（10））も「し」と「ち」の問題を扱っている。

（14）この峠名、今「菱山」と書き、「ひじやま」というが、「比治山峠」と書かれる事も多く、元の名は「比治山」であったと思われる。「比治山」（羽衣伝説の山）なら、「ひぢやま」で、仮名遣いが異なる。しかし、江戸以降「菱山」と書くのなら、問題はない。その頃すでに「じ」「ぢ」は音が同一化しているから。しかし「ひし」「ひち」と清音であったのなら、先の「し」と「ち」の交替例に関わることになる。

（15）この記事は、現在他所にある「式内社咋岡神社」が、元は「咋石村―久次村」にあったことを証明する根拠を列挙した、最初の項目である。

「あしずり」語誌考

はじめに—問題の所在

「あしずり」の語は、日本古典文学の主要な作品、万葉集、伊勢物語、源氏物語、栄華物語、平家物語などに点々と存在する。その語義は「心が激して足をばたばたさせること」(時代別国語大辞典上代篇・昭和四二年刊)に代表されるような受けとられ方がなされてきた。しかし、例えば、片桐洋一氏が「一般には地団駄を踏むと解されているが疑問がある」(古典校注叢書伊勢物語・昭和四六年刊)としたように、最近は「地団駄を踏む」という語義に対する疑問や否定的な意見が見られるようになった。従来の通説を最も脱け出たものに、古語大辞典(小学館・昭和五八年一二月刊)がある。それには次のように語釈と語誌をつけている。

(転んだなりで)足をすり合わせて嘆くこと。取り返しのつかない状態になったことを強く悔しがるときの動作。

語誌　じだんだを踏む、大地に足をこすりつけるなどと解する説は誤りであろう。万葉集では、転んで足ずりするといい(二例)、類聚名義抄では「跎」字をタフル、マロブとも訓じている。また、日葡辞書の「両足を互いにすり合わせること」という説明からも、倒れた状態で泣きながら足をこすり合わせる小児などの動作とみるのが適解であろう。

私もすでに「ノート」のかたちながら、「地団駄を踏む」説に疑問を述べたことがあった（昭和五二年）[1]が、その後考え煮つめたところもあり、又、古語大辞典の説が私の考えにほぼ同じものであるとはいえ、細部などで異論もあることから、改めて「あしずり」語誌を展開してみたい。ここで、次のような四つの柱をたてて考えていくことにする。一節では、「あしずり(を)す」という動作の成立状況とその実態について、二節では、日本書紀の抄物で、「足占」を「あしずり」でもって説明するものがあることをどう考えるかについて、三節では、土佐の地名として、「あしずり(足摺)岬」が先か「さだ(蹉跎)岬」が先かについて、四節では、方言「あずる」と「あしずり(を)す」とはどのような関係にあるのかについて、それぞれ考察する。

一　動作の成立状況とその実態について

第一の問題については、管見にふれた以下の用例を中心に考えていく（紙数の関係でいちいちの例文を示すことを省略するが、必要に応じて用例部分をとりあげることにし、以下では用例番号によって記述する）。

〔用例〕①万葉集巻五・九〇四（長歌）「足須里佐家婢」②万葉集巻九・一七四〇（長歌）「足受利四管」③万葉集巻九・一七八〇（長歌）「足垂之」④万葉集巻九・一八〇九（長歌）「跟地」⑤伊勢物語六段（芥川）⑥落窪物語巻一⑦宇津保物語藤原の君巻絵詞⑧源氏物語総角巻⑨源氏物語蜻蛉巻⑩夜の寝覚巻一⑪狭衣物語巻三⑫狭衣物語巻三⑬栄華物語巻一（月の宴）⑭栄華物語巻二十九（たまのかざり）⑮今昔物語集巻二十四—八話⑯今鏡第十（敷島のうちぎき）⑰今物語⑱とりかへばや物語⑲平家物語巻三（大赦）⑳長門本平家物語㉑とはずがたり巻五㉒愚秘抄鵜の末　（その他の用例については、以下に随時補っていくことにする）

以上、万葉集の四例を除けば、あとは各作品一乃至二例ずつ、まさに点在している。万葉集の四例については、その訓みのゆれているもの（特に④）もあるが、今の大方の訓みに従っておく。（なお、梁塵秘抄300番歌に「あしうちせしこそ」とあり、「足摺か」とも「足占か」ともされるが、新撰字鏡で「搦脚」に「足打須」と注しており、少なくとも「あしずり」とは別語例とみておく。）

先の二二例を全体的に眺めてみるとき、様々なことに気づく。万葉集の四例はすべて長歌にみられ、平安以降の用例はほとんど物語系統の文学作品に存在する。ここにある種の位相性が存在していることが想像される。特に、「あしずり」の語（及び、その指示内容）に対する意識として、⑨「足ずりといふこと」⑩「足摺とかいふやうに」⑪「足摺とかやいふ事」⑱「あしずりといふらむ事」これら四例にみられる「といふ」という表現は注目してよい。つまり、平安中期以降の貴族層の人々にとっては、非日常的な語と受けとられており、この語の意味する行為が日常身辺のものではなくなっていたと考えられる。しかし、一方で、栄華物語をはじめ、先の作品以降においてはふたたび「といふ」という認識が伴わなくなっているが、それについてはまた別の解釈が必要になろう。平安中期がこの語に対する意識の屈折点になっている。

ともかく、用例が点在的にしか存在しないこと、それでいて各時代絶えることなく近世文学（椿説弓張月、春色辰巳園など）にまで至っていることそれ自体が物語っているように、「あしずり」の語が現れる場面はかなり特殊なもので、一種の文芸用語化していたものと判断される。先の用例を全体的にみるとき、この語の意味する行為が現れる状況がかなり限定的特定的であったと考えられるのである。

ほとんどの用例が「泣く」「叫ぶ」「泣き叫ぶ」といった行為を伴っている。その「悲歎」をもたらす状況とは何であったかをみると、その多くに「別れ」が共通していることが分かる。人と人とがひきさかれるような状況（別れ）にあって、「こちら」側にとどまるものの行動が「あしずり」である。この「別れ」の実態を万葉集の例でみるならば、用例①と④とが死別であり、③は船でたち去るものとの別れで、②は浦嶋子の、常世との断絶（別れ）であることが分かる。死別は、伊勢物語（⑤）、源氏物語（⑧が大君との死別、⑨が浮舟の失踪）、栄華物語（⑬）、（⑭）などにみられ、船による別れは、平家物語（⑲）にみられる。

更に、万葉集の例を中心にみていくとき、注目すべきことは、その「別れ」の場所が「水辺」であることである。船による別れは、そのことと深く関係していると考えられる。万葉集、伊勢物語、つまり用例①②③④⑤によって、「あしずり」という行動の原初性を推定するならば、水辺における別れ――死別に際して「こちら」側にとり残されたものがとる呪的な意味をこめた嘆きの行為で、それはいわば葬送などの儀礼にみられた風俗、習慣に発しているのかもしれない。用例①～⑤においては、なお色濃くその特殊な状況を失わずに伝えているが、平安貴族の社会になると、状況の特殊性が薄れていき、とりかえしのつかない、絶望的な「別れ」の嘆き一般へと抽象化されたのであろう。しかし、一方民間伝承（語り）の世界では、「水辺」「（死）別」という状況の特殊性をなおとどめていて、中世における補陀落渡海譚に受けつがれているのである。用例⑳㉑がそれである。さらに、㉓地蔵菩薩霊験記（良観続編）や㉔観音利益集などにも補陀落渡海に際しての「あしずり」が語られるが、これらはいずれも、土佐の「あしずり（の）岬」の地名起源譚になっている。

もっとも、すでに⑦⑩⑱の事例は人と人との「別れ」といった具体性はなく、とりかえしのつかない、思い通りにならない嘆きを表す動作として用いられている。また、⑰（今物語）の用例は、留守の間に柱や妻戸に「しかるべき人々の書きをかれたるうた」をけずり捨てられた神主の嘆きであり、㉒（愚秘抄）の伝える能因法師の話では、秘宝としていた長柄の橋のかなくずを勅使らに奪いとられた能因の嘆きの行動である。しかし、これらにしても大切にしていたものを失ったという状況になおある。

さて、先に用例⑨⑩⑪⑱が「あしずり」の語に「といふ」を伴っていることをみたが、⑨（源氏物語蜻蛉巻）は次のようにある。

⑨足ずりといふことをして泣くさま、若き子どものやうなり。

泣くときの動作として「あしずり」をすることが幼い子のようだと言っていることに注目したい。⑦(宇津保物語)では、幼童「あこぎみ」が「足ずりをして泣く」とあり、栄華物語の⑭は、幼き道長が「足ずりをして泣かせ給う」とある。そして、平家物語巻三大赦の⑲は、俊寛僧都が、

⑲なぎさに上がりたふれ伏し、をさなき者の、乳母や母なんどをしたふやうに、足ずりをして……とをめきさけべども……

と描写する。伊勢物語愚見抄が「おさなき子のおやをしたひたるやう也」と注釈するのも、これらをふまえてのことと思われる。元来は、幼児の動作を言ったのではなく、先に述べたように、呪的な意味のこもった大人の習俗であったものが、平安中期頃(の貴族社会)には、その本来の特殊なる状況が忘れられて、大人の動作としては異和感を感じさせるものになっていたのであろう。そして、類似の動作が幼児にみられることから⑦⑭のように、幼児の動作にも「あしずり」を用いるようになり、また「あしずり」の動作を幼児の動作をもって説明するようになっていったものと考えられる。源氏物語の⑧では、「足ずりもしつべく、人のかたくなしと見む事も覚えず」と述べ、とりかへばや物語の⑱では、「人のおこがましと見思はむ事もたどられず、あしずりといふらむ事もしつべく」といったことわりをしているところにも、大人の動作としての異和感がうかがえるのである。平安貴族にとって「あしずり」が「といふ」で認識されるようなものであったことには、こういう大人にとっての非日常性が背景にあったと考えられる。このようにみてくると、このこと自体が「あしずり」の動作の実態を考える上で重要なヒントであると考えられてくる。少なくとも、大の大人がするような動作ではなかったことが重要であろう。

従来「あしずり」を注釈して「地団駄を踏む」とか「足をばたばたさせる」とか解しているが、これらでは「あしずり」の語を構成する「する(摺)」の動作性が全く無視されているのである。「する」であるかぎり、それは「足

と足とを摺り合わせる」とか、または「足を地面などに摺り合わせる」とか、でなければならない。この場合の「する」が繰り返しの動作であったことはまちがいあるまい。

「あしずり」の動作が実現する前後の、動作主体の姿勢を、用例によって確認してみると、「あしずり」の動作は、立ったままなすものではなく、地面にたおれふした姿勢でなされたものと考えざるをえない。

万葉集の②は、「立ち走り叫び袖振り」が次の「反側《こいまろび》 足受利四管」と対立的対句にある。③は、「反側び恋ひかも居らむ」に対して「足垂之ねのみや泣かむ」が並列的対句をなすと考えられる。こういう対句的表現は、④では「天仰ぎ叫びおらび、蹕地牙喫み建びて」とあり、①では「立ち踊り足須里佐家婢」の五七句のうちに「立ち踊り」に対して「足須里」が対立的関係で対句的表現になっていると解する。おそらくこれらの影響のもとに、近世の歌舞伎幼稚子敵討で「天に仰ぎ地に伏して足摺りするこそ理也」という表現が成立するのであろう。

そして、文学用語化したと思われる、平安貴族の「あしずり」ではなく、民俗語彙的性質をとどめる、万葉集の「あしずり」にむしろ系譜的にはつながる用例とみられる平家物語の⑲において、九八頁にかかげたように「なぎさに上がりたふれ伏し」とあって「あしずり」をしている。これは、⑳の長門本平家物語でも同じで、「渚にひれふして」とある。この場面を絵画化したもの、例えば岡山美術館(現・林原美術館)蔵平家物語絵巻や版本の挿絵などでは、渚に腰をおろし足を投げ出した俊寛が描かれている。これは本文の描写に忠実な絵画化と言えばそれまでだが、「あしずり」の本来的動作の実態をよく伝えるものではないだろうか。

「こいまろび」または「たふれ伏し」た状況でなされた動作であったのである。「伏す」は、うつぶせになると捉える必要はなく、立った状態のものが、横になった、たおれた状態になる動作を意味した語であろう。ともかく、地面に寝ころがった状態で「あしずり」をするしぐさが、平安貴族の大人の感覚では、異和感をもたされるものであったことは想像するにかたくない。これは正に幼児のぐずる姿に通うものであったのである。

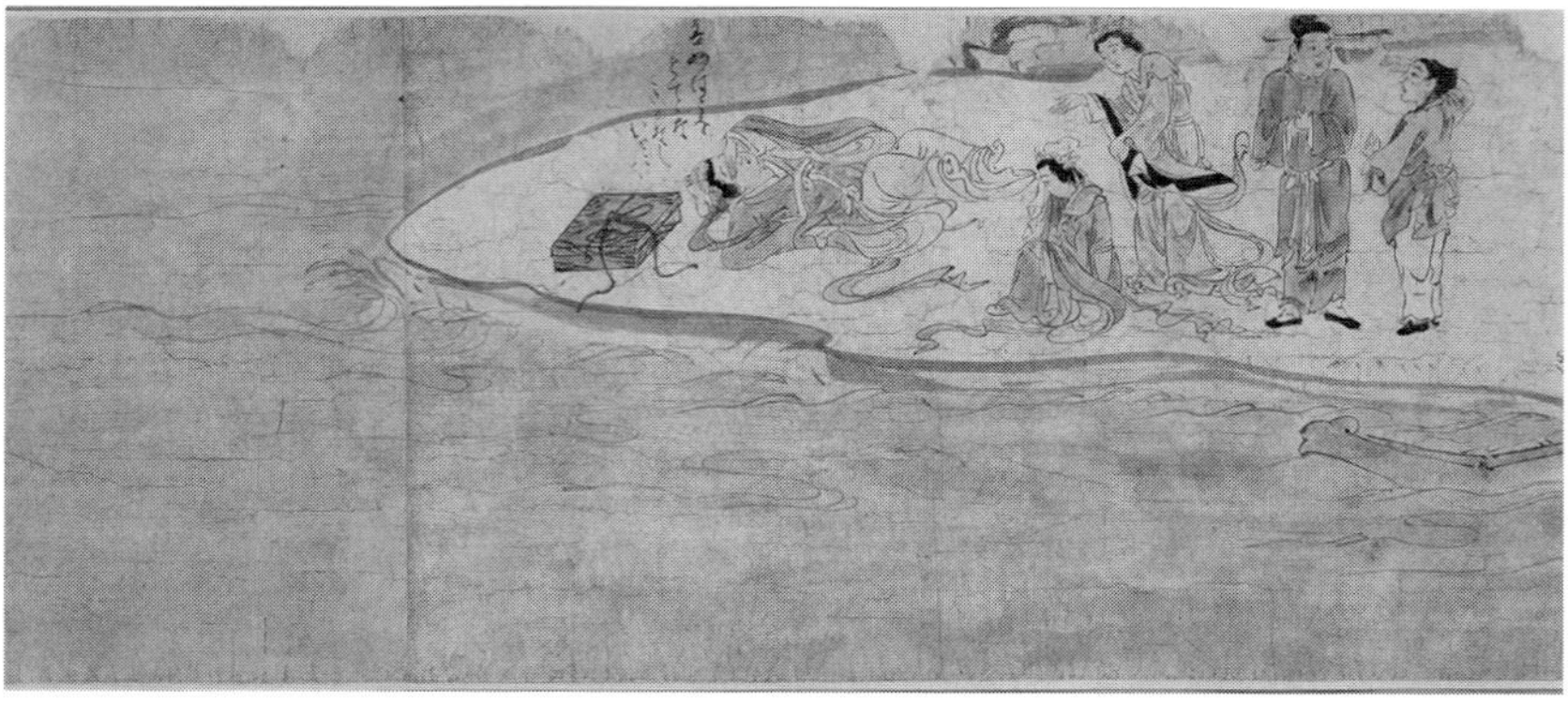

『華厳宗祖師絵伝』より、「足ずり」の実例（高山寺蔵　京都国立博物館提供）

この「あしずり」の動作の実態をよく伝えるものとして、筆者は、華厳宗祖師絵伝（華厳縁起とも）中の絵柄を指摘したい。[2] この絵については、詞書該当箇所には「いさごのうへにみをなげて魚をくがにおけるがごとし」とあるのみで、また絵に書き込まれた絵詞にも「あしずり」の語はなく、この物語を伝える「宋高僧伝」巻第四にも該当の描写も「あしずり」の語も見えない。しかし、この場面が、善妙という女性が恋い慕う新羅の僧義湘に船で去られてしまった嘆きにひたっているところであり、「水辺」での「別れ（船によって立ち去られる）」という状況は、本来の「あしずり」の動作である条件、つまり古代性を備えているのである。

では、いったい「足」はどのようにしたのだったか。⑳の長門本平家物語の伝える「足摺の明神」本地譚では、

> ⑳余りのたへがたさに倒れふし、足摺をしておめきかなしむ、足摺（り）地をうがち、身をかくすばかりになりぬ。

とある。これによると、足と地面を摺り合わせていることになるが、華厳縁起の絵をみると、空中で足を摺り合わせることが「あしずり」であったかとも想像される。これらの例が古代性をとどめていると考えられるにしても、いずれも中世資料であることに、本来の動作の実態をつきとめるには難が残る。この問題については、これ以上具体化させることが今のところはできない。

ところで「あしずり」を「足と足をすり合わせる」と釈する文献に日葡辞書（岩波書店邦訳版による）がある。

㉕Axizuri アシズリ（足摺り）　足と足とを互いにすり合わせること。Axizuri, tezurisuru ・（足摺り、手摺りする）

一生懸命に拝む、すなわち、強い感情をあらわす。

しかし、この例をもって、万葉集①以下の「あしずり」の動作の実態をよく示すものとはすぐには受けとることのできない事情がある。源平盛衰記巻十に、有王に会った俊寛が、

㉖「我こそ俊寛よ。……」とて、手すり足すり喚《をめき》叫《さけび》けり。

この例では、名詞の「あしずり」がサ変動詞的に用いられているのでなく、動詞「あしする」の連用形とみられる点が、平安以降ほとんど（万葉集の①、また⑳の「足摺（り）地をうがつ」、及び古辞書にみえる「あしする」を除くとすべて）が「あしずり（を）す」の形で用いられているのとは異なるし、また意味するところも異なっており、むしろこれまで見てきた「あしずり（を）す」とは別語と考えた方がよい。㉕㉖の「あしずり」は「手すり」と共に用いられて、助けを求めたりする、嘆願する、拝む動作を意味していて、別れの状態やとりかえしのつかない状態にあっての動作ではないのである。証禅大徳の四国遍路日記（承応二年成立）には次の例が見える。

㉗往古ハ此山魔所ニテ、人跡絶タリ、然テ大師分入玉イ、悪魔ヲ降伏シ玉フニ、咒力ニヲソレテ、手スリ足スリシテ、ニゲ去ケル間、元ト月輪山ト云シヲ改メテ、蹉跎山ト号シ玉フ、二字ヲ足スリフミニジルト訓スル故也、
其訓ヲ其儘用ヒテ足摺山ト云也

この例も命乞いを懇願するもので、後世の例ながら、小林一茶の句「やれ打つなはへが手をすり足をする」（八番日記）もその例である。故に、日葡辞書の語釈「足と足とを互いにすり合わせること」を例証にして、「あしずり」古来の動作の実態とすることはできないのである。「手（を）する」と合わせて用いられる場合は、意味はほとんど「手（を）する」に示されていて、その強調的な用法として「手（を）すり足（を）する」などと表現したものと考えられる。

㉘足ずり《蹉跎》寺に手をすりて、拝む御寺は寺山院是からさきは……（近松門左衛門「嵯峨天皇甘露雨」）

この例などでは、古来の「あしずり（す）」と拝む意の「足（を）する」とが重なって意識されている例とみることができよう。それはすでに、先の四国遍路日記にもうかがえることで、「足摺岬」地名起源譚に「手スリ足スリシテ」が現れているのである。

万葉集①、及び古辞書類にみられる訓ないし和名の「あしする」を除くと、名詞形「あしずり」が用いられることが多く、「あしする」の動詞形が用いられることはなかったのである。同じことは「ものがたる」から「ものがたり」という名詞が成立すると、「ものがたる」という動詞形は用いられず、「ものがたりす」というサ変動詞が用いられたということに見られる。動詞「ものがたる」の例がみられるのは中世になってからと言われる[3]。もっとも「蹉跎」の訓を「アシスリフミニシル」㉗と訓み解いたり、また「あしずり」の説明に「足をする」（冷泉家流伊勢物語抄）という表現が見えたりはする。また、江戸前期成立といわれる「四宮殿伝記」に「来し方行末の御物語ありて、□□足をすり涙をながし泣き給ふ」とあるが、この「足をすり」も「あしずり」系の語ではないと思われる。

二　「足占」と「あしずり」

上代文献にしか見えない「足占」[4]の語を「あしずり」を用いて語釈する一群の抄物がある。卜部兼右講談日本書紀上巻聞書（永禄一〇年・愛媛県大洲常磐井家蔵本）では、

㉙足占ト云ハ足スリヲスル事也

と、「足占」と「足スリ」が同義語的に扱われている。しかし、これは本来は、次のようにあるべきか。

㉚足占トハ足スリヲシテトヤセンカクヤセントスル躰也。（清原宣賢述日本書紀抄）

㉛此ニ足占ト云ハ、コレハアシスリヲシテトヤセウカウヤセウトスルヲ云ソ。（日本書紀桃源抄下）
㉜足占ト云ハコレハアシスリヲシテトヤセウカウハセウトスルヲ云ソ。（三手文庫蔵神代紀仮名抄）

これら㉚〜㉛はほぼ同系譜の注釈文で、いずれも「足占」の動作を構成する要素として「足スリ」が考えられている。つまり、「あしずり」をすることがそのまま「足占」だとは説明していない。「トヤセンカクヤセントスル躰」とは江戸期の伴信友が「正卜考」で「まづ歩きて踏み止るべき標を定めおきて、さて吉凶の辞をもて歩く足に合せつつ踏みわたる辞をもて吉凶を定むるわざにもやあらむ」と述べているような動作を意味しているのであろう。「足占」の語は、日本書紀巻二第四の一書の例「初潮漬レ足時、則為二足占一」と万葉集の二例（巻四—七三六、巻十二—三〇〇六）がみられるだけで、その実態はまだよく分かっていない。（注（4）参照）

「二」でみた「あしずり」の本来的状況との関係をみるにその「水辺」の習俗という点で日本書紀の例は共通するが、万葉集の二例ではそのように限定するコンテキストは確認できない、また「あしずり」に伴った「（絶望的な）別れ」という状況もいずれの例からも抽き出すことができない。抄物にみられる「あしずり」は、もっぱら、ただ足の動作にのみ注目して用いられたものと考えられる。抄物の時代に、すでに死語と化していた「足占（す）」の語が意味した動作を、文学用語化して生きている「あしずり」の語をもって説明しようとしたものであろうか。

例えば、大洲常磐井家蔵神代巻渾沌草下之二では、「足占」を説明して

㉝足ヲアナタコナタニシハシハウコカスヲ云。……足ノフミ所ノ定マラヌニタトヘタリ

とする。ここには「あしずり」の語はないが、「紀」の抄物における「あしずり」の理解を考える上でヒントになると考えられ、いずれにしても、「あしずり」を、これらの抄物では、立ったままなす足の動作、落ち着きなく、むやみに足をばたばた動かす状態を意味すると捉えていたのではなかろうか。[5]

ちなみに、一条兼良の日本書紀纂疏では、「足占謂レ不レ安二足於一処一、以レ占名レ之者、不定故也」とあって「あし

ずり」の語をもち出していない。この説明からもわかるように、紀の「足占」が「水辺」でのことといっても、本来「水辺」である必然性はなく、「為二足占一」とあるのも、占の一種として「足占」が実修されたというのではなく、「初潮漬レ足時」の足の動作が「足占」の時の動作と類似的であったことから、「為足占」と比喩的に表現したにすぎないと考えられるのである。

纂疏をも「あしずり」を用いた抄物をも継承していると思われる荒木田久老講述といわれる滋賀大学本神代巻広注抄では、次のようにある。

㉞足ノ一処ニナイコト也足スリヲシ足ヲモジ《(ママ)》リ足ノウタカヒヲナシ占フ　困窮シテ苦ム体………

ところで、「足占」の訓みを「あうら」ともする。改正増補和英語林集成に

㉟Aura(アウラ)　アシウラに同じ。

とあり、時代別国語大辞典上代篇も見出し語に「あうら」をたてているが、その〔考〕に、「万葉例歌をアウラと訓みはじめたのは、童蒙抄や考などの近世の注釈書であり、桂本や元暦本などではみなアシウラと訓んでいる」とするように、また古来風体抄や夫木抄でも万葉歌を「あしうら」と訓み、日本紀私記乙本が「為足占」を「安之宇良須」と訓むように、「あしうら」が古来のよみであったと考えてよかろう。一方で、「足占」が「あなうら」と読まれた痕跡がある。増補語林倭訓栞の「あなうら」の項に「神代紀に足占をよめり」とし、鸚鵡抄が「あなうら」の項に「(日本紀)云足占神代」とあげ、㉝の書紀本文では「アナウラ」の訓みが付され、書紀集解が引用する万葉歌736の例を「アナウラ」と訓ませている。もっとも校本万葉集によって検するかぎり、万葉集の用例の訓に「アナウラ」とするものはみられず、右の書紀集解のみである。

名語記(勉誠社版)が「アナウラ」の項で「足ノアナウラ如何……」とわざわざ「足ノ」をつけて語を示している事情に、人躰の足に関する「アナウラ」のほかに、占の一種の「アナウラ」を意識したということがあったかもしれ

ないが、ここは、前田富祇氏[6]が医心方に「アシノアナヒラという表現」が見えることを語源意識の薄れたためとみているように、「アナウラ」の語源意識の薄れを反映しているものとみるのがよかろうか。[7]ともかく、「あうら」は除くとしても、ある時期に「足占」には「あしうら」と「あなうら」と二種の訓みが存在したことが考えられる。

この「あなうら」はまた人躰の「足の裏」を意味する語でもあった。「足の甲」「足の裏」の呼び方の変遷については前田富祇氏の論稿[8]が詳細である。それによると、「足の裏」は、「あしのうら」と表現されていたが、「たなうら」の類推から.「あなうら」が成立したという。それによって、「足の甲」「足の裏」は「アナヒラ」「アシノウラ」という言い分けから「アナヒラ」「アナウラ」と言い分けるようになり、後者が一般化していくが、一方ではやく「アナヒラ」が古語化し、別語(表現)を用いるようになっていった。その過程で、「アナヒラ」の代表的な字の一つ「趺」が「アナウラ」の意の語としても用いられ、後世では逆に「アナウラ」の代表的な字の一つになる。このことを前田氏は、「アナヒラとアナウラとの区別が曖昧になったというよりは、「趺」の字の字義が不明確になったと考えるべきかもしれない」と述べる。この不明確化を誘発した原因に、「趺《フ》」と「跌《テツ》」の混同ということがあったのではなかろうか。類聚名義抄(観智院本)に、

趺　ツマツク　タフル　フム
　　アナウラ　タチト、マル　タカフ

跗趺　アナウラ《ヒ》　ウタクミ　ツフナキ　フミニシル
　　　ツフ、シ　ツマツク　ハシル

蹉　フス　フム　タチハシル　ヲトル　フミニシル　フシマロフ
　　アナウラ　アト　アシスル　タチト、コホル

いずれも訓注のみかかげた。図書寮本類聚名義抄では、「跗、趺」を「アナヒラ」とするが、観智院本では「アナウラ」とし、傍注で「アナヒラ」ともすることがわかる。「ツマヅク」の訓注に「趺」「跌」共通するところがあり、また「趺」が「蹉」に意味的に重なるところがあって、「趺」と「跌」の区別が曖昧になったものと思われる。後世、塵芥、増刊下学集、乾本節用集、天正一七年本節用集などなどが「扶」を「アナウラ」と訓む。しかし、書言字考

節用集などが「趺《アシノカフ》、跗同」とするように、新撰字鏡、和名類聚抄などによってか、本来の訓を付しているものもある。なお、漢語「蹉跎《アナヒラ》」が漢語「蹉跌《サテツ》」と同義語であった。

観智院本類聚名義抄では次のようになる。

○アナウラの訓をもつ字――蹉・趺・(跗・趺)・路・蹠

○アシウラの訓をもつ字――跳・蹐・胰跳

○アシノウラの訓をもつ字――趾

新撰字鏡で「アシノウラ」の訓注をもつ字のうち、「趾」の字のみが「アシノウラ」の訓注をひき継ぎもち、字鏡集(寛元本)でも同じく「趾」にのみ「アシノウラ」の訓注がみえる。「アシノウラ」と「アナウラ」に共時的に違いがあったようにも思われるが、よくわからない。名語記には、「アナウラ　足ノアナウラ如何　踋也蹠也　アシノウラノ心也　ヤカテ足ヲハアナウラトモイヘル歟アノウラトイヘル義也」とあって、この頃には「アナウラ」が古語的になり、再び「アシノウラ」という呼び方が一般化していたのかも知れない。

ところで、「アシウラ」の訓注が、類聚名義抄で「跳」「蹐」の字にみられ、字鏡集でも、この二字のみにみられる。また、伊呂波字類抄(十巻本)では、「跳」の字のみがあてられている。「アシウラ」は「アナウラ」「アシノウラ」とは全く別語で、これが「足占」に当たったのではないかと考えられる。もっとも、「跳」「蹐」の字は、占そのものを意味するというより、「足占」のときの足の動作の実態を指していると考えられ、「足占す」といったときも、占の実修行為そのものを意味するのではなく、足によるその種の動作を意味する普通語になっていたのかもしれない。とするならば、日本国語大辞典が「あしうら〔足裏・蹠〕」の項をたて、色葉字類抄や観智院本名義抄の「アシウラ」の訓をあてているのは誤りであろう。

さらに、「蹉」の字などが「アシスル・アシズリ」の訓とともに、「アナウラ・アシノウラ」の訓をもつようになり、一方「足占」に「アナウラ」の訓が生じて、「足占」の説明に「あしずり」が用いられるようになったということも考えられよう。また「あしずり」の訓をもつ字に、「ふむ・をどる」などの訓があることから「地団駄を踏む」といった理解が成り立っていたとすれば、「跳」の字などのあてられる「足占《あしうら》」の説明に、「あしずり」が用いられることも自然なりゆきであったと考えられる。しかし、こうした理解によって用いられた「あしずり」は、古代性をもった、本来の「あしずり」からはかなり隔ったものとなっていたことになる。

三 「あしずり」岬と「さだ」岬

「あしずり」を地名としたものに土佐の足摺岬がある。その岬にある金剛福寺は山号を「蹉跎山」というが、岬の別名として蹉跎《さだ》岬ともいう。今村田主の歌に、「みけ向ふ南の海にさしいでたる佐陀の御埼に雲立ちのぼる」などがある。漢語「蹉跎」は和語「あしずり」が当てられる代表的な語であった。そこで、岬の名として、(A)和語の地名「あしずり」が先にあって、それに漢語「蹉跎」があてられ、それを音訓みで「サダ岬」ともいうようになったのか、(B)和語の地名「さだ」が先にあって、それが万葉仮名風に漢字の音を借りて「蹉跎」と表記され、それをその代表的な訓「あしずり」でよみ、「あしずり(の)岬」とも言うようになったのか、いずれの経過をたどったのかが問題となる。まず、この岬を指す事例を確認しておきたい。平安遺文を検すると次のような「蹉跎御崎」の例がみえる。

㊱蹉跎御崎千手観音経供田事(資料番号3184、応保元年)

㊲(a)蹉跎御崎金剛福寺三昧供并修造料事

(b)土州幡多郡蹉跎御崎住僧弘睿重陳(資料番号3512・3513ともに嘉応元年)

「あしずり岬」の事例は、長門本平家物語に「土佐のはた足摺みさき」とあり、理一という僧の補陀落渡海譚の後で、本地観音の垂跡「足摺の明神」の由来を説く。とはずがたり巻五も「土佐の足摺の岬」の由来を、ある僧の補陀落渡海譚によって説く話で、良観続編地蔵菩薩霊験記も「足摺ノミサキ」の由来を賀登上人の補陀落渡海譚で語り、観音利益集も、ある僧の同じような話によって「アシスリノミサキ」の名の由来を説いている。伊勢物語闕疑抄の伝記「あしずり」の名の由来も、この流れを汲んだものであろう。

前者「蹉跎御崎」の用例は平安末期の資料で、後者「あしずり(の)岬」は、鎌倉末期以降の資料である。この「蹉跎御崎」を「さだ岬」と読んだか「あしずり岬」と読んだか、いずれにしても確証はないが、「さだ」と読んだとすれば、それは和名とみるのが妥当だと判断する。㊲(a)では、蹉跎山縁起が嵯峨天皇建立の寺とする金剛福寺の所在地名として「蹉跎御崎」を冠していると考えられ、㊱及び㊲(b)では、所在地名「蹉跎御崎」をもって、そこにある金剛福寺そのものを指しているものと読みとれる。つまり、この「蹉跎」は山号「蹉跎山」を示すものではなく、また山号から「蹉跎御崎」の地名が生まれたのでもないと考える。山号はもと月輪山といい、それを蹉跎山と改めたことについては、別にその由来譚が伝えられている。蹉跎山縁起(尊海、享禄五年)四国遍路日記(証禅大徳、承応二年)、土佐物語などに、いずれも金峰上人が天魔(悪魔)を降伏した時の話をもって蹉跎山と名されたとする。室町末期以降の資料である。

「あしずり(の)岬」の方の由来譚は、いずれも補陀落渡海にまつわるものであることが注日される。このように事例を整理してみると、先に仮説した(A)と(B)のうち、和語地名「さだ」を先とする(B)の経過をたどって「あしずり(の)岬」となったと考えられるのである。このことは漢語「蹉跎」の使用とその訓の歴史とも関係していると思われる。そこで、古辞書類や日本の漢詩文に見られる「蹉跎」の事例と、その訓「あしずり」との関係について整理してみたい。

「あしずり」が名詞「あし」と動詞「する」の連用形とからなる複合語であることは言うまでもないが、古辞書に示される訓の形には二通りがある。次の(C)と(D)である。

(C)「アシスル」の形によるもの

(D)「アシズリ」の形によるもの

(C)は、二語意識か、一語意識かは判断しかねるが、後者とみておきたい。実際の用例では、(C)の形で用いられている例は少ないことは、先にみた通りである。(D)は名詞化した形で、これも実際に用いられた例では多くがサ変動詞を伴っている。

古辞書	「アシスル」の訓注を付した字	「アシズリ」の訓注を付した字
新撰字鏡	躑躅(蜘蹰)、蹢躅	ナシ
和名類聚抄	ナシ	ナシ
類聚名義抄	蹉・蹄(蹏)	⿰𧾷色(跎)、躘
伊呂波字類抄	ナシ	ナシ
倭玉篇	跎	蹉・蹭・擢擢
字鏡集	ナシ	蹉・跎・躘
その他	蹢躅(伊京集)	蹭(和玉篇)、蹉・蹭(塵芥) ⿰𧾷奄・蹭(伊京集) 踟躘(易林本・乾本節用集)

和名類聚抄・伊呂波字類抄には「あしする・あしずり」の語がみられない。伊京集の「蹢躅《アシスル》」が新撰字鏡を典拠

とするとみると、全体的には「あしする」から「あしずり」へと移行していることが認められる。そして新撰字鏡ではまだ「あしずり」の訓注はなく、「蹉」「跎」の字については次のようにある。

㊳蹉跎　失勢之皃　跨也蹬也豆走又不弥尓志留又乎止留

後世になると、「あしずり」には漢語「蹉跎」の字をもっぱらあてるようになるが、「蹉」「跎」のそれぞれの字に「あしずり(あしする)」の訓注がみえるのは類聚名義抄以降になる。

漢語「蹉跎」は漢籍から移入され、平安初期の日本の漢詩文に多く事例をみることができる。ことにつまずき時機を失った状態(「失勢之皃」)を表す語として用いている。新撰字鏡の訓注は「不弥尓志留」「乎止留」とあり、立った姿勢での動作を示していると思われる。進めず立ちどまりむなしく足を動かす状態をイメージしていたのではなかろうか。紀長谷雄の「貧女吟」(本朝文粋)にも例をみるが、菅原道真の菅家文草・菅家後集に多くの例をみる。

㊴情《こころ》を海の上に含《ふふ》みて久しく蹉跎たり[9](巻四・三二五)

右の例以外に、42、252、414、467、479の漢詩に用いている。吉田兼好の徒然草には「吾が生既に蹉跎たり」(一一二段)とあるように、ほとんど副詞「蹉跎と」乃至形容動詞「蹉跎たり」で訓まれるような用い方がされている。増補俚言集覧が「蹉跎《サダ》」を「(小説語)不レ遂ニ於志一也」と注するのは、近世における小説類などでの用いられ方をもふまえて述べたものであろう。

因みに、文選をみると、「蹉跎」の用例は二例にすぎないが、「蹉跎」の類義語「蜘蹰」「躑躅」(新撰字鏡で「足須留」の訓注の付されている漢語)の方が多く用いられている。これらの漢語はためらいたちどまる、つまり「猶豫之皃」「不進也」「不退而慎之皃」の意にあたり、「足須留」の訓注が付されたのは、別れに際してこちら側にとり残されたものの動作・状態ないしは心理的状態を判断してのことであったのではなかろうか。文選とは逆に、菅家文草・菅家後集では、「蜘蹰」「躑躅」の例はみられず、好んで「蹉跎」が用いられているのである。

類聚名義抄の頃になると、「蹉」に「アシスル」、「跎」に「アシズリ」の訓が付され（さらに「躘」に「アシズリ」の訓注があることも注目される）、漢語「蹉跎」が「アシズリ」と訓ぜられても不思議でない状態にあったと考えられる。

このようにみてくると、「蹉跎御埼」の表記は、おそらく、文人たちによって文芸（漢詩文）用語として定着していた漢語「蹉跎」の音借によって成立したもので、平安後期以後、「蹉跎」に「アシズリ」の訓が安定してきたことを背景に、「あしずり（の）岬」という訓よみ和名が生じたものと考えられる。そうした和名の成立と時代の口承文芸補陀落渡海譚とが結合することによって、「あしずり」の地名起源譚である補陀落渡海譚が語られることになったのであろう。それはまた、古代性をもった「あしずり」の復活でもあった。

もっとも、書言字考節用集では、巻八言辞に「蹉跎《ツマヅク》、跌《同》」、巻九言辞に「蹉《ケツマヅク》、蛤《同》」とあり、また同巻に「蹉跎《フシマロブ》」ともあり、その注に「廣雅、失㆑足貌、出㆓文選㆒」とある。そして、鸚鵡抄引用の源氏案に「蹉跎文選さだとしてふしまろぶと有」とあるように、「蹉跎たる」状態と「ふしまろび」たる状態とが、ほぼ同義語的に理解されていると考えられる。それは「つまづく」「けつまづく」の結果としての状態であった。そして、伊勢物語闕疑抄が「文選にさだとしてふしまろぶ《あしずりす》」と「ふしまろぶ」の傍注に「あしずりす」と付すように、「あしずり」の動作がたおれ伏した状態とみられていて、そこに古代性をとどめているともみられる。漢語「蹉跎」の「失㆑足」「失㆑勢」つまり、時を得ずうだつのあがらない状態の意を「つまづく」「ふしまろぶ」と捉え、当時、手おくれでくやみなげく状態を意味すると捉えられていた「あしずり」する状態と意味的につながったものと考えられる。しかし、後、僧契沖が勢語臆断で、

㊵あしずりは、文選に蹉跎をあしずりとよむといへど、今の本にはしか点ぜる事なし。廣雅云、蹉跎失㆑足也。かかれば、あしずりの心にあらず。

と、漢語「蹉跎」と和語「あしずり」とが、本来意義を異にすることを説いたのは、おそらく、平安初期以来の「蹉

跎」の語の用いられ方を検討した上での判断であったと考えられる。

さて、先に土佐幡多に和語地名「さだ」があったと考えたが、そうすると、古代地名の一つとしで注目されている、岬ないし海（水）辺の地名「さた・さだ」の一つとして古代史研究にとっても注目すべき事例だということになる。大隅の佐田岬、愛媛県の佐田岬、出雲の佐太神社など、そして、河内の地名「佐太」（和名類聚抄に「茨田郡佐太郷」）も注目すべきで、守口市に佐太天神社があり、枚方市に蹉跎神社がある。ともに道真を祀る社で、後者には次のような伝承（増補俚言集覧引用の菅家須磨記による）が存在する。

㊶河内の国まで息女かりや姫の（九州左遷の道真に）つき来て（そのかなしい別れに）足スリしてかなしみたまひしより其地を蹉跎といふ。

蹉跎山天満宮とも称しているが、おそらく「蹉跎」の字をあてたところから、土佐の例同様に、「あしずり」の伝承が生じたものと考えられる。守口市の佐太（現在「さた」と清音に呼ぶ）天神社の方には「あしずり」伝承はみられない。

なお、平凡社の広島県の地名によると、備陽六郡志が、次のような俚伝を記しているという。「あすらと云ふ名有、吉備津彦のはじめてここにきたり給ひて御足をいたみ、足ずりをしたまひし所なるゆへに「足蹉《あしずり》」と書て「あすら」とよめり」と。「又芦浦トモ書也」とするように「蘆浦郷」の地名起源譚であるが、「あしずり」が、いためた足をひきずるようにすって歩く動作と理解しており、本来の「あしずり」の意義からはかなり遠のいていることがわかる。こうした「あしずり」の捉え方は、現在、土佐の足摺岬の口頭伝承にもみられ、京都の山科四宮の「足摺の水」伝承にもうかがえるところである。

四　「あずる」と「あしずりす」

増補俚言集覧は、「あしずり」の項で、菅家須磨記の記事の後に、「備後にてアスルといふ」と記す。備後の方言「アスル」を「あしずり」と同語とみている。秋長夜話には、「此国（注・安芸）にて、窮することをあずるといふは、足摺《アシスリ》なり」とし、日本国語大辞典は、両京俚言考が「あずる」について「語源未詳としながら、「あくせくする」または「足摺る」の変化したものかと記す」と注する。そして、出雲方言考（昭和二年・後藤蔵四郎）は、「あずる（自動詞、四段活）」の項に次のように解説する。

㊷あがく。通常の発音にてはアジルといふ。是はあしずる（蹉跎）より来る。子供の子アズリは子供が睡眠中、無意識に寝床《ねどこ》の中を転がりまはるをいふ。

俚言――方言にみられる「あずる」が「足」の意の語と「摺る」の意の語から成ることは認めてよいかと思うが、「あしする」の形が音変化して「あずる」になったのではなく、「あがく」が「足《あ》」と「掻《か》く」から成るように、「足」の意の名詞「あ」に動詞「する（摺）」が結合して一語化したものと考えるべきであろう。ましてやこれまでみてきたサ変動詞形「あしずり（を）す」が変化した語だと考えることはできない。「ものがたり」の語は名詞「もの」と動詞「語る」の連用形から成る複合語（名詞）であるが、平安時代には、動詞として用いられるときには、必ず「ものがたり（を）す」というサ変動詞の形でのみ用いられて、「ものがたる」という動詞形で用いられた例は（「ものがたらふ」を除く）、中世以降にならないとみられないのであるが、この場合は、「ものがたり」が動詞化して「ものがたる」としても用いられるようになったと言えても、「あしずり」が動詞化して「あしずる」になったとは認めがたい。古辞書を除くと、「あしする」または「あしずる」という形で用いられた事例がみられないことに注目しておきたい。ただし、万葉集①の例や、「あしずり」の説明に「足をする」（冷泉家流伊勢物語抄）と言ったり、漢語「蹉跎」の「二字ヲ足スリフミニシルト訓スル」（四国遍路日記）と説明したり、懇願の意の「足する」「足をする」（日葡辞書・一茶の句など）などの例はあるが、これらの語形が方言の「あずる」と直接の関係にあるとは考えられない。

ここで注目しておかねばならないことは、二節で指摘しておいたように、右にみたような用例を除くと、これまでみてきた用例のすべてが、名詞またはサ変動詞の形で、またはサ変動詞的に用いられたものばかりであるのに、新撰字鏡の「足須留」をはじめ古辞書には「あしする」の訓注がみられることである。このことはどのように解釈すればよいのだろうか。方言の「あずる」が、これら古辞書の「あしする」と近い関係にあると考えてみたい。

万葉集において、すでにサ変動詞形がみられるということは、名詞形「あしずり」の成立を意味しており、「ものがたり」などの例同様、ある動作が名詞（もの）概念として対象化されていたことを意味する。しかも、実際には名詞形「あしずり」と動詞形「あしする」とが共存していたのではなく、名詞形「あしずり」のみが存在していたこと（「あしずり」と「あしずり（を）す」とが共存し、むしろほとんどが「あしずり（を）す」の形で用いられている）は、その「もの」として対象化された動作概念が、特定的なものであったことを意味しないだろうか。

中世末までの書記言語の文献に「あずる」の形はみられないが、中央の文献に「あしする」の形で記録された語が、一方民間の口頭語の世界では同時に「あずる」の形で日常生活語として継承されていたとみることはできないか。もっとも近世の文献には、例えば歌舞伎霧太郎天狗酒宴四（宝暦十一年）に「あづる（ママ）ならあづらしておいたがよいわいなふ」などの例をみるが、これは、民間の日常生活語が書記言語の世界にも登場してきたものとみるべきであろう。この位相差は、先に引いた増補俚言集覧や秋長夜話の記述のしかたにみることができよう。現在でも、例えば、「心にうつりゆくよしなしごとを、あづりあづりて書きつくれば」（白方勝『いたどり』あとがき。筆者は愛媛県出身）と徒然草序文のパロディの文に用いた例がある。

このように、「あずる」を古代から地方生活語に残っている語とみると(一方中央文献では「あし」系の形で記録された)、古代語の「あしずり」を考える上で、方言「あずる」は参考にするべき面をもっていたことになる。そこで、方言「あずる」が使用される地域と、その用いられる意味・用法とについて整理し確認してみたい。

分布地域は、(A)全国方言辞典(東条操編)と(B)日本国語大辞典の指摘するところを整理してみるとおよそ次のようになる。

(1)瀬戸内沿海岸——四国全域、山口、広島、岡山、兵庫、淡路島、(奈良)

(2)山陰沿岸——島根、鳥取、京都府北部、福井、佐渡、

(3)東海地方——静岡(榛原)

伊勢の志摩市の太平洋に面した海岸に「あづり浜」がある。地名辞典(角川書店)では「阿津里」と表記し、仮名づかいを異にするが、日本国語大辞典によると、両京俚言考に「あづる」の仮名づかい例があり、先に引いた歌舞伎脚本でも「あづる」とあったように、もとは「あずり浜」であったものが、近世以降「あづり浜」と表記されるようになったものだとすると、これも方言「あずる」とみてよい可能性がある。

これらの地域において、古代語の「あずる」が残存しているのだとすると、「一」節で「あしずり」の語義についてみたように、この語の背景が水辺の呪的行為であったことは、あるいはこれらの地域に分布した海人族の間で用いられた語に発しているのかも知れない。ただ、両資料による限りでは、九州地方及び山陰沿岸では但馬地方の報告例のないことが難点と言わざるを得ない。もっとも、肥後の方言を集めた菊池俗言考(嘉永七年)に、

㊸あずり返す(足摺返ナルベシ今児ナドノムヅカル時ハ足摺シテ悶ヘ泣也)

とある。また、古代琉球語の辞書である混効験集に、

㊹あつずり　寝足元の事　和詞にはあとすりと云。

とあるのが、「あずり」ないしは「あしずり」と関連ある語かも知れない。なお同書には「手ずりあけ」の語があり、拝む行為を指すようである。

　さて、「あずる」の意味・用法をみると、(A)全国方言辞典は、「①眠っていて床の上で動きまわる　②もがく③困る、窮する、てこずる　④心の定まらないこと、ためらう　⑤あせる、よく働く。」とし、(B)日本国語大辞典は、「①寝ていて動きまわる。②心が迷う、あせる。③窮する、非常に困る、もてあます、てこずる。」とする。

　これらの意味・用法は大きく二種に区分できる。つまり、(a)具体的な動作を意味する場合と、(b)ある状態ないし心理的状態を意味する場合、となろう。(a)は、(A)が「眠っていて床の上で動きまわる」とし、(B)が「寝ていて動きまわる」とするもので、出雲方言考には「子供の子アズリは子供が睡眠中、無意識に寝床の中を転がりまはるをいふ」とあり、菊池俗言考の注文も参考になる。(B)の例文には、「この子はよくあずる」とあり、阿波言葉の辞典（金沢治）には「アズナイ〔形〕」の意を「幼稚である」とする。これらの例文や語義釈からみて、「一」節でみた「あしずり」の本来的な状況――つまり、寝ころがった状態での動作であることと、幼な子のするような動作とみられていたこと――と通底するものがあると考えられる。この意味・用法の存在が、方言「あずる」の古さをものがたっていると考える。

　ここで、「あしずり」の動作とその幼稚性との関係について補足すると、類聚名義抄で、「躘」の字を「アシズリ」とし、字鏡集にも同じ訓注があり、伊京集では「踠」の字に「アシズリ」と振っている。また、節用集の易林本・乾本では「蜘躘」を「あしずり」と訓んでいる。「踋」は倭玉篇などで「アシズリ」と訓む「蹓」と同字の意識であろうか(10)。倭玉篇では「躘《タフル　フム》」とのみある。諸橋の大漢和辞典によると、「躘蹱」に「小児の行くさま」「進めないさま」と語釈をつけている。俳諧類船集（付合）の「足摺」の項に「五徳すゆる」の付合語句の指摘があり、「わるさいふ子はなにしてもすかしがたき物也」とするのはその由縁を説明していると思われるが、ここに「足摺」が子供のぐずる動作に結びつけられていることが知られる。

(B)によると、「あずりこずり」が副詞的に用いられて、「苦しみもがいて事をするさま」を意味するという（島根、鳥取）。先の白方氏の文では「あづりあづりて」とあった。後には、これらの例にみる用法を経て、動作性の意味がもう一段抽象化した「あがく・もがく」と同義語のようになっていったものと考える。

(b)の、状態—心理的状態を表す用法である(A)の「心の定まらないこと、ためらう」「窮する」や(B)の「心が迷う」「窮する」などは、新撰字鏡で「あしする」の訓注をもつ「躑躅」（「踟蹰」）「躊躅」などの漢語の語義に近いものと判断されることも、「あずる」の語の古さを意味すると考えてよかろうか。

もっとも、方言「あずる」には、「あしずり」の古代性としての重要な要素である「別れ」——殊に水辺における別れという状況性が全くみられない。これはおそらく民間信仰上の変化によって、状況の特殊性が失われて、意味が一般化して用いられるようになったためと考えればよいのだろう。

おわりに

以上、まだまだ中間報告的であり、また強引な論立てをしたところもあろうかと思うが、現在私の「あしずり」について考えているところを論述してみた。なお、万葉時代にすでに名詞形「あしずり」が成立していて、平安時代の用例の多くがサ変動詞的に用いられていると指摘したが、実質的には名詞形にサ変動詞をつけた形、つまりは「を格」（無形化している場合も含めて）を伴うものであり、それが純粋にサ変動詞「あしずりす（る）」として、つまり一語化していると認めてよいような例は近世になってからの文献に多くみられると言えるようである。「話（を）する」から「話する」への変化と言うわけであるが、「話をする」と「話する」とはどう違うのか、構文論的な問題も含めて、「あしずり」の語例を手がかりに、とくに和語のサ変動詞について考えてみたいと思うが、別稿を用意する以外にない。

【注】

(1) 拙稿「足占(「紀」海幸山幸譚)・足摺(「伊勢物語」六段)考」『三田学園研究紀要2』(昭和五二年四月刊)。なお、和英語林集成(第三版)に、同義語に「じだんだ」を指摘し、「あしずりをして泣く」の意味として、「子どものようにはね回って泣きさけぶ」とある。

(2) 竹岡正夫氏(直談・昭和五八年一一月)によると、氏もすでに、この絵巻のことや後述の「あずる」との関係についてお考えであったとのこと。例えば、中央公論社刊「日本絵巻大成17」(華厳宗祖師絵伝)の六八頁参照。

(3) 一言芳談の例がはやいか。大唐西域記長寛元年点の記事「或るときは諠(かまひす)しく語(モノカた)る声聞ゆ」とよむ例がある。それとも「語(モノカたりす)る」か。

(4) 藻塩草が「足占山」に「名所也」と注するのは、おそらく定頼集(続古今集にも)の歌に詠まれた「足占《あしうら》(の)山」(丹後国)をふまえたものであろう。なお、行宗集に「いでたちのあしうらよくてゆく夜さへ……」の歌がある。

(5) 内閣文庫本史記抄に「温舒頓足歎日」を釈して、「頓足トハ、チツクチクト跳テ足スリヲシテ云タソ」とある。諸橋大漢和に、「頓足」を「足をばたばたする。足ずりする」などとある。和英語林集成は、「ぢだんだ」に「頓足」の字をあてている。

(6) 前田富祺「〝足の甲〟と〝足の裏〟の呼び方について」(佐藤茂教授退官記念論集国語学所収・昭和五五年)。

(7) パジェスの日仏辞書にも「アシノアナウラ」の表現がみえる。「Achi」(アシ)の項にあり。すでに「日葡辞書」にも見える。

(8) 注(6)に同じ。

(9) 訓み下しは日本古典文学大系本による。

(10) 新撰字鏡の「踟躕」の「踟」をとったものか。

［付記］

なお、平家物語の「足摺り」について論じたものに、中塩清臣「平家物語の伝承構造」（『日本文学構造論』所収）、村上泰賢「足摺説話成立についての一考察」（『古典の諸相』所収）、水原一「鬼界島説話の考察」（『延慶本平家物語論考』所収）などがある。

Ⅲ　京都・山城の地名を考える

木簡にみる山城の郡郷名

はじめに

昭和三五年に始まった平城京跡の発掘調査で四〇点の木簡が出土、翌年になって早々文字資料として貴重なものであることが判明した。その後各地で木簡出土が相次ぎ、昭和六三年には長屋王家跡から約三万五〇〇〇点という大量の木簡が出土するなど、五〇年余りで出土片は約三八万点に達し、現在(二〇一五年九月)奈良文化財研究所の「木簡データベース」には五万点余りが登録されている。

文字資料は従来、専ら文献史学が扱う紙媒体による「文献文字資料」が主であった。しかし、最初に文字で書き記されたものがそのまま現代まで残っている文献は、古く遡れば遡るほど、いわゆる原本が失われていて、多くが後世の写本類や逸文であり、その間にさまざまな本文の異同が生じてしまっていることが多い。その点木簡は「出土文字資料」とも言うべきもので、文字が記された時代をそのまま背負って残されてきた文献である。これまでも墨付き土器や金石文、墓碑銘、落書きなどがそうした資料的史的価値を持ったものとして注目されてきたが、質と量で木簡はそれらを圧倒する、歴史の証言者としての価値をになう資料となっている。木簡は、地名の研究にとっても貴重な資料で、「初出例」を重視する地名研究にとって、初出例を大幅に塗り替えてきているのである。

本節では、「木簡データベース」を活用して、平安京以前の山城国に、どういう地名があったかを確認し、どのように漢字表記され、どういう土地であったか、などについて考察する。

一　データベースの扱い上の注意

「木簡データベース」を「山城国」で検索すると、一八八点が登録されている(二〇一五年九月現在)。多くは「荷札木簡」という、現地から宮都などに送る荷物に付けられていた木の付札で、発送地、発送先、荷物の内容や日付などが記されていた。なお、木簡にはその他、文書木簡、習書木簡、歌木簡と呼ばれるものがある。中には使用済みになった木簡を文字を書く練習に使ったと思われるものもある。

いずれにせよ、木簡(データ)の扱いについては次の注意が必要である。

(1)検索語「山城国」で検索できたとしても、所属地の候補の一つとして山城国が考えられているに過ぎない場合がある。例えば、「錦部里身人部」の文字面を持つ木簡が「山城国」に登録されているが、「詳細データ」によると、以下の国・地域が比定地の候補に挙げられている。「(山城国愛宕郡錦部郷)・(河内国錦部郡錦部郷)・(河内国若江郡錦部郷)・(近江国滋賀郡錦部郷)・(近江国浅井郡錦部郷)・(信濃国筑摩郡錦服郷)・(美作国久米郡錦織郷)」

(2)木簡の文字の訓み・判読、および検索語の範疇に所属させるかどうかの判定は、研究者によるものである。研究の進展によって、データ処理が改訂されることがある。例えば、「山背御薗」という文字面の地名を含む木簡が数点存在するが、数年前までは「山城国」に所属もしていたが、現在は外されている。河内国石川郡の「山代」郷を「山背」と書いたものとみて、こちらを適切と判断したものと思われる。河内国石川郡山代郷は、『和名類聚抄』(高山寺本、以下『和名抄』とする)には見られないが、正倉院の古文書や昭和二七年に発見された「墓誌」などから、かつて河内国に「山代郷」が存在したことがわかる（『大阪府の地名』平凡社）。

二　国名「やましろ」の表記

さて、現在の京都府は旧国名でいうと、山城国、丹波国（一部は兵庫県）、丹後国からなる。山城国は、京都府南部に位置し、旧平安京や南山城地区を含んでいる。国名の「山城」という表記は平安以降のもので、下記の通り、奈良時代以前は異なる漢字表記であったが、元来口頭言語として伝えられてきた日本語が中国伝来の漢字という文字で記録されるようになると、地名の漢字表記から、その土地をどういう所と認識していたかが窺える場合がある。ただし「風土記」編纂にともなって出された詔勅によって、好字による「漢字二字化」が浸透するようになると、地名の本来の意味が辿りにくくなってしまったことには注意しなければならない。

本節では、「山城国」を検索語として「木簡データ」を検出した場合を扱うが、平安京以前の木簡に国名「山城」の文字面は見られない。言うまでもなくこの文字面は桓武天皇によって平安京が開かれたときに漢字表記が改められたものであるからである。平安京以前には、山代、山背と表記されたが、木簡の一八八点の範囲においては、どちらが先かは決めかねる。単純に点数では「山背」の方が圧倒的に多い。藤原宮跡からの出土の木簡が中でも古いものであるが、一例「山代」の例が見られる。しかし河内国のものか山城国のものかは決定はできない。京都市編『京都の歴史』第一巻に、「山代、山背の用字は、古く山代で、天武朝の頃から「山背」が書かれ始める。しかしなお流動的で（中略）山背という字に固定化を見るようになるのは、大宝令以後」と考えられている。『古事記』は「山代」と表記し、『日本書紀』は「山背」である。

なお、『万葉集』には「やましろ」を「開木代」（巻七・一二八六）と書く「人麻呂集」の戯書があり、当時の「やましろ」の語源意識を反映したものと感じさせる。「伐木地・採木地として開かれた所」の意とみる説があるが、「山代」はその意味を伝えた表記ということになる。「山背」という表記については、僧契沖《そうけいちゅう》の「やまのうしろ」説などがあるが、文字面の意味はその意味であろうが、「うしろ」の「う」を略して「しろ」としたと解するのは、疑問である。桓武天皇はさらに「山城」と国名表記を変えたが、「城」の字はそれまで「き」という和語に当ててきた（葛城《かずらき》や筒城《つづき》など）。「城」の字を和語「しろ」に当てるのは、この国名からである。

木簡の「山背御田」についても、河内国の「山代郷」のものである可能性が残る。「御薗」にしても「御田」にしても、「御」の字がついていることは、朝廷直轄か皇族の領地であることを意味しているのであろう。「山代国相楽郡　泉」、「山背国相楽郡里」など、「山代」「山背」に「国」のついたものは、明らかに後に「山城」になった国を指したものである。

三　地区割り単位名の変遷

律令制の確立にともない、領土支配のために土地の行政区画が整えられたが、それを後に「国郡郷」制という。この「国郡郷」の全地名が日本全土にわたって記録された最古の資料が『和名類聚抄』（以下『和名抄』とする）に撰述されたものである。『和名抄』は平安時代十世紀半ばになって編まれた辞書で、「国郡郷」制についてはそれ以前においてすでにいくつかの変遷を経てきている。

1　「こほり」の表記

「郡」の訓読みは「こほり（コオリ）」であるが、大宝元年（七〇一）以降「郡」と表記するようになる以前は、「評」

と書いていた。飛鳥の藤原宮跡から出土する木簡は、より古い時代のもので、すべて「評」となっているようだ。後の山城国のものであることが明確な木簡例に「弟国評鞆岡三」（藤原京跡）がある。「評山田里丈部」（飛鳥・石神遺跡）も古い例であろうが、比定地は各地にわたる。また藤原京跡出土でも「……田郡長岡里（略）」とすでに「郡」になっているものもある。ただし、これは近江国坂田郡の木簡の可能性が大きい。

2　「さと」の表記

次は郷に相当したものであるが、最も古く飛鳥藤原時代には「五十戸」と表記し「さと」と呼ばれている。『日本書紀』孝徳紀白雉三年条に「戸籍造る。凡そ五十戸《いそへ》を里とす」とある。やがて「里」と表記するようになる。「五十戸」と表記するのが確認できるものに「多可」・「加毛」（以上、飛鳥池遺跡）、「川嶋」・「山田」（以上、石神遺跡）などが山城国で検索されるが、いずれも各地に候補地が多く、山城のそれとは確定できない。

「里」の例では、「錦部里（略）」・「山科里（略）」・「可毛里矢田部三国（略）」（以上、藤原京跡）や「石原里五斗堅井里五斗」などがあり、藤原京跡出土以外の木簡にも「里」を称するものが見られる。もっとも「里」のあと「郷」が導入されるが、しばらくは、「郷」の下部集落としていくつかの「里」を設けるという「郷里」制をとっていたが、その「里」であることも考えられる。この「郷里」制によるものと思われるものに「郡《》郷山本里（略）」（《》は判読不明の箇所）がある。後の綴喜郡の「山本」（郷）である可能性がある。

『京都の歴史』第一巻によると、霊亀元年（七一五）に「里」が「郷」に改められた（『出雲国風土記』〈総記〉に「件郷字者、依霊亀元年式、改レ里為レ郷」とある）が、その後二五年間は「郷里」制であったという。もっとも和語「さと」（里、郷とも表記）には、「ふるさと（故里）」などにみる、人々の住居地を指す一般語としての用法がある。都であれば「うち→さと→の→やま→うみ」と認識される、中心から周辺へという空間識別の観念をもつ中の「さと」である。

行政区画地名の「里」とは別とみるべきであろう。この意味で「＊＊（の）里」と呼ぶ場合もあるのである。

木簡の作成時期については、粗々ながら出土した場所がどういう歴史を持っているかによって推定することが可能である。また、行政地名の呼称、評か郡か、五十戸か里か郷・里か郷かと言った違いによっても木簡制作の時期が推測できる。

四　通常の表記と異なる地名

地名の表記は、『和名抄』（高山寺本）などで安定してくるが、木簡には後世の通常の表記と異なるものが見られる。

（1）相楽郡水泉郷を「出水郷（略）」と表記する（『続日本紀』などにもあり）。また「・背国相楽郡水（略）」もあるが、「出」の上略か「泉」の下略かは不明。また「泉津」や「泉」という表記でも確認できる。

（2）通常「久世郡」と書くが、木簡には「山背国久勢郡」、「山背国久勢郡（略）」とある。おたぎ郡は、通常「愛宕郡」と表記するが、「乙当郡」と表記した例もあり、葛野郡を「葛濃郡」と書いた木簡もある。その他注目すべきものに久世郡栗隈を「栗前」（高山寺本『和名抄』も同じ）とし、久世郡「奈貴」とするのは「那記郷（名木とも）」の異表記であろう。宇治も「宇遅郷（略）」の例がある（『古事記』では、菟道稚郎子《うじのわきいらつこ》を「宇遅能和紀郎子」と表記）。また、「汙カ?治」を「木簡データベース」では、久世郡宇治郷としている。

（3）「おとくに」については、藤原京跡出土の木簡に「弟国評」とあり、「弟国」（平城京跡）もそれであろう。「山背国乙訓郡石作郷」では「乙訓」になっている。他にも「乙訓」の表記の木簡は見られる。「弟国」の表記は、地名の意味（語源）を伝えると見られていて、葛野郡から分割されて誕生した郡と言われている。葛野郡のままである元の土地を「兄国」と意識してのネーミングであろうという説が有力である。また、分割されたころではまだ、郡レベルの規模の土地でも「国」という観念で呼ばれていたことは、他にもその事例が存在することから頷ける。かなり早い時期の分割であったに違いない。しかし、母体となった「葛野郡」が「兄国」と呼ばれた形跡はない。枝分かれして誕生したものについてのみ「弟」と意識した、分家の意味であろう。後の「郡」相当の土地を「国」で捉えている例に、「久我国」(『山城国風土記』逸文)があり、北区紫竹の久我神社を中心とするあたりを指したとみられている。また「許国《このくに》」(同上)もあり、後の宇治のこととされている。こうした「国」地名はより古い頃の呼称であったと思われる。ちなみに、宇治郡の地名「木幡」は郷名にないが、「許(こ)(の国の)はた(端)」の意で「こはた」と称した古い広域地名であったとも考えられる。

(4)なお地名「葛野」が指す範囲について『図説　京都府の歴史』(森谷尅久、河出書房新社)は、「そのうち葛野、愛宕、乙訓、紀伊の四郡に該当する北山城地方が古くは全体が葛野と称されていたらしい」と記しているが、「記紀」の伝える、応神天皇が宇遅野《うじの》(菟道野)で詠んだとされる国誉め歌「千葉の葛野を見れば百千足る家庭も見ゆ国の秀も見ゆ」の「葛野」は、そう解することで頷けるところがある。

五　土地と産物

「葛野河年魚二百五十隻四月十九日作」と書かれた木簡が平城京跡から出土している。葛野河《かどのかわ》(大堰川・桂川)では、「年魚(鮎)」が特産であったことを思わせる。

土地の特産物を示す内容が書かれた木簡で注目されるのは、紀伊郡からの「米」の送付である。先にも触れたが、まず「石原里五斗堅井里五斗」がある。「五斗」は「米」であろう。平城京址出土であるが、「石原」「堅井」が「里」と記されている。「石原里俵一石」も紀伊郡のそれの可能性がある。さらに「鳥羽里俵一斛」、「紀伊里俵一石」、「大里俵一斛」、「岡田里俵一石」なども紀伊郡にあった郷地名（高山寺本『和名抄』）を記した木簡である。これらも平城京址出土であるが、「郷」でなく「里」と表記している。稲荷山の麓あたりは早くに農耕地として開かれたところで、稲作農耕の神としての稲荷の信仰も古くに遡る。これらはほとんどが長屋王家跡の出土木簡である。

「山背御田」と表示される木簡があるが、どこを指すのか判明しないが、紀伊郡あたりであった可能性は残る。いずれも長屋王家址の出土で「御」がついているのは、長屋王の領地であったことによる。

もっとも「米」の供給地は紀伊郡以外にも見られる。「賀茂郷赤米五」（愛宕郡か、相楽郡か）、「櫟原白米一石」（葛野郡か）、「狛里俵一斛」（相楽郡）など山城の可能性が大きい。なお「田寸里日下部否身五斗」については比定地が多いが、葛野郡田邑《たむら》である可能性も、そのうちの一つである。

六　木簡と地名研究の課題

その他注目すべきものを列挙しておく。「山階寺《やましな》」と記す木簡。「背国葛……郡川辺郷」という木簡があるが、「川辺里白米五斗（略）」も山城の葛野郡か。「水主社」は久世郡水主郷の神社であろう。「・国相楽郡大狛里人道守臣末呂一両」もある。「中村郷戸主丸部今赤戸口真魚女米五戸」は綴喜郡か（候補地多し）。「川嶋五十↓赤俵」、これは候補地が多い。

木簡によって、これまで文献によって知られていた初出例を遡らせることのできる地名があったり、地名の表記の実態とその変遷や行政区画地名としてどのように活用されたか、また、送られた産物名から各地の土地柄を推測したりすることができるのである。今後も木簡の発掘は続くことであろうし、また以上取り上げてきた木簡の中には、確定地として山城国に絞りきれない例もあったが、今後の研究で山城国の地名として確定してくるものもあろう。地名研究にとっても「木簡」は貴重な資料で今後も注目していきたい。

（参考）もう一つの「山背」

本年（二〇一〇）六月高槻市生涯学習センターのけやきの森講座で『難波の地名』（全五回）を担当するにあたって、奈良文化財研究所の「木簡データベース」を検索していて驚いたことがある。数年振りに「山城国」で検索をかけてみたのだった。現在一八六点が登録されている。国名「やましろ」の表記に平安京以降のものならともかく、奈良時代以前には「山城」がないのは言うまでもない。「山背」が七〇点、「山代」が一四点と、圧倒的に「山背」が多い。飛鳥や藤原京跡からの木簡には国名の記録されたものがないので、どちらが先かの目処はつけられない。

驚いたというのは、以前検索した時には、「山背御薗」という文字列を持った木簡が数例あったはずなのに、今回見ると一例もなく消えていたのである。「山背」「山代」は大和の都造りなどの木材供給地を意味しているが、さすが山背は大和王権の菜園（御がついている、まさに裏庭の菜園）でもあったのだと納得していたのである。

そこで、消えた木簡はどこに所属しているのか、調べてみた。「山背御薗」で検索すると五点登録されている。その詳細データを見ると、「河内国石川郡山代郷」の「山代郷」から送られた荷札木簡と認定し直されたことが分かった。研究が進んでいたのである。山代郷は『倭名類聚抄』には見えないが、『大阪府の地名』（平凡社）によると、正倉院の古文書や昭和二七年に発掘された墓碑銘に「河内国石川郡山代郷」とあって、そこの住人に「山代忌寸」を姓とする人物がいたことも分かる。また、木簡にはないが、河内国には「樟葉御薗」、摂津国島下郡には「宿久御薗」

もあったという。

「御薗」で検索すると、一七点登録されていて、地名を負うものは「山背」以外では「大庭」（河内国）一点と「奄智」（大和国）二点のみである。京都府八幡の「奈良御薗」は木簡では確認できない。

すると、現在「山城国」で検索して検出できた「山背」を含む木簡七〇点（さらには「山代」の場合も含め）についても、国名と判断できないものは、河内国の「山代（郷）」のことかも知れない。現在検索語「山城国」で「山背御田」の文字列を持った木簡が二点登録されているが、これを証拠に山城国には古代に大和王権直轄の稲作水田があったとは簡単に言えないのではないか。これも、もう一つの「山背」、河内の山代かも知れない。

確かに「山背御薗」にしても「山背御田」にしても、特定の地である「菜園」や「田畑」に国名をつけることは不自然と言うべきかも知れない。残念なことを見つけてしまったという思いがいまだに消えないのである。

（参考）乙《おち》　方《かた》（宇治市）

宇治市宇治の字「乙方」は、宇治大橋東詰めあたりから宇治川右岸沿いに北東に続く地域の名である。同地内に式内社「彼方神社」があり、「おちかた（神社）」と読むように、「乙方」は、「彼方」「大路方」とも書かれた。歴史的仮名遣いでは、「乙方」は「おつ・おちかた」で、「彼方」は「をち・をちかた」であるから、「乙方」の表記は、後世のものであろう。

「彼」の字は、「彼岸」「此岸」の「彼」に同じで、ここでも宇治川の彼岸に位置することから付けられた地名であろう。では、何故「右岸」が「彼岸」と意識されたのか。その説明がつけば、この解釈も納得できるというものである。宇治大橋に隣接していることが重要な意味を持っている。『日本書紀』には、武内宿禰《すくね》に追われて、忍熊王《おしくま》が「莵道(うぢ)」の「川の北」に辿り着いたところで歌った歌謡に「をちかた(鳥智箇多)のあらら松原」とある。宇治郡宇治郷に属する古い地名であることが分かる。

「彼」の字は、『万葉集』でも、「をち」と読んでいる。「をちかた(彼方)のはにふの小屋に」(巻十一・二六八三)とあり、また、巻十三・三二九九の左注には「隠口《こもりく》の初瀬《はつせ》の川のをちかた(乎知可多)に妹らは立たしこの方に我は立ちて」とある。今は「かれ」と読むのが一般的であるが、「これ・それ・かれ(後、「あれ」が取って代わる)」という指示語の体系が整って、「かれこれ」(今は「あれこれ」に取って代わられて、「まもなく」の意に使う)「あれこれ」「あちこち」「あなたこなた」と言うペアーで「遠近」の区別をするようになる以前は、特に「か」系「あ」系の発達が充分でないころは、「遠近」の区別を「をちこち」と言っていた。この「をち(遠・おち)」の和語に「彼」の字を宛てることがあったのである。因みに「彼」を「そ」系の指示語に宛てることもあった。九州長崎県の地名に「彼杵(郡)」と書いて「そのぎ」と読む例がある。

宇治・宇治川は、古くから伝説・和歌にも登場し、代表的な「歌枕」の一つである。日本海と大和を結ぶ中継点として、歴史的に古くから交通上要衝の地であった。「乙方」も、単に「おち」とか「おちの里」ともいわれ、『日本書紀』や『源氏物語』宇治十帖などにも取り上げられる、よく知られた地名であった。本来、「をち」自体が「こち(こちら)」に対して「遠い所・遠方」の意味を持ち、「方」を含んでいるから、「をち」も「をちかた」も同じ意味である。「乙」を宛てるのは、「をち」の意味が薄れてきて、当て字されたものであろう。

式内社「彼方神社」は、『京都府の地名』(平凡社)に依ると、祭神は「諏訪明神とも称され、宗像神を祀る」という。宗像神といえば、海人族の祭祀する神で、海などの航海神であったから、ここでは、宇治川を渡る安全を祈る神として祀られていたものであろう。橋姫伝承にも、海の神である住吉明神が橋姫を妻として毎夜通ったと語り、それは諏訪の明神が女神に大晦の夜通ったのと同じだと説明している（顕昭『袖中抄』）。川を渡りくる神を迎える橋姫は左岸にいた。折口信夫のいう「水辺の女」であった。今も橋姫を祠る神社は左岸にある。

さて、川の向こうを意味する「をち（彼方）」とは、どこから見ての「をち」であったのか。古い地名であれば、おそらくそれは大和の朝廷から、つまり奈良・南山城方面から見ての認識ではなかったであろうか。交通上この川（宇治橋のあたり）は此岸《こち》・彼岸《をち》が境として大きな意味を持っていたものと思われる。

平安時代には、左岸が別業地（後、平等院になるなどするが）で、右岸が聖域（宇治・宇治上神社や寺院等）となってくるのも、前代からの名残ではないか。「宇治十帖」で、八の宮一家の住居があったのが右岸であるのも、八の宮の仏道修行故であったと思われる。

（参考）乙《おち》 方《かた》（宇治市）

難読地名「一口（いもあらい）」と疱瘡稲荷

はじめに　山城の難読地名「一口」――本稿の目標

京都の地名には難読地名が多いが、中でも「一口」と書いて「いもあらい」と読む、久世郡久御山町の「一口」（現在「東一口」「西一口」の二集落に分れている）は、全国的に話題になる難読地名の一つである。私も別の機会にこの地名の謎に挑んだことがあったが、(1) なお考えねばならない課題が残った。この謎をとくには。三つの課題に答えなければならない。「いもあらい」とはどういう意味か、なぜ「一口」と書くのか（「一口」そのものの意味も含め）、口頭で言う「いもあらい」と表記の「一口」とにはどういう関係があるのか、以上の三つである。

文献でたどれるところをまず整理しておこう。この地名の記録は、『平家物語』など鎌倉時代以降に確認できる。特に「淀」と併称されて、巨椋池の西南角に位置する交通上の要所として注目された。仮名のみで表記した文献では「いもあらひ」、漢字のみの表記をとる文献では「芋洗」と書かれた。問題はいつから「いもあらい」を「一口」と書くようになったかということになるが、現段階では、「一口」と書かれた文献は、近世にならないと確認できない。注目すべきは、「山城国久世郡御牧郷村名宮寺初記」（文政一一年・玉田神社文書）に「一口村」が「ひとくち村」と書かれていることである。(2) また、「漁師由緒抜書」（写年、欠・山田賀継家文書）に「一口川」という川が出てくるが、(3)

伝承の歌(「神楽や一口川に鯉のぼる人が恋するはちすはゆけ」)のリズムからすると、これは「いもあらひ川」でなく、「ひとくち川」と読むしかない。これらのことも含めて、本稿で改めて「一口」について考えてみたい。

さらに、「いもあらい」の語源をめぐっては、疱瘡稲荷との関係が取り上げられてきた。なぜ、「いもあらい」と疱瘡なのか、疱瘡神と稲荷信仰とはどういう結びつきなのか、山城の「一口」という土地柄と疱瘡稲荷はどういう関係なのかなどについて、以下で考えてみたい。

一　「一口(いもあらい)」と疱瘡稲荷

「一口」と書いて「いもあらい」と読む地名が、実は東京には、今は読み方や名称が変わってしまったものもあるが、三ヵ所もあった。いずれも坂地名で、「一口坂」と書いで「いもあらいざか」と呼ばれたらしい。その一つが、JR御茶ノ水駅そばの聖橋に続く、今は淡路坂と呼ばれている坂で、昔、又今も地元の人から「いもあらいざか」と呼ばれているそうだ。この坂を登り切ったところに太田姫神社(古くは「一口（いもあらい)稲荷神社」と呼ばれていた)の元宮があった。今は「太田姫稲荷神社」として神田駿河台一丁目に移っているが、この神社が所蔵する「太田姫稲荷神社縁起」に、この神社の由来が次のように語られている。

往古、小野篁が隠岐へ流罪の途次、白髪の翁が現れ、疱瘡を恐れるなら我が像を祀れ、そうすれば病にも罹らず都へも無事帰れると託宣した。篁は言われるまま、翁の像を祀り、無事帰京すると、山城国一口の里に神社を建立し、像を祀った。のち室町末期、江戸城を開城した太田道灌は、娘(太田姫)が疱瘡を患ったとき、噂に山城の一口稲荷神社が疱瘡平癒に霊験あらたかと聞き、その稲荷神を江戸城に勧請したのが、今の神社の初めである、と。

この伝承によれば、江戸の地名「一口(坂)」を「いもあらい」と読むのは、山城の「一口稲荷神社」を勧請したことから、その神社のある坂を「一口坂」といったことによると考えられる。有名な昌平坂の袂の昌平橋は、もと「一口(いもあらい)橋」といったという(元禄四年に改称)。ただし、他に二ヵ所(市ヶ谷の靖国神社近くと六本木交叉点からの坂)の「一口(芋洗)坂」があるが、いずれも「一口稲荷神社」との関係は不明である。

なおやっかいなことに、『久御山町史』など地元の研究によると、当地に「一口稲荷神社」なるものがかつてあったこと、また疱瘡平癒で信仰を集めていたことなど、いずれにもその痕跡はなく、現在ある稲荷社は、「豊吉(ほうよし)稲荷神社」といわれ、その沿革や疱瘡神との関係も確認できないという。あるいは、「豊吉」は「とよきち」と読む人名であったかも知れない。お稲荷さんには、個人名を冠した神社(名)があり、個人的に疱瘡かその他の瘡(梅毒などの皮膚病)から救われることを願って祀られることになったものの一つである可能性もある。あるいは地元の安養寺や玉田神社の境内に疱瘡神の祠が昔はあったのだろうか。地元では、宮参りに両社寺とともに「豊吉稲荷神社」[補注]にもお参りすることになっているという[4]。

奈良・橿原の久米寺の近くに「いもあらい地蔵」がある。この地蔵のあるあたりは、久米仙人が川で洗いものをする女のふくら脛に目がくらみ、天空から墜落した所と伝えられていて、その川は「吉野川」ではなく「芋洗い川」(今は所在不明)だったという。『大和名所図会』には、若い女が川の中で、芋(里芋の子芋)を入れた桶の縁に跨り、脚のふくら脛を出し、棒を使って「芋洗い」する姿が描かれている。「いもあらい地蔵」の「いもあらい」とは「芋洗い」の意味なのだろうか。しかしそれでは、わざわざ「地蔵」と「芋洗い」と結びつける理由が分からない。お地蔵さんは、境界における道祖神と同じ働きをしたし、身代わり地蔵として人の疫病を引き受けてくれたりした(「いぼ地蔵」などよく知られている)が、そう考えると、疱瘡稲荷ならぬ、疱瘡地蔵であったと考えられる。「いもあらい」も「芋洗い」の意ばかりか「疱瘡《いも》」と関わる語「いも(疱瘡)洗い」として成立していたと考えられる。

二　稲荷信仰と疱瘡神

疱瘡稲荷については、本誌(『朱』)にすでに幾つか論考がある。中でも大森恵子氏(5)は、疱瘡稲荷の全体像を捉えて解説し、疱瘡平癒の祈願に関わる習俗についても詳しく述べている。疱瘡稲荷及びその信仰についての多くは、その論考に譲り、多少重なることもあろうが、私なりに述べてみたい。ただ、太田姫稲荷神社など、「一口」についてには本誌には触れたものがなかったようだ。

稲荷系の神社も多様化しており、原初稲荷、神道系稲荷、仏教系稲荷、屋敷神としての稲荷信仰などに大別される。いずれにも古くから「狐」が神使いとして人と神の間を繋ぐ役割をしているが、ダキニ(荼枳尼)天と稲荷が結びつくのは、仏教系稲荷のようであり、疱瘡稲荷を標榜する社には、このダキニ天を祀る稲荷社が多いようである。

江戸では殊に稲荷信仰が盛んであった。疱瘡稲荷社には、瘡守《かさもり》稲荷、笠森稲荷の名称を持つものが多いが、「かさ(瘡)」と言えば、古来何よりも「疱瘡(天然痘)」が最も人々に恐れられたが、「瘡」自体は皮膚病一般にも用いられる語で、いわゆる「かさぶた」の「かさ」も同語であるが、殊に江戸では吉原など花柳界の発展で、「瘡＝梅毒」平癒を祈願することが多くなっていた。

では、一体「疱瘡」ないし「瘡」平癒の祈願と「稲荷神」とはどう結びつくのであろうか。稲荷の神格の根本に関わる穀霊神、ダキニ天、狐などとの関係は薄いように思われる。とすれば、一般に神仏祈願に結びつきやすい現世利益的な願いから、身近な稲荷神に結びついたというのであろうか。稲荷神に「医薬の神」という神格も確立しており、確かに「歯痛」など他の病に効くと評判の稲荷社もある。

ところで、疱瘡平癒を祈願した疱瘡神は、疱瘡稲荷の神だけではなかった。源頼光に退治される、大江山の酒呑童子の原像は、都の人々を苦しめる疫神（特に疱瘡神・鬼神）を具現化したものだという説を唱えた高橋昌明氏によると(6)、猩々（猨）を疱瘡神の神体と捉える観念の存在を取り上げて、江戸時代の「疱瘡神祭る図」（『疱瘡心得草』寛政十年、武田薬品・杏雨書屋蔵）を紹介し、赤色が疱瘡の症状を和らげるのに働いたという。また、万福寺の隠元禅師も患者に猩々を祠らせて、疱瘡を軽くするまじない（禁呪）を行っていたことを紹介している。

また、江戸中期の静観房好阿著『疱瘡禁厭（まじない）秘伝集』（寛延二年〈一七四九〉）には、「疱瘡を神に祈りてまぬがれん事」として、榎木の薪を編んで棚を作り、それをつりさげ、「尋常の疱瘡神の棚のごとく、赤色の幣を立て、神酒を供へ、清浄に火を改め、里芋を二つ煮て供え物に備へ、元日早朝に此棚を取りて川へ流すべし。其家の小児、疱瘡軽く云々」とある。高橋氏も、近江の「疱瘡送り」の例を紹介し、その注で「日本の各地に残る民俗では、疱瘡神を赤い御幣を依代として、サンダワラにのせて川に流すのが普通である」と指摘している(7)。

江戸の習俗では、赤一色で刷った、「赤絵」と言われる版画を、赤色は疱瘡を軽くすると言って、病気の子供に持たせたという。また、赤頭巾を被せることもあったようだ。

こうした、民間における、赤色に呪性をみる観念はよく知られていたのである。とすると、疱瘡神として稲荷神が祈願の対象となったのは、稲荷神社を象徴する、鳥居や殿舎の「朱色」こそが疱瘡平癒をもたらす呪性の色と連想されたからではなかったか、と思われる。

三　「いも」と「いもあらい」と疱瘡

「瘡守《かさもり》（護ともり）」は「笠森」とも書かれる。「瘡」と「笠」、単に同音と言うだけでなく、同源語である。また、「傘（かさ）」「暈（かさ）」も書くと漢字が異なるが、これらも同源語である。「もり（守）」は、じっと目を据えて監視する意が原義であろう。しかし、本来「瘡守」であったとすると、それをわざわざ何故「笠森」と書くことになったのかがよく分からない。「瘡守稲荷」信仰がどこからどう流行したのかが明確にならないと、決めつけはできないが、摂州芥川(高槻市)の「笠森(かさのもり)御社」は、古地名「笠森(かさのもり)」によるもので、笠森(瘡守)稲荷としてもよく知られている。しかも、ここから江戸へと瘡守稲荷が勧請されたということが、大田蜀山人の随筆『武江披抄』などに書かれていることもあって、『日本国語大辞典(第二版)』には、「瘡守」の語は立項されておらず、「笠森稲荷」の項に、高槻の「笠森(かさのもり)神社」の通称とし、それが江戸の谷中の感応寺や大円寺、小石川御薬園に勧請されたと記述し、「いずれも、「笠森(かさもり)」を「瘡守(かさもり)」と解して、皮膚病に利益があるとされていた云々」と説明しているのである。笠森(かさのもり)の「かさもり」に「瘡守(かさもり)」を連想し、瘡守稲荷信仰が成立し、さらに流行神となって広まったと考えられる。

さて、地名「いもあらい」の語源を、山城の「一口」の疱瘡稲荷を太田道灌が江戸に勧請したという伝承と関わって、「忌み(齋み)払い」の変化した語だと見る説がある。巨椋池のよどんだ水辺にあって、疫病が発生しやすかったことから、疱瘡神などの疫神を追い祓う儀式の行われたところであったことからの命名と見るわけである。確かに隣村の相島村が「七瀬はらひ」の一つとされていたということもある。水郷の難波(津)にもあちこちに禊ぎ・祓えの行われたところがある。しかし、特に「一口」がその代表的な場所であったことを証明する資料はないし、「いみはらい」と言う語の存在も文献からは確認できない。何より、「いみはらい」という語形が「いもあらい」に変化したというのもすぐには納得できないところである。

日本での疱瘡の記録の最古のものは、天平七年(七三五)九州・大宰府で発生した時の記録で、相当猛威をふるい、平城京まで広まったが、そのときの記録(『続日本紀』)に疱瘡(豌豆瘡)を和語で「もがさ(裳瘡)」と言ったとある。これが「疱瘡」の和語名の初出例である。『和名抄』では、「疱瘡」を「面瘡(もがさ)」とも記している。

後になると、古辞書の『色葉字類抄』(鎌倉)に「いもがざ(疱瘡)」の語の存在が確認でき、『運歩色葉集』では「疱瘡」を「いも」と言ったことが分かる。大槻文彦『大言海』では、「もがさ」を「おもがさ(面瘡)」の「お」が取れたものとする。「おもがさ」の「おも」は顔面の意で、顔面が赤くなり、できものがぶつぶつできることから推定されたものであろう。「おもがさ」から「お」がとれて「もがさ」に、一方「おも」が音変化で「いも」になり、「いもがさ」で残っていたともみられる。しかし、元から「いもがさ」で、その「い」が取れて「もがさ」になったとも考えられる。いずれにしても、「いもがさ」の「いも」は一体何を意味したのだろうか。「瘡・疱瘡」を「いも」というのは、元から「瘡・疱瘡」を「いも」とも言っていたからか。とすると、「かさ」自体に「瘡」の意があるから「いも」と「かさ」が重なることになる。だから、「いもがさ」を略して単に「いも」と言ったとみるのだろうか。一方、「いも(芋)」は古形「うも」の変化したものと見られているが、平安以降はもっぱら「いも」の形である。平安以降「いもがさ」というとき、「いも」は「芋」(里芋の子芋)を意味していたとみるのが私見であり、そのことを踏まえて、以下の論を展開する。

疱瘡に罹患すると、神に土団子を供えて平癒を祈願するというのが、全国的に見られる風習であった。後、無事に病気が平癒すると、そのお礼に米の団子を供えたようだ。この土団子あるいは米団子は、本来芋(里芋の小芋)の代理ではなかったか。例えば、中秋の名月のことを「芋名月」とも言うように、後にはもっぱら米の団子を月に供えているが、本来は芋(衣かつぎ)こそがメインではなかったか。子芋は団子とよく似た形と大きさをしているのである。月には、秋の収穫物を供えるわけで、勿論米は米で供えていたであろう。

注目しておきたいのは、先に引用した『疱瘡禁厭秘伝集』の記事の中に、疱瘡神に「里芋を三つ煮て供え」るとあったことである。しかもそれを川に流すという。なぜ、里芋なのであろうか。

『平家物語』以降見られる、山城の地名「いもあらい」を「芋洗い」の意と見るなら、芋洗いは全国的に見られる、農村の季節的な作業、風物であった。「芋」は言うまでもなく「里芋の子芋」である。「芋の子を洗うよう」と言われるように、桶の中に子芋をたくさん入れて、鋏状に組んだ棒でかき回すと、芋同士が擦れ合って、芋の皮についた泥だけでなく、焦げ茶色の、けばけばした皮自体もつるっとむけるわけである。流れのある川などを利用して、小さな水車の中心部が籠のようになっていて、そこに子芋をいれて、ごろごろと水車を回すと、中で皮が洗い落とされるのである。今は見かけなくなったが、これを「芋洗い水車」と言い、民具として全国的に普及していた。

天正本狂言集には、太郎冠者が賀茂川で芋洗いしているところを見学するという場面がある。また先に触れた『大和名所図会』が描いた、奈良橿原の芋洗いの風景もある。「芋洗い川」があったと伝承では伝えている。秋田にも「芋洗い川」という川がある(『秋田県の地名』平凡社)。芋洗い競争を町おこしの一つとしているところもあるらしい。江戸になると、雑俳にも、季節語としてよく詠みこまれた風俗であった。

四　地名「一口(いもあらい)」の語源解釈

「一口」は、巨椋池の池畔に位置し、今は「蓮」で有名であるが、里芋の生産も盛んであったのではないか。豊かな水を利用して、「芋洗い」も風物詩の一つであったと思われる。『平家物語』以降に散見される地名「いもあらい」は、文字通り「芋洗い」が元々の意味であったと思う。

「いもあらい」は、芋を洗うことを意味するが、「いも(瘡)」を「洗い流す」という意味にも通じる言葉として注目されたのではないだろうか。「忌み払い」とこじつけるまでもなく、「いもあらい」で充分言霊的な働きをしたのである。日本(語)では、意外に語呂合わせによる、言霊的信仰が民間には見られる。子芋を皮のまま煮た料理を「衣(きぬ)かつぎ」というが、まさに、できものの後の瘡蓋(かさぶた)がぽろっと取れるように、手であるいは口の中でたやすく皮をとることができる。こうした類似性も「芋洗い」が疱瘡(神)と結びつきやすかった理由かも知れない(疱瘡流し、送りと)。また、親芋(八頭《やつがしら》)にぼつぼつと瘤のように、いくつもくっついている子芋の様は、顔中に赤いできものができた様子とも類似している。

ではなぜ「いもあらい」を「一口」と書くのか。別稿[8]では、里芋の子芋が、一口で食べられることから「芋」を一口と連想したのではないかと考えたが[9]、今は『巨椋池ものがたり』(久御山町教育委員会刊)の説が説得力あるように思う。一口の集落は半島のように池につきだしていて、三方が池沼、集落への出入り口は一ヵ所であると言うことから、「ひとくち村」とも呼ばれていたが、古来の「いもあらい」という地名も生かして「一口の芋洗い」と言っていたのが略されて、「一口」自体を「いもあらい」と読むようになったという説である。古代では、地名と枕詞の関係において、例えば「飛ぶ鳥の明日香(あすか)」から、「飛鳥」を「あすか」と読むようになったのと類似している[10]。おもしろいことに、「一口の芋洗い」だと、「ひとくち(一口)で(食べられる)芋——瘡を洗う」という連想が生まれるのである[11]。

残る課題もある。江戸の三ヵ所の「一口(いもあらい)坂」地名の存在である。山城の地名「一口」はかなり個別的でこの地固有の事情を反映した地名である。それがどうして江戸・東京に三ヵ所もあるのか、と言うことは説明がつかない[12]。神田の昌平橋が「一口橋」から改称されたのは、元禄四年(一六九一)、かなり古いのである。

【注】

(1) 糸井通浩「一口(京都府久世郡)」(『京都の地名　検証』(勉誠出版・二〇〇五年。本書次頁参照)。

(2) 『久御山町史』『巨椋池ものがたり』(ともに、久御山町教育委員会刊)による。

(3) 注(2)に同じ。それによると、「一口川」は、宇治田原の「神楽から瀬田の下(流?)に流れる川」だという。

（4）注（2）。また、稲荷神社名に個人名を付けるケースや、屋敷神のような個人的な稲荷信仰については、宮田登『はやり神と民衆宗教』（吉川弘文館・二〇〇六年）大森恵子『稲荷信仰と宗教民俗』（岩田書店・一九九四年）などを参照した。
（5）大森恵子「病気平癒祈願と稲荷信仰――特に、疱瘡・瘡などの平癒祈願を中心として」（『朱』第三十四号・一九九〇年）、注（5）の著書に収録）。
（6）高橋昌明『酒呑童子の誕生――もうひとつの日本文化』（中公文庫・二〇〇五年）。
（7）高橋氏・前掲書、大森氏・前掲論文による。
（8）注（1）に同じ。
（9）「一口」に、一口柿、一口茄子、一口物などの例がある。
（10）他に「春日（カスガ）」「日下（クサカ）」「間人（タイザ）」などの例がある。
（11）注（2）の『久御山町史』第一巻に、地元の次のような伝承を取り上げている。
　昔、弘法大師が巨椋池のそばを通りかかったとき、一人の農夫が何かを一心に洗っていた。大師は「何を洗っているのか」と尋ねたところ、農夫は「芋である」と答えて、「ひとくち」に口に入れたのでこの地名が付いたとする伝承。
（12）江戸（東京）の「一口坂」では、芋名月の折に「芋」の市が開かれたと言われる。

〔補注〕
伏見稲荷の「お塚」の一つとして上つ社（峯）に存在する。「豊吉稲荷」の名をしるしている。

〔付記〕
　本書Ⅰ「難読・難解地名の生成(下)」の三(八)「一口(いもあらい)の場合」参照。「一口」とはの理解に、地区への入り口が一ヵ所の意とみる説と、巨椋池の水の流れ出る口が一ヵ所の意とみる説、この二つが存在することに注意。

（参考）一口《いもあらい》（京都府久世郡）

「一口」と書いて「いもあらい」と読む。難読地名の最たるものの一つである。一体「一口」と書くことと「いもあらい」と読むことにはどんな関係があるのだろうか。

今は、京都府久世郡久御山町に属し、「東一口」「西一口」に分かれている。昭和一六年（一九四一）に干拓が完了して姿を消したが、かつて大きな巨椋池《おぐらのいけ》があったときには、その西南の端に位置して、近くの淀と併称される、水路を利用する交通の要衝の地（港）で、歴史的にも重要な地名となっている。

ところが、地名「いもあらい」を「一口」と表記した例が、中世末期までの資料には見あたらないのである。『吾妻鏡』『梅松論』『平家物語』『太平記』『源平盛衰記』『承久記』『後愚昧記』、それに西山派を起こした証空上人の書状、いずれも「一口」と表記せず、「いもあらひ」か「芋洗（ひ）」である。つまり「一口」の表記が確認できるのは近世以降の地元の資料においてである。この事実から近世になって「一口」と書くようになったとも考えられるが、また、読みの難しさから、地元ならぬ中央の資料では「一口」と書くのを避けていたのかもしれない。

「一口」と書くことについて、地元の資料には、故老の伝えとして、三方が沼で一方にしか入口がない土地であることによると記している。ちなみに現在東京にも「一口」と書いて「いもあらい」と読む所が三ヵ所ある（今はそう読まなくなったところや昔と場所が変わったところもあるが）。いずれも「一口坂」と坂名であることが注目される。どれも近くに川か池があったのではないだろうか。

（参考）一口《いもあらい》（京都府久世郡）

「いもあらい」は、「いみはらい（斎み〈忌み〉払い）」または「いもはらい（疱瘡払い）」が変化した言葉ではないかという説がある。現在も東一口集落の東端近くに豊吉稲荷大明神が祀られているが、かつて疱瘡《ほうそう》稲荷神として全国的に知られ、東京の太田姫稲荷などの元と言われる稲荷社である。江戸城を築いたことで知られる太田道灌《どうかん》が愛娘が疱瘡にかかったとき、山城国一口の疱瘡稲荷に祈願して治して貰ったことから、江戸に一口の稲荷神を勧請したという話が伝わっている。

疱瘡のことを「いもかさ」、略して「いも」ともいうことから、「いもあらい」は「疱瘡（いも）払い」の転じたものではないかというのである。しかし、この信仰は江戸時代以降のことであるようだ。別に笠森稲荷と称する疱瘡稲荷社もあるが、「かさ（瘡）もり（守）」の意の稲荷社である。

確認できるもっとも古い言い方（表記）は「いもあらい（ひ）」。この形で理解するなら、「芋洗い」の意であろう。近世になって、ジャガイモ（馬鈴薯）やさつまいも（甘藷）が移入されるまでは、「いも」（芋）といえば、里芋（地方によっては、山芋）を意味した。「芋洗い」と殊更言われるのは、里芋の子芋のほうで、単に土を洗い落とすだけではなく、けば立った皮を剝くための作業であった。そのために専用の桶や、川の流れを利用して使う、小さい水車風の民具（芋車）を用いた。その作業の速さを競う競技が今、町おこしのイベントになっている地方もあるほど、川や池での芋洗いは、風物詩の一つである。俳諧の句にもなっている。別には、大根の洗い場が定まっているところもある。

地元に伝わる地名語源説の一つに、芋を洗っていた農夫が弘法大師に道を尋ねられて、慌てて芋を一口に食べてしまったから、という伝承がある。また別に、豊臣秀吉が、芋を洗っていた村人に土地の名を聞いたという話もある。このあたり、低湿地で蓮根の産地で知られるが、古来里芋も盛んに作られていたのではないだろうか。芋名月（中秋の名月）の芋が後に米の団子に取って代わられるが、団子のように子芋も一口で食べられる。一口柿や一口茄子などと同じく、「一口もの」と意識されていたのだろう。疱瘡稲荷には土団子を供えて祈願する風習がある。土団子は芋（いも―疱瘡のイモに通ずる）の代用ではなかったか。もっとも、神が願いを叶えてくれると、お礼には米の団子を供えるようであるが。

（参考）稲荷《いなり》（伏見区）

地名というより、伏見稲荷大社（以下、稲荷大社という）にまつわって伝えられる神域の固有名と言った方がよい。全国に三万あまりの稲荷社があると言われ、その総本社が伏見稲荷大社である。「稲荷」という名はここから全国に広まったことは明らかである。

現存する資料で、稲荷大社の根本縁起と言うべきもので、「いなり」の名が確認できる最古の資料は、『山城国風土記』逸文である。そこには万葉仮名で「伊奈利」とあり、逸文は地名起源を語るスタイルになっている。ところが、今なじみの「稲荷」という漢字表記は、平安時代になって天長四年（八二七）の記事（『類聚国史』）に初めて登場するのだが、この表記の成立はどれくらいまでさかのぼれるものなのだろうか。漢字二字の好字により、地名の意味を加味した表記「稲荷」は、少なくとも和銅六年（七一三）の風土記編纂の詔勅が下されて以降のことであろうが、少なくとも『山城国風土記』の編纂時にはまだ確立していなかったものと思われる。

さて、「いなり」の語源について、もっぱら現在説かれるのは「いねなり（稲成り）」の転じたものという説である。しかし、この「いねなり」説の根拠は、伴信友《ばんのぶとも》が「風土記」逸文の本文を校訂（「験の杉」）して生まれた本文によるもので、それ以来有力な説となったものである。ところが、この説は誤りであるという議論が近年出てきて、根本から見直さなければならなくなっている。以下もっぱら鈴鹿千代乃「山城風土記逸文「伊奈利社」小考―「伊奈利」は「伊禰奈利」か」(『朱』第四四号・伏見稲荷大社社務所・平成一三年三月刊)を参考にして、問題点を整理してみたい。信友が校訂の根拠にしたのは、「風土記」の本文を記した『諸神記』に「生子」という本文の傍注として「イ子ナリ生」とあることによるのだが、これは「生」という本文に対して、〝「イ」(異本)は「子」「ナリ」(也・である)〟と解すべき注記であったのを、信友が誤読したと言うわけである(信友は「子」も「ネ」と解している)。鈴鹿氏らによると、逸文の本文はもと「(略)化白鳥飛翔居山峯生子、遂為社(略)」であったと推定している。「社」の後に「名」の文字もなかったというのである。

稲荷大社は秦氏《はたうじ》の創始になることを「風土記」逸文は物語っている。社名そして初めて「いなり」の語が生まれたのでなく、それ以前からあった固有名を社名に活用したものであるが、一体何を意味する言葉であったのだろう。山の名(今稲荷山という)とみるのが穏当か。稲の神「倉稲魂(うがのみたま)命」を祭祀する以前から、稲荷山は信仰の山であり、考古遺跡も存在する。あたりの民衆にとって神体山のような存在であったと思われる。稲荷大社が創始されて以降、「稲」との結びつきが強固に意識されるようになって、「いなり」の名が「稲」と結びつけて受け取られるようになり(信友もその意識が強かった)、ついには「稲荷」という表記も定まるようになったのであろうが、それ以前の信仰においては、必ずしも「稲」と結びついたものでなかったかもしれない。

山の頂が、稲作起源の話に結びついているものに、『豊後風土記』の「餅的《もちまと》白鳥」伝承や、『播磨風土記』の「稲《いな》種《だね》山」「稲搗《いなつき》峯」の伝承などの例がある。

稲荷大社の神が「倉稲魂命」であることが明記される以前には、文献では単に「伊奈利神」とされているが、この神が「うがのみたま」と同一神とみてよいかどうかは判然としない。しかし、秦氏の風土記逸文の「餅的」伝承からいって、少なくとも社の創始の時からは農耕の神であったにちがいない。鈴鹿氏は、『古事記』の久米歌に「伊奈流」と言う動詞のあることに着目して、この動詞の連用形が「いなり」であるとみている。「いなる」は「叫んでいる」のような意味で、「うなる（唸る）」と同源の動詞ではないかという。「い」と「う」には「うも―いも」（芋）など交替例がいくつかある。日本語では母音〔i〕と〔u〕は他の言語に較べて、両者の舌の位置が接近しているために交替が起こりやすいのだろうか。そして「うなる―いなる」から、「雷神信仰」に繋がるものと解されている。別に、「イ（斎）ナリ（実・成）」とみる説（古橋信孝）もある。

「稲荷」という文字面を説明しているとも言えるような伝承が、東寺の弘法大師と稲荷の神の話として伝わっている。東寺の南門前に、稲を背負い杉の葉を持った、異形の翁が四人の婦女子を連れて現れたが、大師は喜んで迎え入れたという。この翁こそ稲荷の神で、大師は翁に東山の、東寺の領地を与え、そこにその神を祀ったという。稲荷大社のもう一つの起源伝承になっている。この起源伝承及び「稲荷」という表記は、稲荷大社の神職のうち、「荷田」氏系の伝える伝承であったとみる考えも存在する。

五条(現・松原)という空間

一　秀吉の都市改造と五条

五条大橋と言えば、牛若丸と弁慶の一騎打ちのことがすぐ思い浮かぶ。今大橋の西詰めには、五条大橋で戦う、牛若と弁慶の人形が飾られている。しかし、伝説ながら二人が戦った橋は、この橋のことではない。今の松原橋がそれに当たる。実は、今の松原通こそが、平安京造都以来の五条通であったのである。現在でも、松原通を歩くと、沿道の史跡に「五条天神社(宮)」があり、光円寺の門前にある、「親鸞《しんらん》聖人御入滅之地」と記す石碑には「五条西洞院…」と刻まれて、昔五条通であった名残を伝えている。

こうなったのも、秀吉が行った、京都改造計画の影響による。今の五条大橋は、天正一七年(一五八九)に架けられ、同時に旧六条坊門小路が今の五条通となった。

本稿の「五条」は旧の五条、つまり室町末期までの五条のことで、それがどんな空間であったのかを、今の松原通を中心に、多少南北に寄り道しながら散策して考えてみようと言うわけである。

二　夕顔の宿

『源氏物語』「夕顔」の巻はドラマティックな仕立てになっており、この巻だけを短編の小説として読んでも充分楽しめる。

光源氏は、二条院から「六条わたり」に忍び歩きをしていた頃、道中の「五条なる家」で病に伏す乳母《めのと》を見舞ったことがあった。牛車《ぎっしゃ》を入れる門が開くまで、光源氏は「大路」を眺めて待っていたが、隣家に夕顔の花が咲いているのに目をとめた。そして夕顔と呼ばれる女性と知り合うことになるのである。「五条」というだけでは、地所を確定するのは難しい。まずは左京の五条と見て良いであろうが、それでも当時「五条」とは、五条大路から四条大路までの地区(ブロック)を指していた。しかし「大路のさまを見わたしたまへるに」とあるので、通説では五条大路に面して乳母の家や夕顔の宿があったと見ている(ただし、縦の「西洞院大路」とみる説〈角田文衛〉もある)。今松原通堺町を上がったあたりを夕顔町と呼ぶ。そのある民家の庭に夕顔の墓があり、表の軒下に「源語伝説五条辺　夕顔之墳」と彫られた石碑が建ててある。

光源氏と夕顔の逢瀬《おうせ》は、夕顔の方から扇に「白い花」を載せて光源氏に送ったことに始まる。扇が取り持つ縁である。松原通にある、夕顔の宿の近くの京扇子の老舗

伝・夕顔の墓（著者撮影）

「大西」によって京扇子の数々を見せてもらうのもいい。

一体「夕顔」とはどういう女性なのか。光源氏に問いつめられて、夕顔は「海士《あま》の子なれば」と答える。これは、『和漢朗詠集』の歌(遊女・白波の寄するなぎさに世をすぐす海士の子なれば宿も定めず)をふまえていて、「宿も定めず」つまり賤しい身の漂泊者だ、と答えていることになる。夕顔の踏まえた歌が遊女の歌であることもあって、夕顔に「遊女性」を読み取ろうという解釈の根拠にもなっているようであるが、一時しのぎに居候している我が身を「宿も定めず」と言ったまでで、むしろ今夕顔が身を寄せる「五条」の、楊名《ようめい》の介《すけ》なるものの家――光源氏が「いかなる者の集へるならむと様変は」った館と見ている家こそが遊女の集う家であったと見ても良いかもしれない。「むつかしげなる大路」に面して存在する、この夕顔の宿の様子を語っている部分に、「(惟光《これみつ》が)時々中垣のかいま見しはべるに、げに若き女どもの透影見えはべり」とか「いとくちをしうはあらぬ若人どもなむはべめる」などと描かれている。また、その宿の若い女たちが「つれづれなるままに、南の半蔀《はじとみ》のある長屋にわたりきつつ、車の音すれば、若きものどものぞきなどす」と語る。次の節で述べるように、五条界隈の空間はそうした人たちの存在を許すところであったのだと思われるのである。

三　白拍子の宿

平安末期、後白河院は、六条(西洞院)に屋敷「六条殿」(今に長講堂が遺る)を構えながら、白拍子を師匠にして、当時はやりの歌謡・今様にうつつを抜かしていた。今様を集めた、院撰述の『梁塵秘抄《りょうじんひしょう》』が遺っている。例えば、一一世紀後半の文献に記録されて遺っている「いろは」歌は、今様の一つである。

後白河院の、今様の師匠は「乙前《おとまえ》」という傀儡女《くぐつめ》で、「五条殿」「五条尼」などと呼ばれもしたように、「五条」に住まいがあった。近藤喜博（『日本の鬼　増補改訂』）は、『伊勢物語』一一段の「五条わたりなりける女」や『大和物語』一七三段の「五条わたり」に住む女のことに触れたあとで、「後々になっても五条には遊女があり、幸若舞曲にもそうした女のことが知られ」と述べ、「物臭太郎」「猿源氏草子」など、お伽草子に見られる例を指摘している。

『梁塵秘抄』に次のような歌謡がある。

をとこをしせぬ人　賀茂姫伊予媛上総姫　（略）室町わたりのあこほと（三九八）

「をとこをしせぬ人」とは、神の嫁として人の男と結婚しない女性や、遊女のように、特定の男と結婚しない女性のことを意味するとみるなら、「室町わたりのあこほと」とは遊女のことでないかと推測される。遊女名につく「あこ」は、『梁塵秘抄』だけでも「鏡の山のあこ丸」「さはのあこ丸（青墓の者）」などが傀儡女の名として出てくる。また、『二中暦』など、他の文献からも「あこ（阿古）」の付く名が遊女に見られたようである。

問題は「室町わたり」とは、一条から九条まで細く続く室町小路の、一体どのあたりを指していたのかと言うことである。それが使われている文脈をもとに、当時の通念によれば、どこかは十分読み取れたものとするなら、ここは当時遊女の住む界隈として知られていたと思われる「五条（室町あたり）」こそ、それであったと考えられる。それ故情報として「室町わたり」とするだけで、一定の地所が理解されたものと思われる。『梁塵秘抄』口伝集巻十に「乙前が許に室町とてありし者に習ひき」とある、白拍子の名「室町」も参考になろう。

なぜ「五条」だったのか。同じく『梁塵秘抄』の歌謡に「いづれか清水《きよみず》へ参る道　京極くだりに五条まで　石橋よ　東の橋詰め　四つ棟六波羅堂（以下略）」（三一四）とある。当時の平安貴族を意識してか、（東）京極（大路）を北から下るとするが、いずれにしても「五条（大路）」は清水寺への参道に当たっていた。おそらく鴨川を利用する船の場合なら、五条の船着き場が参拝者でにぎわったことであろう。

お伽草子の「猿源氏草子」は、鰯《いわし》売りが五条の橋で行き会った遊君に恋をするという話であるが、その遊君は、五条の東洞院に住む「蛍火」という遊女であった。高取正男は「五条西洞院の一郭に出現した高級遊女屋街」(『京女』中公新書)と書いており、「七十一番職人歌合」にある「宵のまはえりあまさるる立君の五条わたりの月ひとり見る」(三十番左)の「立君」とは、遊女のことと見て良いだろう。とすると、「五条わたり」とは、遊女のねぐらのあるところであったと考えられる。

もっとも近世になると、秀吉によって、いわゆる「傾城町」は、二条柳町におかれ、さらに六条柳町を経て、島原へと移されている。

四　半女社(繁昌社)の由来

光源氏は、夕顔を「某《なにがし》の院」に誘い出す。そこで夕顔は物の怪に襲われて、変死したのであった。物の怪とは、光源氏が忍び通う「六条わたり」に住む六条御息所《みやすどころ》の生き霊と見られ、「某の院」は、もと源融の屋敷であった河原院がモデルとされている。夕顔が身を寄せる、五条なる宿からは近いところと『源氏物語』に書かれているが、河原院は六条坊門小路(現・五条大路)南の寺町通あたりにあった。この院には、物の怪・死霊が出没した話が伝わっている。

旧五条通(現・松原通)を中心とする界隈には、奇怪な話が多い。例えば、松原通醒ヶ井《さめがい》を少し下がった醒泉小学校の前庭に「三善清行邸跡」の碑が建っているが、『今昔物語集』(巻二十七第三十一)によると、清行は、「悪しき家」と噂されて、人も住んでいない屋敷を買い取った。そこに移り住んだ夜のこと、格子に組んだ天井の「組入」の枠ごとに人の顔が現れたり、背丈「一尺ばかり」の小法師四〜五十人が走り回ったりしたというのである。しかし清行は、それを見ても騒がず、おじることはなかったと伝えている。

三善清行邸跡（著者撮影）

高辻通室町を西に入ったところに「繁昌社」があり、さらに西に数メートル行くと、高辻通からはちょっと奥まったところに「半女（班女とも）社」と呼ばれる祠《ほこら》がある。旧五条通からすると、一筋北の通りになるところで、そばの小路を北へ抜けると仏光寺がある。本来「半女社」が元から有った祠で、後に「はんじょ」の類音によって縁起の良い「はんじょう（繁昌）社」と書かれるようになって、さらに別の社として祀られることになったものと思われる。場所から言って、『宇治拾遺物語』が伝える、次のような話（巻三、十五話・長門前司の女葬送の時本所に帰る事）の女性の塚と深い関係のある祠のことと思われる。

長門前司一家は、「高辻室町わたり」に家があった。父母が亡くなった後、姉妹が二人で住んでいた。妹は宮仕えしていたが、家に帰された後は特定の男はないが、時々通ってくる人がいた。しかし、二七、八の頃煩って死んでしまう。姉は亡骸《なきがら》を「櫃《ひつ》」に入れて鳥辺野の墓地まで運んだが、着いてみると亡骸が消えている。亡骸は、いつの間にか元の家に戻っていたのである。何度やっても同じ事、そこで元の家に埋めて、塚をつくり、姉たちは引っ越して行った。その後その周辺には人も住まなくなって、「その塚一つぞ高々としてありける」という。最後にその塚（高辻よりは北、室町よりは西、高辻表に六七間ばかりがほど）が、「このごろも今にありとなむ」と語っている。妹にはよほどその地に執着する思いがあったのであろう。

この説話には、女の名は記されていない。ただ祠の名が「半女」というと、謡曲「班女」が思い起こされる。花

半女社(班女社)(著者撮影)

子という遊女が、一夜のちぎりに吉田の少将と恋に落ち、交わした扇を眺め暮らして遊女の勤めを果たさなかったため、長者から追い出されて狂女になるという話。遊女花子が「班女」とあだ名されたのは、「扇」の縁によるが、元もと「班女」とは中国の女性「班婕妤《はんしょうよ》」の略称で、班女は、寵愛を受けていた前漢・成帝に忘れられた身となり、その悲しみを秋になって忘れられる夏扇に我が身をたとえたことで知られる。日本でも早くから知られた話で、『和漢朗詠集』や『新撰朗詠集』などにその故事を踏まえた詩が幾首か見られる。

右の話の高塚のほぼ北側に位置する「四条よりは南、室町よりは西」にあった家は、源雅通中将の家であった。この中将の家で起こった奇怪な話を、『今昔物語集』が伝えている(巻二七第二九)。ある時、この屋敷の「南面」の部屋で、雅通の二歳になる幼児を、乳母が子守して遊ばせていたところ、その乳母と瓜二つの乳母が現れて、「これは我が子なり」と言って、幼児を奪い取ろうとした。乳母がわめきたてる騒動に気づいた雅通が、「一人は定めて狐などにこそあらめ」と判断して、刀で斬りかかったところ、一人の乳母の姿がすっと消えたというのである。語り手は「狐の□たりけるにや、また物の霊にやありけむ」と結んでいる。

光源氏は五条の夕顔の元へ通うようになるが、お互い素性を明かさないでいる。そこで光源氏が「(二人のうち)いづれか狐なるらむ」と言う。また六条あたりの某の院で夕顔が物の怪に取り憑《つ》かれた場面でも、光源氏が「狐などやうのもの」に襲われたのか、「ものにけどられぬる」か、とつぶやいている。場所柄からも、自ずと「狐」や「もの(悪霊)」の跳梁することが思い起こされたものと見るべきではないか。

因みに、松原通(旧五条)堺町を少し下がったところにある、命婦稲荷社に「鉄輪《かなわ》の井」と呼ばれる井戸があるが、謡曲「鉄輪」で知られる話が伝わっている。夫に離縁された女が嫉妬に狂い、貴船の神に「丑の刻参り」をして、夫を取り殺そうとして、鉄輪をかぶり鬼女となったという話である。謡曲史跡保存会の「由来」記によると、この井戸は、鉄輪の女の住んでいたところの井戸とも、女が身を投げた井戸とも伝えているという。『山州名跡誌』には、鉄輪塚をめぐる話となっていて、異なる話を伝える。

五　清水寺への道

一体、五条界隈はどういう空間であったのか。五条大路は、五条大橋を東へと渡ると、清水寺への道となる。「清水寺参詣曼荼羅《まんだら》」絵(一六世紀末)では、五条大橋が清水寺の境内の入り口であるかのように描かれている(西山克「擬装の〈風景〉—清水寺参詣曼荼羅をテキストにして」『藝能』昭和六二年七月)。東山に向かってなだらかな坂である。清水坂といった。その途中に、六道の辻があり、その角では「幽霊飴」を売っている。このあたりの話として、「子育て幽霊」の話が伝わっており、それにちなんでいる。子育て幽霊の話は全国各地にあるが、ほとんどが寺院ないし墓地のちかくの話となっていて、ここも、鳥辺野の墓地の入り口であった。死んだ妊婦が墓の中で子を産み、飴屋で飴を買ってきて墓の中で育てていたという話である。

「墓」とはこの世とあの世の境(結界)に存在するものと考えてよい。また、六道の辻の近くには、六道珍皇寺《ちんこう》が有り、その寺には古い井戸があって、小野篁がこの井戸を使って、この世とあの世(この場合地獄)を行き来していたといった話が『江談抄《ごうだんしょう》』などに書かれている。つまり五条(大路)界隈は、魔界との交通の空間であった。

平安京は、造都の初めから、中央の南北の大路・朱雀大路を中心に左京(東の京)と右京(西の京)に分かれている。もう一方、室町時代あたり以降現在も用いられている上京・下京という区分も意識されてきた。この上と下に区分して捉える観念は、「上辺《かみわたり》・下辺」(下渡り、下京辺なども)と呼ばれるのが古く、のち「上京・下京」に落ち着いたものである。平安中期に書かれた慶滋保胤《よししげやすたね》『池亭記』は、そのころの京の状況を記していて貴重な文献である。保胤の邸宅「池亭」は六条坊門新町通あたりにあった。『池亭記』によると、長安城とも呼ばれた右京(西の京)は、当初から湿地帯であったことから、人々が住みつきにぎわうことがなかった。洛陽城と呼ばれる左京(東の京)の方に、人々はこぞって住居を構えたが、更に土地の買える貴族達は四条より北に好んで邸宅を構えたという。六条坊門(現・五条通)の「池亭」あたりは荒廃した土地であったらしい。「池亭」とは、その名の通り、池を屋敷に抱えていたわけだが、五条から六条あたりには、池が多く湿地帯でもあって、住宅は少なかったようだ(『京都の歴史』第一巻・京都市)。

平安京の南北は、一条大路から九条大路までの区域である。単純に考えて、それを上下(かみしも)に二分する真中は五条大路である。しかし、実態として、この五条大路を境(『池亭記』を根拠に「上・下」の境を四条坊門小路とする説もある)に、繁栄する区域が、二条大路を中心とする、四条より北の地域と七条の「東の市」を中心とする庶民の居住地域とに大きく二大区分され、まさに五条大路は、両地域の境をなす大路であったのである。こうした境はまた、この世とあの世という異空間の境としても意識されやすかったのではないだろうか。

六　五条の道祖神

今も松原通(旧五条通)新町を数メートル下がった所に「松原道祖神社」が祀られている。小さな祠であるが、古い神社である。祭神は、猿田彦命《さるだひこのみこと》・天鈿女命《あめのうずめのみこと》。

一一世紀中頃に書かれた、藤原明衡の『新猿楽記』に「五条の道祖に、しとぎ餅を奉ること、千平手」とある。夫の「等閑なること」を恨んで、齢六十の老女が道祖神などに祈りの捧げものをしたというのである。

松原道祖神社（著者撮影）

道祖神は、社前の由来記に「首途《かどで》の社」とあるように、人が異境の地・よその土地へ出かけるとき、旅の無事を祈ったり、逆に異郷・異界やよその土地から災厄や悪霊が侵入するのを塞ぐ神で、それ故本来土地の「境域」に祀られているもので、「塞神」「齋《さへ》の神」とも呼ばれるのである。京の市中には、七条堀河の道祖神社などいくつか存在するが、五条の場合、古くから祭祀されていたようで、そこが異境に通ずる空間という認識があって祀られることになったのではないだろうか。由来記には「平安京以前より当地に道の神・塞《さい》の神(厄災を塞ぐ)として崇め祀られてきた」と記している。

五条の齋の神について、『宇治拾遺物語』に次のような

松原西洞院の五条天神社(宮)の東面(現・松原通西側)(著者撮影)

話を載せている。好色な道命阿闍梨が和泉式部の許に通ってきては経を唱えていたが、ある夜「五条の齋」(道祖神)と名乗る翁が聞きに来たという話。ただ、翁は「おのれは五条西洞院の辺に候ふ」と言っているが、現在の道祖神の祀られている場所とは異なっている。

七　五条天神社

「五条西洞院」と言えば、その南西角にあるのは、実は「五条天神社」である。この神社も古い由来をもつ神社で、国作りの神話を持つ少彦名命《すくなひこなのみこと》を、大穴持命《おおなむちのみこと》とともに祀った神社である。

牛若丸と弁慶が出会って戦ったのは、五条大橋でのこととして一般には知られているが、この義経伝説を伝える最も古い文献、軍記物語の一つ『義経記』(室町時代)では、五条大橋での決闘は書かれていない。二人の最初の出会いは、この五条天神社においてであったと語られている。しかも、これを初手として三度戦っている。二度目は清水寺の観音の御堂で、そして

五条天神社で初対決の牛若丸と弁慶
岩波日本古典文学大系『義経記』から

最後に清水寺の舞台で戦い、弁慶は降参して家来となる（『同』巻三）。五条大橋での決闘が語られるのは、室町物語『弁慶物語』や御伽草子「弁慶物語」などからであったようだ。いずれも最後の戦いが五条大橋でということになっている。先に触れた「清水寺参詣曼荼羅」では、五条大橋が清水寺への入り口のように描かれ、その橋の上で戦っている牛若丸と弁慶が描かれている。この「曼荼羅」の絵柄が、欄干の存在といい、橋桁の線といい、二人のポーズといい、『義経記』の挿絵の一枚、清水寺の舞台で戦っている絵柄とがよく似ていることが注目される。伝承が変化するのに、挿絵が影響していたかもしれない。実は義経に五条天神社境内でやっつけられたのは、弁慶だけではなかった。『義経記』巻二には、鬼一法眼が娘婿の北白川の印地大将「湛海」に五条天神社で義経を殺させようと謀ったが、逆に義経に五条天神社で殺害されてしまうという話を語っている。

　面白いことに、一般には、太刀を求めて千人斬りするのは、弁慶とされている（『義経記』）が、『弁慶物語』などでは、義経が千人斬りの張本人となっているのである。

　御伽草子の「小男の草子」は、本地物の語りになっていて、ある本では、小男は五条の天神、その北の方は聖観音に顕じたとし、ある本では、小男は五条の天神に、女房は道祖神として顕れたという。そして、「今の世までも恋をする人は、天神と道祖神とに祈誓申せば」「夫婦のことは男女とも叶ふ」と述べている。小男（一寸法師の類の男）を五条の天神と結びつけるのは、五条天神社の祭神が少彦名命（小さ子神）であったからであろう。

一体、五条天神社の少彦名命は、何の神であったのだろうか。医薬・除災の神とも言われ、御霊神または疫神とも言われている。瀬田勝哉（『洛中洛外の群像』平凡社）によると、少なくとも平安時代末以降、五条天神社が祇園社の末社であったことが確認でき、「五条天神や鞍馬のつぼやなぐいの明神は、こうした穢《けがれ》や罪を一身に背負いこみ、天皇から（流罪の）罪をうける特異な神」であったと説き、それ故「いっそう病の神として注目を浴び」たとしている。

八　松原通（旧・五条通）余滴

松原通を歩くと、歴史や文学のゆかりの場所にあちこちで出くわす。もっとも、天神の名を持つことから、五条天神や北白川天神が菅原道真を祀っている「てんじんさん」と勘違いされそうであるが、そのためこれらは「てんしん」と濁らず呼ばれていたとか。肝心の菅原道真ゆかりの地も実は、松原通から北へ少しあがったところにある。先に触れた半女社の百メートルほど西隣が菅原道真の邸宅のあったところで、今、菅大臣神社（白梅殿址）という。その少し北には「北菅大臣神社」（紅梅殿址という）もある。

親鸞聖人終焉の地という光円寺は松原通（旧・五条通）だが、通りを少し西北に行くと、道元禅師入滅の地もある。しかし、何よりも、この松原通散策で見逃せないのが、「五条三位」と呼ばれもした歌人藤原俊成のゆかりの史跡があることである。一つは、呼称のいわれともなる、俊成の屋敷跡とされる箇所（松原通烏丸下ル東側）に安置されている「俊成社」という祠である。もっとも屋敷跡の箇所については、異説もある。

もう一つは、松原通に面して諏訪町にある「新玉津嶋神社」、こちらは、俊成が和歌浦に鎮座する、和歌の神「玉津嶋の神」を勧請した社と言われている。江戸時代には、国学者で古典の数々の注釈でも有名な北村季吟が、この社の祠官となって住みついたことでもよく知られている。ここに和歌所も置かれて、俊成を中心に和歌の撰集も行われたであろうから、『千載和歌集』をめぐっての、薩摩守平忠度《ただのり》の有名なエピソードの舞台もここだったかと想像される。

また、松原通烏丸を少し東に入って、北に進むと、因幡堂（因幡薬師として親まれている）がある。平安中期の建立らしいが、時宗《じしゅう》の一遍上人らが布教に活躍した所としてもよく知られている。

旧五条大橋の界隈では、恋の出会い、鴨川での禊ぎ、さらには辻占、橋占なども行われたことであろう。お伽草子「和泉式部」には、一三歳の和泉式部が保昌との間にできた子を「はづかし」とて、五条大橋のたもとに捨て子したと語られるが、この話は、「児やらい」など、この橋のたもとに「捨て子」された風習―拾われることで、死から生まれかわったものとして育てられる―を反映した話かもしれない。旧五条通には、様々な歴史模様が想像され、昔の京を象徴している、そんな通りであった。私の好きな歴史散策道の一つである所以である。

（参考）夕顔の宿

はじめに

『源氏物語』夕顔巻は、光源氏が下の品の女と見る夕顔に巡り会い、連れ出した「なにがしの院」での一夜の逢瀬で、夕顔がものの怪に取り殺され、密かに埋葬されることに到るという「夕顔物語」であるが、舞台となった「五

紫式部の墓
堀川北大路南・島津製作所の一角。右どなりには小野篁の墓がある（筆者撮影）

条わたり」とは当時どういう土地柄の空間であったのかについて、考えてみたい。

一　五条なる家

女（夕顔）に仕えていた右近が「夕顔の宿り」と呼ぶ家は、夕顔巻冒頭で次のように語られている[1]。

> 六条わたりの御忍びありきのころ、内裏よりまかでたまふ中宿りに、大弐の乳母のいたくわづらひて尼になりけるとぶらはむとて、五条なる家たづねておはしたり。

と、惟光の母（光源氏の乳母）の家が「五条なる家」と紹介され、「この西なる家」が「夕顔の宿り」であった。

「六条（わたり）」「五条（なる）」とあるが、条坊制で造都された平安京では、「六条」と言えば、六条大路から五条大路までの区画域を指した。「五条なる」は、「五条大路から四条大路のうちにある」の意味になる。しかし、地所を表示するのに、横の東西の通り名と縦の南北の通り名を組み合わせて示す方式（例：「五条東洞院あたり」）が便利とされ、通用するようになると、「六条大路」「五条大路」それぞれを単に「六条」「五条」と呼んで済ますようになった。

通りに面して建てられた邸宅（殿舎）に通り名をつけて呼ぶことが多かったが、例えば、その一つ「二条院」（光源氏の元の本邸）、その所在地は次のように描かれている。

　暗う出でたまひて、二条より洞院の大路を折れたまふほど、二条院の前なれば、大将の君いとあはれに思されて、（賢木巻）

六条御息所一行が伊勢に向かって出発した場面である。「二条」は「二条大路」である。この描写から、加納重文氏[2]は、二条院の位置を、これまでの諸説を整理された上で、「二条南東洞院東」と推定されている。[3]とすると「三条なる（院）」となるが、院の名は「二条院」である。しかし、このケースは他にも例の見られることである。例えば五条天神社は、六条のうちにあるが、五条大路に北面していたことから「五条」と称されたのであろう。大路に面した殿舎であれば、その大路の名を殿舎につけて呼ぶのが通常であったようだ。但し、この「二条院」の場合、「三条院」と呼んでも問題はなかったと思われる。

さて、「五条なる家」は、条坊制の「五条」の内にある家である。現在の松原通（旧五条大路）の北で堺町通西側に「夕顔之墳」と称すものがあり、「夕顔の宿」の古跡と伝えられているが、早くに角田文衛氏は、[4]「五条」のうちの高辻通北西洞院西側の一角であったという説を示したが、加納氏は、[5]源氏本文に、光源氏が乳母の家の門があくまで、

　むつかしげなる大路のさまを見わたしたまへるに、この家のかたはらに

と、目の前が「大路」であると語られていることから、「五条北・東洞院西の一角の内」と推定している。その東隣が乳母の家になる。また「大路」は四条大路であって、家は「四条南」（「五条なる」に即する）であった可能性もある

が、以下に見るような状況・環境から、「五条大路」であったと見るのが妥当と考える。加納説に従いたい。

二　平安前中期ころの五条大路わたり

五条大路に比較的近い所に、慶滋保胤の私邸「池亭」があった。「六条坊門南、町尻東隅」（『拾芥抄』）にあったという。「町尻」は、平安京の小路の一つで本来「町小路」（現在の新町通りに当たる）と呼ばれたが、その「修理識町」以南は「町尻（小路）」と呼ばれていた。保胤の『池亭記』[6]が当時の五条大路界隈の状況をよく伝えている。「西京は人家漸くに稀らにして、殆に幽墟に幾（ちか）し」「東京四条より北、乾（いぬゐ）・艮（うしとら）の二方は、人々貴賤となく、多く群衆する所なり」と京中に繁閑の偏りのあることを述べ、自邸を「六条より北」の池水があちこちにあるような「荒れ地」に「開」いたとする。そして、四条より南については、「彼の坊城の南の面は、荒蕪渺々、秀麦離々たり」とある。「坊城」とは、左京の各条の第一坊に築かれた垣のことを言うが、先に「東京四条より北、…」とあったことを受けて、ここでは「四条坊門」のことと解されている。[7]また、現在「坊城町」（中京区壬生）という町名も残っている。「壬生」（壬生大路）は「水生」とも書いたように湿地帯であることを意味したようだ。直接「五条」について触れているわけではないが、五条大路周辺から六条あたりは、池などの多い湿地帯や荒れ地の広がるところであったと想像させる。

一二世紀初めの公家の日記（『殿暦』『中右記』など）や『今昔物語集』などによると、平安後期、京域を「上辺（かみわたり）」「下辺（しもわたり）」と二分するとらえ方が定着していたようだが、その境は二条大路だったと見られている。「上辺」には、朝廷の官衙町（諸司厨町）や貴族の邸宅が集中し、「下辺」は、東西の「市」を中心に商工業に携わる庶民の居住地であった。なお、「三条」あたりまでは、官衙の厨町もいくつか点在していたようだ。「上京・下京」

の認識は、応仁の乱以降、一五世紀末あたりに確立してきたものである。

平安後期になると、商工業が盛んになる。それまで「諸司厨町」に集っていた職人たちなど、商いをする人々で賑わう繁華街が生まれてくるようになり、「町（チョウ）」を形成した。三条町、四条町。六角町、そして七条町が生まれた。いずれも先に見た「町（尻）小路」のそれぞれの「条」の周辺にできた繁華街である。七条町は、平安京とともに生まれた「東の市」とは別に新たに誕生した商工業区域であった。こうした繁華街についても「五条」に関してはそれらしい形跡は残っていないのである。

ここで「五条」について注目しておきたいのが、光源氏が夕顔を「夕顔の宿」から連れ出したのが、「このわたり近き所」の「なにがしの院」であることである。従来『河海抄』が「河原院歟」と準拠説を示したのを受けて、河原院をモデルにしているとみるのが通説となっている。しかし、加納重文氏はこれに疑問を呈した。[8]『河海抄』が、光源氏の本邸となる「六条院」についても「河原院を模する歟」としていることについて、「（河原院を）再度準拠論に述べたのは迂闊であった」とする。[9]そして、「両者（注：物語の「六条院」「なにがしの院」）が別のものなら、夕顔の「なにがしの院」は、五条辺に所在する別の邸宅でなければならない」と述べ、五条南・京極西に所在した「崇親院」を想定してみている。もっとも加納氏は、結論的には『源氏物語』における、「なにがし」を用いた語りの方法を検討してみて、「河原院」説は捨てがたいという。しかし、「崇親院」のことは、『池亭記』も取り上げていて（「鴨河の西は、唯崇親院の田を耕すことのみを免（ゆる）し」）、同時代の読者には想定しやすい「院」の一つであったとも考えられる。筆者は、「崇親院」にこだわってみたく思う。

『西宮記』[10]に「崇親院養藤氏窮女所、在東五条京極」とし、「建崇親院、置藤氏女無居宅者云々」とあり、むしろ「夕顔の宿」を思わせるところもあるが、五条大路東の河原に近い所で、「なにがしの院」を「このわたり近き所」と述べていることに叶う位置にある。主人の右大臣藤原良相は京極大路東に南北五町にわたる領地を持ち、唯一耕作が朝廷から認められていた（『類聚三代格』巻八）。

三　夕顔の宿の実態と夕顔の素性

光源氏などの眼を通してどのように観察されているのか、まず「（五条）大路」の様子から描写を抜き出してみよう。「むつかしげなる大路（のさま）」「らうがはしき大路」であり、「むつかしげなるわたり」と語る。寂れていて、ごみごみした、むさ苦しい大路と捉えている。都市的な洗練された華やかさはないようだ。

光源氏が「いかなる者の集へるならむと様変はりて」思い、好奇心に駆られる「夕顔の宿」、その佇まいは（ものはかなき住まひ」とあり、後に夕顔の侍女・右近は、「あやしき所」とふりかえり、光源氏の二条院の前栽を眺めながら「かの夕顔の宿りを思ひ出づるも恥づかし」と思うほどである。板塀に這いかかる蔓草に咲いた「白き花」の名を光源氏は知らず、御随身は知っていて「夕顔の花」と答え、「かうあやしき垣根に咲く」と説明する。朝顔は知っていたが、ここに光源氏の日常にはなかった世界が眼前に展開している。光源氏自身「御心ざしの所」（六条わたり）の佇まいに接して、「夕顔の宿」の垣根を思い起こし、一層「いかなる人の住み処ならむ」と関心を高めている。

夕顔の世界を際だたせるように、一方で朝顔の世界も描かれている。秋になって訪れた「六条わたり」では朝顔のことを語り、二つの世界―上の品の暮らしと下の品の暮らしと―を対照させていると言えよう。朝顔も夕顔も蔓草であるが、前者はヒルガオ科に、後者はウリ科に属する。朝顔は前栽などに植えられ観賞用の植物であるが、夕顔は、板塀に這わせていても、その花が観賞用に栽培されているのではなく、実（ふくべ・ひさご）が目的で未熟のうちは食用にもなったが、完熟したものは容器（民具）の材料にされた。「ひしゃく」（のち「しゃくし」とも）は「ひさご（瓠）」の音変化した語。生活に必要なものを作る実用目的で栽培されていた。

『枕草子』「草の花は」の段に、「夕顔は、花のかたちも朝顔に似て、いひ続けたるに、いとをかしかりぬべき花の姿に、実の有様こそいとくち惜しけれ。などさはた生ひ出でけん。…されど、なほ夕顔といふ名ばかりはをかし。」と清少納言らしい評を下している。『人丸集』には「朝顔の朝露おきて咲くと言へど夕顔にこそにほひましけれ」とあり、いずれも実より花に注目している。『源氏物語』夕顔巻での、光源氏と夕顔の、夕顔の花を詠み込んだ、和歌のやりとりは、当時の読者に新鮮な驚きを与えたことであろう。特に平安後期になって、和歌の世界に与えた影響は大きい。

宿に集う人々のことは、「をかしき額つきの透き影あまた見えてのぞく」とあり、惟光の報告「若き女どもの透き影見えはべり」から、若い女性が多くいることが分かる。しかも「口惜しうはあらぬ若人どもなむはべるめる」と惟光も好奇心を寄せている。「揚名介なる人の家」であった。受領崩れなのか、今は田舎わたらいの商いをしているのだろう。主人の揚名介の妻は「若く事好」む人で、その「はらからなど宮仕人にて来通ふ」と言う。さて、事好む人、風流好みの人という、その内容は何か？　宮仕えの身で来通うとは、その風流の故なのか。

夕顔の死後、二条院に連れてこられた右近が光源氏に語ることから、「夕顔の宿」の、夕顔を始め若い女達の素性が分かってくる。夕顔は、頭中将の愛人であったが、中将の正妻方の「右の大殿」の怒りを買い、それを逃れて、西の京に住む我が乳母のもとに身を寄せた。しかし西の京の息苦しい生活環境を嫌って、山里に住むべく一時的仮住まい（方違え）のつもりで、乳母の娘三人（女はらから）の住む五条なる宿（「夕顔の宿り」）に居候していたのであった。娘たちも元は母の住む西の京に育ったのであろう。また、光源氏は夕顔が三位中将の娘であったことを知り、夕顔の宿の「住まひのほど」から「下の品」の女と思っていたが、「中の品」であったことが判明するのであった。

その前「なにがしの院」で、夕顔の素性を知ろうと光源氏が「今だに名乗りしたまへ」と水を向けたのに対して、夕顔は「海人の子なれば」と回答をそらしている。これは、『和漢朗詠集下』の「遊女」の歌「白波の寄する渚に世を過ぐす海人の子なれば宿も定めず」の引き歌で、「宿も定めず」（一時的な居候の身）と答えているのであった。おそらく当時この歌が遊女の歌を本歌としていることは、よく知られていたことであろう。そこに何か意味するものがあったのではないか。後に右近から夕顔の素性を聞いた光源氏は、この「海人の子なれば」の返答が気に掛かっていたことを明かす。そして、はぐらかされた不満を込めて、「まことに海人の子なりとも」と言う。遊女（あそびめ・芸能者）である可能性を踏まえて言っているともとれないことはない。

後に「玉鬘」と呼ばれる夕顔の娘は、西の京の乳母の所にいるという。しかし、右近は、光源氏の、私が育てるという意向にすがりたい思いで、「かの西の京にて生ひ出でたまはむは心苦しくなむ」と気がかりだった胸中を語る。西の京は、造都としての開発が進まず、荒廃ぶりを『池亭記』が描くようにどんどん寂れていった。京中というより「新たな京都の周辺部」と見られるようになり「周縁、境界的な場」であったとされる。[11]「西の京とその周辺には、……神々の物語や宗教的な教え、おまじないなどを、舞や音楽をまじえて聞かせる芸能民たち、遊女たち、……などが住んだ」[12]という。『梁塵秘抄』三八八番歌に「西の京行けば、雀燕（つばくらめ）筒鳥やさこそ聞け色好みの多かる世なれば人は響むとも麿だに響まずは」とある。「雀燕（つばくらめ）筒鳥」とは遊女達を意味している。遊女通いする男が言い訳している歌だという。「遊女」といっても後に「ユウジョ」と呼ばれる者たちとは身の上が異なり、当時は「あそび」「あそびめ」と言われ、歌舞管弦に関わる芸を身につけた芸能者の一部であった。

四　五条大路あたりの実態

『大和物語』一七三段は、「物へ行くみちに五条わたりにて」雨宿りした家の女と歌を交わし親しくなるという話であるが、荒れすさんだ屋敷であった。このように五条わたりは寂れていたが[13]、五条大路自体は比較的人々の往来があった通りではなかったか。光源氏も「今日もこの蔀の前渡り」「来し方も過ぎたまひけむわたり」と五条大路を通っているのである。

五条大路は、観音信仰の聖地として信仰の厚かった清水寺への参詣道に当たっていたと思われる。五条大路から東へ鴨川を渡って真っ直ぐ清水坂を上れば、清水寺であった。中世末期の「清水寺参詣曼荼羅」絵には、五条大橋がまさに境内の入り口かのように描かれている。もっとも『梁塵秘抄』には次のような歌がある。

いづれか清水へ参る道、京極下りに五条まで、石橋よ、東の橋詰め…（三一四）

京の北から東京極大路を下ってきて、五条大路で東に折れ大橋を渡って行くという行程を案内したものである。しかしこれは大内裏や上辺（かみわたり）の貴族等の場合であって、少なくとも五条大路以南から参詣する人々までがこれに従ったとは考えられない。また、西、東の洞院大路を下ってきて五条大路で東に折れて清水寺へ向かう人もあったであろう。

ここで注目されるのが松原道祖神社の存在である。平安京の通り名では五条大路南町尻小路西に位置する。藤原明衡著『新猿楽記』に「五条の道祖にしとぎ餅を奉」り男の愛を祈願する老女のことを記しているように古社で、祭神は猿田彦命・天鈿女命であることから頷ける。『梁塵秘抄』三八〇番歌[14]に「遊女（あそび）の好むもの」として「男の愛祈る百大夫」が詠まれている。「百大夫」は「男女のことを司る神」で『遊女記』に「道祖神一名」としている。由来記では、平安京以前から祀られていたとする。道祖社は本来は、「塞神」「齋（さへ）の神」を祀る社で、ここも「首途の社」と言われている。一般に土地の境界に祀られていて、旅の無事を祈願したり、異郷、異界やよその土地から災厄や悪霊の侵入するのを塞ぐ神として信仰されていた。そういう道祖神がなぜ京のど満中に祀られることになったのか。他の京中の道祖神社や平安京の大路にも西の京に「道祖大路」（元は西洞院大路と呼ばれたか[15]）の存在も合わせ考えねばならないが、五条大路が旅の街道の出入り口であり、境界をなす場所とみられていたことによるのではないか。五条大路から清水寺へと進む道には、六道の辻があり、小野篁がこの世と地獄を行き来したと伝える六道珍皇寺や鳥辺野の墓域に続くという境界の地であった。

五条大路南・西洞院大路の西側には、伝承で平安遷都にともなって創建されたという、やはり古社と認められる五条天神社が今もある。主祭神は少彦名命（小さ子神）、医薬・厄除けの神と言われ、御霊神または疫神とも言われる。境界にあって災厄を塞ぐ神の性格を持っていたのであろう。『今昔物語集』などに登場する。

平安末期、後白河院は六条西洞院の六条殿（今、長講堂が残る）に住み、当時はやりの歌謡、今様に明け暮れていた。今様を集めた、院撰述の『梁塵秘抄』が残っている。同書によると、今様の師匠は「乙前」という傀儡子であった。乙前は「五条殿」「五条尼」と呼ばれたように、五条に住まいしていた。次の歌は、『梁塵秘抄』三九八番歌である。

男をしせぬ人　賀茂姫伊予姫上総姫……室町わたりのあこほと

「男をしせぬ人」(16)とは、特定の男と結婚しない女性を指すと考えられる。遊女などもその類い。「あこほと」は遊女の名であろう。『梁塵秘抄』にも「鏡の山のあこ丸」「さはのあこ丸」（青墓）などの遊女の名が見える。「室町わたり」に住んでいたと言うが、遊女なら自ずと「五条わたり」、つまり五条室町を意味すると受け取られたのに違いない。『梁塵秘抄』口伝集巻十に「乙前が許に室町とてありし者に習ひき」とあり、白拍子に「室町」と名乗る者もいたことが分かるが、五条室町に住んでいたことによる呼称であろう。

後の資料でしかも虚構ではあるが、お伽草子の『猿源氏草子』は、鰯売りが五条の橋で行き会った遊君に恋をするという話である。その遊君は、五条の東洞院に住む「蛍火」という遊女であった。また、「七十一番職人歌合」に「宵のまはえりあまさるる立君の五条わたりの月ひとり見る」（三十番左）とあるが、「立君」とは遊女の類いで、「五条わたり」がそれにまつわる場所であったのであろう。

近藤喜博氏(17)は、『伊勢物語』二六段の「五条わたりなりける女」や先に見た『大和物語』一七三段の「五条わたり」

に住む女のことに触れた後で「後々になっても五条には遊女があり、幸若舞曲にもそうした女のことが知られ」と述べている。また、高取正男氏[18]は「五条西洞院の一郭に出現した高級遊女屋街」と書いているが、戦国期までの京では、五条東洞院界隈が遊里として知られていた。その遊里を、豊臣秀吉が天正一七年(一五八九)に移し、「二条柳町」という遊里を開設している。

先に「一」で加納重文氏が「夕顔の宿」を「五条東洞院あたり」と推定している説を紹介したが、後々には遊里であったことが明らかな場所で、平安期にすでに境界地であった五条大路は、あそびめ(遊女)と呼ばれた芸能者の集う場所であった可能性があるのである。五条大路の、東から東洞院、烏丸、室町、町尻、西洞院、油小路の界隈には、往来の人々を慰める場所があったと想像される。「夕顔の宿」の若い女たちが、「つれづれなるままに……車の音すれば、若き者どものぞきなどすべかめる」と惟光の報告するのも、単に頭中将一行の往来を待ち望んで、注視していただけではないのではと考えられる。

【注】

(1) 以下『源氏物語』の本文は、「新編日本古典文学全集」(小学館)本による。
(2) 加納重文『源氏物語の舞台を訪ねて』(宮帯出版社・二〇一一年)。
(3) 本文「洞院」を「東洞院大路」とするが、東洞院大路は、洞院東大路とも言ったという。洞院大路と言えば、東の洞院のことで、それに対して西のを「西洞院大路」と言っていたか。左京の堀川小路に対して右京のは西堀川小路というように。もっとも洞院大路の東・西は、左京・右京の区別に対応する東・西ではないが。
(4) 角田文衛「夕顔の宿」(『古代文化』一八巻五号・一九六七年)。
(5) 加納重文「物語の地理」(角田文衛共編『源氏物語の地理』所収、思文閣出版・一九九九年) 及び注(2)。
(6) 岩波の『本朝文粋他』(「日本古典文学大系」) 所収の「池亭記」の訓読文による。

（7）『京都の歴史1　平安の新京』（学芸書林・一九七二年）。
（8）注（2）に同じ。
（9）注（2）に同じ。
（10）注（6）の頭注による。
（11）網野善彦「西の京」（網野善彦他共著『瓜と龍蛇―いまは昔むかしは今1』所収、福音館書店・一九九三年）。
（12）網野善彦他共著『瓜と龍蛇―いまは昔むかしは今1』所収、福音館書店・一九九三年）本文。
（13）『伊勢集』冒頭に「五条わたり」に住んでいた女の家を訪ねて来て、「人住まず荒れたる宿を来てみれば…」と詠んでいる。また、『今昔物語集』（二四巻四八話）には、五条油小路辺に住む、貧しくなって鏡を売る女の話がある。
（14）植木朝子『梁塵秘抄の世界』（角川選書・二〇〇九年）。
（15）『京都大事典』（淡交社・一九八四年）による。
（16）拙稿「梁塵秘抄三九八番歌研究ノート」（『京都教育大学国文学会誌』一八号・一九八三年）。
（17）近藤喜博『日本の鬼』（桜楓社・一九六六年）。
（18）高取正男『京女』（中公新書・一九八二年）。

「嵐の山」から「嵐山」へ――「小倉山」との関係をめぐって

一　「嵐山」語源説への疑問

嵯峨の「嵐山」は、単に山の名であるだけでなく、地域名でもあり、京の名勝地として国外にもよく知られている。しかし、この地名の生成過程については、まだ不明な部分が多い。まず、従来言われてきた語源についても疑問がある。通説となっている語源説は、次の『日本書紀』顕宗紀三年の記事に拠っている。

任那に遣わされた阿閉臣事代が、月神から「民地をもちて我が月神に奉れ」と啓示をうける。帰国してこのことを帝に奏し、「奉るに、歌荒樔田もちてす」。

とあり、分注に「歌荒樔田は、山背国の葛野郡にあり」としていることから、月神を祀った神社は、現在松尾大社の南方にある式内社・葛野坐月読神社のことと見られている。

月読神社が創祀されたあたりが「歌荒巣田(うたあらすだ)」と言われていたことになり、その北方に位置する「嵐山」の「あらし」は、「うたあらすだ」の「あらす」の音訛と見るのが通説である。「あらす」をこの辺り一帯の地名と見ている。

「うたあらすだ」は、「うた＋あらす＋た」という語構成の語と思われる。「うた」は、桓武天皇が長岡京にあって、延暦一二年藤原小黒麻呂らに次の遷都先として探索させた「葛野郡宇太村」(『日本紀略』)の「宇太」のことで、地域地名であろう。しかし、古代の「宇太村」や「宇太野」(『日本後紀』大同元年記事)の範囲は確定していないし、今も「宇多野」(地名＋野、であろう)があるが、遺称地と見るには、かつての月読神社とは余りにかけ離れている。かなり広域を指す地名であったことも考えられる。ともかく「宇太」は、当時大和には知られていた地名であろうが、その範囲を確定するのは難しい。しかし、月読神社の創祀された地域を含んでいたことは間違いないであろう。後の平安京の一部にかかっていたとする説もあり、京域にはなかったとする説もある。

ともかく「うた」が地名であれば、「あらす」を地名と見なければならないことはない。岩波日本古典文学大系の頭注では、「あらすは、あ(産)るの他動詞。神の誕生の意」としている。(1) また、「あらす」は「荒洲」という普通名詞と見ることができる。南山城・城陽市の木津川沿いに「あらす」または「あらす川」という地名があるが、木津川の氾濫がもたらした洲で、土地が肥えているところとされる。現代では「芋狩り」(寺田あらす芋)の畠として知られる。「うたあらすだ」の、最後の「だ」は田で、耕作地の意であろう。「うた」の「あらすだ」とは、「うた」という地の、葛野川(桂川)のもたらした洲を耕作地にしたところという意味であったと思われる。

今の月読神社は、創祀当時の場所から移築したもので、『文徳実録』斉衡三年(八五六)の条によると、もと「河浜」近くにあったが、水害に遭うことを避けて、「松尾の南山」に移したという。それが今の松尾大社の摂社としての月読神社である。つまり、もとは桂川のほとりにあったわけで、「荒洲田」と言われることに符合する。「あらすだ」を桂川流域の地勢を言った語だったとすると、それを山名に用いるという関連性は考えにくい。文献的にも「あらす」が地名であった痕跡は確認できない。

山の名には、一つの峰を指す弧峰名と連山の総称である連峰名とがある。「嵐山」は弧峰名である。連峰名の場合、「大枝山(大江山も)」「吉野山」のように、「地名＋山」の場合が多い。その意味でも、「嵐山」を「あらす」という地名の土地にある山の意と考えるのは無理である。それに、もと月読神社があったと推定される桂川流域の「あらすだ」[2]は、嵐山という弧峰とは離れすぎているのである。

さて、「嵐山」の語源にこだわったのには、いつから「嵐山」の名があるかによって、次の二節での説明も変わってくることになるからである。

二　「小倉山」は、もと今の「嵐山」のこと

小倉山は大堰川(桂川)の北、左岸にあり、嵐山は対岸の右岸にある山というのが、古来の常識である。しかし、小倉山は、元は今の嵐山のことだったという説がある。

早くは、江戸時代の香川景樹の、小倉百人一首の注釈書『百首異見』に、
小倉山は今いふ嵐山也。此事門人穂井田忠友が著せる名蹟臆断にくはしく弁じたれば、ここにはいはず。

とある。しかし、『名蹟臆断』なる書物は現在残っていないようで、その根拠は不明である。また、『日本国語大辞典』(小学館、初版・二版とも)の「小倉山」の項の「二」に「嵐山のこと」とし、用例に本稿でも後に取り上げる、『大鏡』の公任の歌⑨を載せるだけで、根拠は示されていない。

さて、この課題を徹底的に追究して、少なくとも平安末期までは、小倉山は嵐山と同一の山であったと結論づけたのは、増田繁夫「小倉山・嵐山異聞」(大阪市立大学『文学史研究』所収論文)である。[3] ここ二節ではほとんど増田論文に従いつつ、多少は私見も加えて、章題に示した結論に至る根拠を確認してみたい。主な根拠は、三種に整理できる。

1　宇多法皇と小倉山

平安時代になって、山城の小倉山を詠んだ歌に、大和の小倉山の歌を受けたかのような、次の歌がある。

①夕月夜小倉の山になく鹿のこゑのうちにや秋はくるらむ(古今集・紀貫之)

しかし、嵯峨の小倉山が景勝地としてよく知られるようになるのは、「小倉百人一首」にも採られている、次の貞信公忠平の歌によってであろう。

②小倉山峯の紅葉葉こころあらば今一度のみゆきまたなむ(拾遺集)

勅撰和歌集に入集したのは遅いが、この歌は延喜七年(九〇八)、宇多法皇が「大堰河戸名瀬」(紀貫之「大井川行幸和歌序」による)に行幸されたときのもので、お供していた忠平が、(帝にもこの紅葉をお見せしたい)という思いで詠んだ歌であることは、『大和物語』にも取り上げられており、人々のよく知るところであった。そして、以後の「大井川行幸」の初めとなったとも言われる。後世の歌にも影響を与えている。

③大井川古き流れを尋ね来て嵐の山の紅葉をぞ見る(後拾遺集)

この歌は、白川帝が御狩のついでに大井川に行幸されたときの御製である。「古き流れ」とは、宇多法皇に始まった、大井川への行幸という伝統を指している。②の歌に和して、自分も帝として紅葉を見にやって来たことを詠んでいる。ところが②が「小倉山」を詠んでいるのに、③では、「嵐の山」を詠んでいるのはどうしてか。同じことが、次の歌に関しても言える。

④いにしへの御幸もしるし嵐山木の葉ふりしく跡をみるにも(順徳院集)

「いにしへの御幸」は、②の歌を念頭に置いたものであろう。とすれば、この歌でも「小倉山」でなく、「嵐山」に読み替えられている。③も④も、「小倉山」と「嵐の山」「嵐山」は同じ山であるという認識を持っていたことを意味する。

因みに、在原業平の歌に、

⑤大井川浮かべる船の篝火に小倉の山も名のみなりけり（後撰集）

があり、一方惟喬親王の歌に、時代の下がる勅撰集所収であるが、次の歌がある。

⑥入る月に照りかはるべき紅葉さへかねてあらしの山ぞさびしき（新千載集）

「あらし」は、「あらじ」と「嵐」の掛詞、この例を「嵐の山」という歌枕とみるなら、「嵐山」の名の最古の例となる。なお、『拾遺集』に「とふ人も今はあらしの山風に人待つ虫の声ぞかなしき」が「詠み人知らず」の歌としてあるが、これも「あらし」が「あらじ」と掛けられていて、「嵐の山」を詠んでいるとすれば、古い例の歌とも言える。

さて、⑤も⑥も山陰《やまかげ》の「小暗さ」を前提にした歌である。「小倉」は「小暗」に掛けて詠まれることが多い。『伊勢物語』でよく知られた、惟喬親王と業平の間柄からして、もしこの二首が同じ時の歌だとすると、片や小倉山を詠み、片や嵐山を詠むというずれが生じる。しかも今の小倉山の位置と大井川との空間的関係では、⑤のような見立てが可能だろうか。河に浮かぶ船の篝火に明るく照らされるのは、河の傍にある山でないと無理であろう。

⑦大井川堰の紅葉に照らされて小倉の山もなきかとぞおもふ（小大君集）

小倉山峯のあらしの吹くからに戸無瀬の滝ぞ紅葉しにける（顕季集）

これらも、今の小倉山と大井川や戸無瀬の滝との位置関係からすると無理がある。しかし、これらの山が嵐山なら、ともに無理がない。小倉山とは嵐山のことではなかったのか。

⑧大井川あらしのやまの影見えてそこの梢に紅葉しにけり（後鳥羽院集）

「嵐の山」は、その影が大井川に映ると捉えている。

「嵐」は、「むべ山風を嵐といふらむ」（古今集）と詠まれるように急峻な山を吹き下ろす風のことである。同じ風でも一層紅葉を散らす強い風である。「あらし(山風・嵐)」の「あら」と「あらす(荒洲)」の「あら」は同源語であることは勿論否定できない。

2　三船の才と小倉山

大井川あたりの紅葉を一層有名にしたのは、『大鏡』が伝える、藤原公任の「三船の才」のエピソードである。

⑨小倉山あらしの風の寒ければ紅葉の錦着ぬ人ぞなき(大鏡)

この歌をめぐっては、複雑な問題があるが[4]、私見ながら結論的には、次の二首も同じ歌で互いに改作関係にあるものと考える。

⑩法輪にまうで給ふとき、あらし山にて

　朝ぼらけ嵐の山の寒ければ散る紅葉葉を着ぬ人ぞなき(公任集・新国歌大観本)

⑪朝まだき嵐の山の寒ければ紅葉の錦着ぬ人ぞなき(拾遺集・公任)

以上の三首を同じ歌の異伝と見るなら、山は、「小倉山」と「嵐の山」は同じ山と考えざるを得ない。もっとも『公任集』の歌⑩の姿が、公任にとってはお気に入りであったと考えられる。

さらに、公任を慕う歌人が、この歌を念頭において詠んだと言われている歌がある。

⑫小倉山嵐の風も寒からじ紅葉の錦身にし着たれば(道命阿闍梨集)

⑬旅寝してけふは帰らじ小倉山紅葉の錦あけてみるべく(異本長能集)

これらでは、「嵐の山」でなく「小倉山」と詠まれている。この背景には、「小倉山」は五音からなり、「嵐の山」は六音からなるという、リズム上の問題もあるかと見られる。

先の⑨の歌に「小倉山あらしの風」とあるが、そもそも嵐と呼ばれる山風は、急峻な山でこそ吹きおろすものである。しかし、今の小倉山は亀の甲のような形のなだらかな、やさしい山である。吹き下ろす風が厳しく寒いと言うイメージとは合わない。

また、「小倉山」は「小暗」と掛詞で詠まれることが多いが、これも嵐山の方がその状況に合う。早く陰るのも嵐山の方である。

⑭大井川澄む月影のいるを見て小倉山とやいひはじめけむ（拾玉集）

⑮てまもなくしまどの渡りみさをとれあらしのやまに月もこそいれ（出観集）

大井川あたりから見ると、月が山に隠れる山は嵐山であって、それだけ早く陰り、黒い屏風のようにそそり立つ印象を抱く。今の小倉山では、月の入りの方角とは全く合わない。

⑯音に聞く小倉の山は月影の入りぬるときの名にこそありけれ（四条宮下野集）

以上のように考えると、この歌⑯の「小倉の山」も「嵐山」のことと考えざるを得ない。

3　法輪寺と小倉山

嵐山の中腹に法輪寺という古刹がある。今虚空蔵さんと親しまれ、十三参りでも知られている。平安時代の歌人達にもおなじみの寺であった。中でも道命法師は、法輪寺に住んだこともあり、家集の『道命阿闍梨集』には、法輪寺で詠んだ歌が多い。

⑰　法輪なりしころ、水風に似たりといふ題を
　　水の面の風にまがふる大井川嵐の山の影やうつれる

先にも述べたように、この歌は、嵐山なら大井川に影が映ることを証明している。

さて、次の一首は注目すべきである。

⑱　法輪に侍りけるころ、紅葉のしたりしを人の御もとにたてまつりし
　人も見ぬ小倉の山の紅葉葉や名高かる世の錦なるらむ（道命阿闍梨集）

道命が法輪寺からある人に色づいた紅葉を送ったとき、それにそえた歌である。送ったのは、小倉山の紅葉である。しかし、紅葉の名所の嵐山の麓に住みながら、わざわざ小倉山の紅葉を送るのは不自然である。小倉山とは嵐山のことと考えざるを得ない。道命に関連しても増田論文に詳しい考証があるが、さらに次のような事例も指摘している。

平安中期の博識の文人として知られる藤原明衡に「夏日遊法輪寺」（七言律詩・『本朝無題詩』巻九）と題する漢詩があり、その一句に、

⑲　還恠空伝隠暗名

「隠暗名」とは、「小暗の名」つまり「小倉山」の名を言ったものであるが、その語の自注に「此寺（注：法輪寺）在隠暗山。故云。」とする。法輪寺は「小倉山」にあると言っている。さらに注目すべきは、最後の句（第八句）には「亀山近在鳳城西」とあり、その注に「有亀山風流之美。故云」と言う。対岸の亀山に注目しているのである。小倉山ではない。

法輪寺に籠ったことのある歌人に西行もいる。その家集『山家集』に、

⑳　秋の末に法輪にこもりてよめる
　小倉山麓に秋の色はあれや梢の錦風にたたれて
　我がものと秋の梢を思ふかな小倉の里に家居せしより

これらは、嵐山にある・法輪寺に居て紅葉を詠んでいる。それを「我がもの」と思うのが、対岸の小倉山の紅葉ではあり得ないだろう。また、籠っているところを「小倉の里」と言っているのである。

以上、増田論文をなぞったようなものであるが、わたしなりに整理して、平安末期までは小倉山と嵐山とは同じ山のことであったことを見てきた。しかし、問題はこの先にある。まずは、一つの山に二つの名、二つはどういう関係にあったのか。また、いつからどうして、現在伝わるように、左岸の小倉山と右岸の嵐山とに分かれ、別の山と捉えるようになったのか、と言うことである。

三　「嵐の山」と「嵐山」

注意してみると、歌に詠まれた形として「小倉山」「小倉の山」の両方が見られる。どちらを使うかは、句の音数律によっているようで、意味的には同じと見られる。「吉野の山」「吉野山」、「比叡の山」「比叡山（ひえいざん）」など、助詞「の」を使うか使わないか、両方ある場合や「鷹が峰」「如意が岳」のように「が」をとることがない場合など、いろいろであるが、山名の、この点に関しては、まだ充分解明はされていないようだ。もっとも「宇治川」も宇治川に吹く風を言う時は、「宇治川の風」ともいうが、「宇治の川風」というのが歌での通常であろう。（補注）もっとも散文では前者が普通か。

この点で注目すべきことは、和歌において平安末期まではすべて「嵐の山」であって、「嵐山」は一例もないこと、また、「嵐の山」「嵐山」のいずれにしても、散文ではほとんど用いられることがなく、ただ、例外に次のものがある。

1）「近きほど、野は嵯峨野・春日野、山は小倉山・嵐山なむ侍る」（宇津保物語・吹上（上）、日本古典全書本）とある。しかし、より善本とされる伝本には、「小倉山・嵐山」の部分が欠落している。後世、補ったもので、本文に本来「嵐山」とあったかどうかは判然としない。

２）さきに引いた『公任集』の歌⑩の詞書きに「あらし山」とある。しかし、異本の前田本では「あらしの山」とあるとのこと。背景に伝本の問題があって、これも今は、本来本文が「あらし山」であったとは言い切れない。

３）『能因歌枕』（広本）の「山城」の項に、「をくら山」「あらし山」「あらしの嶺」と三項がみられる。「あらし山」と「あらしの嶺」との関係も不明。「小倉山」「嵐山」両方が取り上げられていることは、歌枕書であることを考えると、これを持って、二つの山名が、能因の時代（平安中期）には別の山であったことを意味する証拠とすることもできない。因みに、歌枕書の『初学和歌抄』『五代集歌枕』『八雲御抄』では、いずれも「あらしのやま」としている。『名所歌枕』になると「嵐山」とある。

その他では、『拾遺集』21歌の詞書、『新古今集』543歌の詞書、『兼好法師集』38歌の詞書、いずれも「嵐の山」とあり、中世の散文でも『とはずがたり』『うたたね』など和文脈では「嵐の山」となっている。軍記物でも、道行き文など和歌表現を踏まえたようなところでは、「嵐の山」となっているが、単に地名を示すだけの文では、『太平記』で「嵐山」が四ヵ所に出てくる。明らかに「嵐山」が地名として定着しているのに対して、「嵐の山」は雅文語的な歌枕と認識されていたように見える。

注目しておきたい例に、

㉑有明の月の影に、嵐の山、小倉の嶺、都の空はくもらねど（『保元物語』下）

この場合、二つの山を列挙したのか、同一の山の二つの名を並べたのか、判然としないが、時代的には、前者と見てもいいのかも知れない。

実は、「の」のない「嵐山」が歌に登場するのは、平安末期から鎌倉期にかけて以降である。『平安和歌歌枕地名索引』（大学堂刊）をみると、『秋篠月清集』（良経）はじめ『＊明日香井集』（雅経）『拾玉集』（慈円）『＊後鳥羽院集』

『＊拾遺愚草』(定家)『順徳院集』等にしか見られない。もっとも、「＊」をつけた家集には、「あらしの山」を用いた歌もある。

以上、述べてきたことは、少なくとも平安末期までは、一つの山に「小倉(の)山」「嵐(の)山」の二つの名があったことを認めることになるが、では、二つの山の名は、どういう関係にあったのか。「嵐の山」が良く詠まれるようになったのは、公任の歌以来と見られる。ただ、⑥であげた『新千載集』の歌が、伝承通り惟喬親王の歌と認めるなら、公任以前から「あらしの山」と呼ばれていたことになる。

断定はできないが、『枕草子』「山は」の段で「をぐら山」を取り上げていることなどから、本来は「小倉(の)山」であったが、そこへ新たに「あらしの山」が登場してきたという時間的関係にあったと思われる。

「あらしの山」とは、大井川側(北面)が急峻な小倉山の風の強さの印象を、歌語として説明的な「嵐を特徴とする山」の意を込めて、生み出された語ではなかったか。本名の「小倉(の)山」に対して、綽名としてつけられたのが「あらしの山」だったのであろう。特に紅葉の季節、紅葉を散らす嵐に心したに違いない。「嵐の山」と詠まれた歌はほとんどが「紅葉」を詠んだ歌である。

綽名であった「あらしの山」が、平安末期以降になると「嵐山」と言われるようになり、「嵐の山」にかわって和歌に詠まれるようになって、「嵐山」が本名になった、ということだと思われる。いわば歌語としての歌枕が、元からある地名が歌枕にもなるのとは逆に、新たに「地名」として認知されたわけである。

さて、定家撰になると云われる『小倉百人一首』の「小倉」が、「小倉山」に因むことは間違いないであろう。定家の山庄を「小倉山庄」と言ったとされる。しかし、研究者⑤によると、『小倉百人一首』の名称は、江戸期に入ってからであり、もとの『小倉山荘色紙和歌』の名称も『百人一首抄』(『応永抄』)から見られるもので、表記も「小椋山庄」とある。数葉定家のものらしいのが残る「小倉色紙」と称される色紙も、定家自筆のものは、もともと定家の息子の為家の前妻の父の宇都宮頼綱（法名・蓮生）の嵯峨中院山荘に貼られていたものと見るべきであるという。定家の山荘が今の小倉山の麓にあったことは事実であるようだが、その山荘を、「小倉山荘」と言い、そこにあったから言うとする「小倉色紙」の名称は、いつからなのかは不明である。後世、今の山に「小倉山」の名称が定着してからのことではないか。

「嵐山」の定着とともに、「小倉山」の名が動いたのであろう。

四　「亀山」の別称

山の姿から命名された「亀山」（「見此山之形、以亀為体」祭亀山祭文）は、⑲の例で触れたように、「嵐の山」に大井川を挟んで対峙する山で、平安時代から存在していた。ところが、中世になると、「亀山」が「小倉山」と呼ばれている例が増えていくなど、「亀山」と「小倉山」の関係についても増田論文に詳しい考証が見られる。江戸時代の「地誌」では、次のように述べられている。

亀山。在天竜寺西北。又号亀尾山　詠和歌小倉山、亀山者一山別名。北云小倉山、南云亀山。此山形似亀、故云（『山城名跡巡行志』）

平安末期から鎌倉初期にかけてのころ、「小倉山」の名が右岸から左岸にうつり、しかも「亀山」の名に被さっていった経緯とその理由については、今後探ってみたい課題である。

【注】

（1）動詞としての「あらす」（神が生まれる）もあり、また丹後国加佐郡の式内社に「阿良須神社」がある。

（2）森浩一『京都の歴史を足元からさぐる—嵯峨・嵐山・花園・松尾の巻』（学生社・二〇〇九年）。
（3）増田論文及び糸井通浩「地名（歌枕）の語構成—連体助詞「の・が」をめぐって」（『国語語彙史の研究』二十・二〇〇一年。本書Ⅱ参照）。
（4）加納重文「嵐山」（『京都の地名　検証』）、忠住佳織「山城の『山』歌枕」（『京都の地名　検証』）［ともに、勉誠出版・二〇〇五年］。
（5）吉海直人『誰も知らなかった〈百人一首〉』（春秋社・二〇〇八年）。

（補注）
和歌の句の七音句は、内在律により「三・四」あるいは「四・三」になることが通常であった。

【参考文献】
増田繁夫「小倉山・・嵐山異聞」（大阪市立大『文学史研究』24・一九八三年）
加納重文編『日本古代文学　地名索引』（一九八五年）
ひめまつの会編『平安和歌歌枕地名索引』（大学堂・一九七六年）

（参考）定家の山荘名—「小倉山・嵐山」考補遺

『地名探究』一〇号で「小倉山」は元、今の「嵐山」のことで、呼称が「嵐の山」から「嵐山」に固定する平安末期から鎌倉期にかけての頃以降に、現在の山を「小倉山」というようになって「嵐山」とは別の山になったことを述べた。この名称の移行の過程を明確にすることが課題として残っている。

嵯峨に藤原定家の山荘があったことは明らかで、一般に「小倉(山)山荘」と呼んでいる。しかしこの呼称の初出は、応永一三年(一四〇六)の写本『百人一首抄』に「小掠山庄色紙和歌」(小掠は小倉に同じ)とあるもので、戦後発見された『百人秀歌』では「嵯峨山庄色紙形　京極黄門撰」とあり、定家の頃「小倉山荘」と言つたかどうかの確証はない。

山荘で行われた、定家の三回忌の折りの息子為家と西園寺公経との贈答歌では、「さがの家」とあり、『為家集』の下野局の歌(詞書)では「さがの別荘」とし、為相(定家の孫)の歌(詞書・『玉葉集』)では「(定家が)はやう住み侍りける嵯峨野の家の跡を…」とある。定家の山荘を「小倉」を冠して呼んだ形跡はない。しかし、定家の山荘が大井川左岸、今の小倉山の麓にあつたのは事実であろう。

では、定家の頃、今の小倉山をすでに小倉山と称していたかどうかが問題として残る。先の下野局の歌に「小倉山」が詠み込まれ、「返し」の為家の歌に「小倉山かたみの宿を思ひやれ…」と詠んでいる。何よりも定家自身が歌に「小倉の山に家居して」(『拾遺愚草』九八六番)と詠んでいるところからすると、山荘が麓にあった山を「小倉山」と呼んでいることがわかる。定家の晩年には小倉山の名が嵐山から移行していたのである。


【注】

吉海直人『だれも知らなかった〈百人一首〉』(春秋社)を参考にした。

三年坂(産寧坂)考―伝承と地名

一　清水寺の三年坂

口承による伝承地名が書いて記録にとどめられるとき、「かな」ならぬ「漢字」によるとそこに解釈が加わる。高台寺のあたり、つまり北から清水寺へ至る石畳の階段の急な参詣道を今、三年坂とも産寧坂ともいう。すでにもともと口承でどう呼ばれていたものか、「さんねんざか」か「さんねいざか」かなど、その復元はむずかしい。どういう漢字を当てるかは、すでに語源解釈していることになるが、これまでに主な四つの解釈(産寧坂説、大同三年説、再念坂説、転ぶと三年内に死ぬ坂説)があった。(1) 以下、拙稿では此の坂を指すのに「三年坂」の表記で通すことにする。

此の坂を取り上げ由来を記すものでは、京都の地誌類の『京童』(一六五八年)と『洛陽名所集』(一六五八年)が最も古い。前者は目次では「産寧坂」とし、本文の見出し語では「三年坂」としていて、すでに由来説では揺れている。「三年坂」とする場合も、坂上田村麻呂の清水寺建立の翌年の大同三年にできた坂に由来するという。後者では「本義は」として「再念坂」と見ている。主な語源説は、地誌『都名所車』(一七一四年)までに出尽くしている。なお、三年坂の支流のような「二年坂」については、「大同二年説」と「三年坂より規模が小さいことから説」とがある。前者説だと、大同三年の三年坂より先に出来たことになるが、途中までの坂で、いかにも坂の造成としては中途半端で、無理な解釈と言わざるをえない。築造の年号によるという例では、三重県亀山市の三年坂は承応三年(一六五四)に造られたからとし、東京市ヶ谷御門の三年坂は寛永一三年に出来た坂だからというが、無理がある。

ところで、「そこで転ぶと三年の内に死ぬ」という云われがあるから「三年坂」というとする俗信については、『洛陽名所集』始めいくつかの地誌類に取り上げられているが、その記述態度は、「世のことわざに…云ひ伝へたり」(洛陽名所集)、「俗曰」(京師巡覧集)、「世の人いはく…といふ」(出来斎京土産)、「世のならはしに…といへり。大きなるあやまり」(都名所車)というもので、世俗の伝えとみて軽視していると言えよう。

そもそもいつ頃からこの参詣道が開かれたのか、がはっきりしない。清水寺への参詣道は本来「清水坂」(旧五条通の延長)であった。平安末期の『梁塵秘抄』に、「いづれか清水へ参る道、京極くだりに五条まで、石橋よ、云ぬん」(三一四)とあり、五条大橋を渡って清水坂を行くのが通常であった。大和大路以外に、洛外の八坂神社・祇園あたりから、つまり清水寺の北方から参詣する道の必要性は古くにはそうなかったのではないか。中世中ごろの地誌『拾芥抄』にも見られない。しかし、室町末期の「清水寺参詣曼荼羅(絵)」には、清水寺境内へとつづく「三年坂」および「二年坂」と思われるものも描き込まれている。当曼荼羅(絵)の制作時期の推定から[2]、少なくとも室町末期(一五八三〜九〇)には存在していたと見て良い。

二　韓国の三年峠

筆者が、三年坂に関心を持ったきっかけは、NHKのハングル講座で、コリア語の読み物として「三年峠」の話が取り上げられたことにある。その後分かったことであるが、日本の小学校三年『国語』の教科書(光村図書)に読み教材として「三年峠」が採録されていたのである。異文化として「韓国の文化」に触れることが狙いのようだ。N

ＨＫも教科書編者も、「三年坂」ではないが、類話の「三年峠」を韓国の民話として認めている。また、韓国語の学習のための白帝社版『韓国の民話』（智恵編・二〇〇九年）にも、納められている。

これは、以下のような事情を根拠にしていると思われる。日韓併合時代に朝鮮総督府が編纂した『普通学校朝鮮語読本』巻四（一九三三）に朝鮮の民話として収録されており、第三期改訂版にも再録されていることが影響しているのであろう。この間のことは、佛教大学総合研究所刊行の紀要別冊『京都における日本近代文学の生成と展開』（二〇〇八・以下「佛大紀要」とする）、特に同誌中の論文、三ツ井崇氏及び吉村裕美・中河督裕両氏（共著）による二論文に詳しい調査結果の報告がある。本稿のこの節は両論文に負うところが多い。戦後も韓国では「書くこと」の教材として教科書にこの民話が収録されているという。

ところが、「佛大紀要」も言うように、私の廻りで確認できる韓国・朝鮮の民話集の類で、当の「三年峠」の話が採録されているものが見あたらない。いわば、朝鮮の民話として取り上げているのは、戦前の朝鮮総督府編・戦後の教科書だけなのである。ただ、朝鮮の古典文学に詳しい梅山秀幸氏に調査を依頼したところ、一つ見つかったという知らせを頂いた。

それは、『全羅南道長城採集（説話）口碑集』五〇巻に一話あったというものである。梅山氏によると、お爺さんの語り口の、方言臭のあるコリア語で、訳すのに苦労したと言われる。氏の翻訳で、全文を記しておく。

　年取った親父さんが三年峠で転んだ。三年だけ生きて三年経つと死ぬ。七人の息子達も嘆き悲しむばかり、途方に暮れていた。すると七番目の末息子が言った。「親父さん、心配しなくていい。美味しいものたくさん食べておればいい」と。三年経って末っ子は親父さんを三年峠に連れて行き、「一度転べば三年、三度転べば九年生きられるはず」と言うと、「お前はなんて賢い子だ」と親父さんは大喜びしたそうな。

もう一つ注目しておきたいことに、三ツ井論文（「佛大紀要」）によると、先の「三年峠」の民話を収録した朝鮮総督府編の教科書の編集に関わったという西島泰秀氏(学務局編修書記・調査委員)に氏の編になる『温突夜話』という説話資料集(一九二三)があって、それに「三年峠」が朝鮮民話として採録されているという。このあたりの事実確認が今後の課題になるであろう。

わずかな事例からであるが、韓国・朝鮮での、この民話の語り方に戦前・戦後で変化が見られる。戦前では「迷信に惑わされないのが文明人」という「迷信打破」の例に語られたが、戦後は、「智恵の効用」または「孝行な子供」をほめる話になっている。主人公の子供も「隣の少年」「近所の賢い子」や「水車屋のトリトル」(日本の教科書本文)などから「末の息子」「孫」になっている。

三　日本各地の三年坂

地名の研究において、地名によってはその特定の地域の特定の事情で付けられた地名と考えられる場合もあるが、同音同漢字表記の地名で全国各地に共通して存在する地名の場合は、例えば「船(舟)木」とか「青島」など、特定の地域の事情だけで捉えるべきものではなく、全国的に共通する事情で命名されている可能性を考えなければならない。もっとも同音同漢字表記であっても、それは結果的に一致しているだけで、他所の場合とは異なる語源の地名であるということもあることは注意しなければならない。清水寺の「三年坂」の場合、地元地誌類は京都だけの問題と考えているようであるが、「三年坂」は京都だけの事情で考えてはいけない例だと言えよう。同名の坂地名は、全国各地に存在しているのである。

東京の六ヵ所の三年坂を取り上げた横関英一(二〇一〇)に詳しい解説がある。東京にはさらに三ヵ所の三年坂があるようだ。横関(二〇一〇)は東京以外の地の例をも加味し結論づけて、「いずれも寺院、墓地のそば、またはそこからそれらが見えるところの坂である」「要するに、三年坂の坂名因由は、きわめて平凡な、『此の坂で転ぶものは三年の内に死ぬ』という俗信からきたものである」とする。例えば千代田区文部科学省近くの三年坂の場合も、今では地区の環境はすっかり変わっているが、「(このあたり)家康入国以前、大きな寺院や墓地があったところ」と突き止めている。このことから「三年坂」という名称が江戸以前からあったことが分かる。余談ながら、横関氏は、大同三年説のような年号説について、「年号のつく年に出来た坂だと、何時までも強情を張っている」と揶揄し、「いかにも上方趣味」とも言っている。

ついでに横関(二〇一〇)から、三年坂の呼称に関して指摘されていることを、ここに紹介しておく。おめでたい名前に変わっている場合があるとして、産寧坂、三延坂、三念坂を上げているが、京都の再念坂説もその例であろう。また別称になった場合として、鶯坂、蛍坂、淡路坂、地蔵坂等を挙げている。さらに「三年坂に似たものに、二年坂(二寧坂とも)、百日坂、袖切り坂、袖もぎ坂、花折れ坂(注：後の三つの坂については後に触れる)」を指摘している。

神奈川県座間市には、二ヵ所に見られる。一つは鎌倉街道の星谷寺の裏手に、一つは巡礼街道の坂道の上で念仏堂の近くにあり、ともに「この坂で転ぶと三年先に死ぬ」という伝承を伴なっているという。山梨県甲府市では「三念坂」と表記されるが、近くに長禅寺があり、三年死の伝承があるという。熊本市内には四ヵ所「三年坂」の名が確認できる。うち二つは寺の近くであることが分かる。また三年死の伝承もあるようだ。

和歌山県には、二つの注目すべき例がある。一つは、高野山の奥の院参道で覚鑁(カクバン)堂に至る坂道が覚鑁坂(カクバンザカ)と言われ、「三年坂」とも呼ばれていて、周辺には墓地や祠があり、やはり「転ぶと寿命が三年以内」と言われている。近くの「姿見の井戸」にも自分の姿が映らないと寿命が三年以内という伝承があるという。一つは、和歌山城近くの三年坂、元和年間(一六一五～二四)にできた坂で、築城当初狭く急な坂だったようだ。命名は「坂の途中で転ぶと三年目に死ぬ」という俗信に依る。江戸時代末期の話として、此の坂で転んで悩む老人にその幼なじみの弥蔵老人が智恵を授けたという、「三年目に死ぬ」という俗信もあわせて、韓国の三年峠に似た智恵が登場する(吉村・中河論文参照)のである。墓地や寺院との関係はないが、急な坂道を条件にして「転ぶと三年死」の俗信が拡大して適用された例と言えようか。因みに佐賀県武雄市の旧塚崎城址の石門のところで転ぶと「三年のうちに死ぬ」という伝承も墓地との縁はないようである。

鮮明な事例とは言えないが、他に大阪府下の御領の「さんねん坂」、三重県亀山市の、承応三年に開通した「三年坂」、岐阜県下呂の「三年坂」、香川県満濃町の「残念坂」等がある。もと「三年坂」の類話と言えるものであったか、どうかは、今後の調査を待ちたい。

四　三年坂と三年峠

韓国の民話(三年峠)と日本の伝承(三年坂)とはどういう関係(影響)にあるのか。吉村・中河論文では、三つの可能性があるとし、1)日本と韓国で偶然類話が生まれた、2)中国で生まれた話が、日本と韓国に伝播した、3)日本の民話(俗説)が韓国へ伝播した(↓教科書の媒介)、と指摘するが、韓国から日本への可能性もあろうか。いずれにしろ現段階では、結論を導くのは難しいとする。類話という点で、『竹取物語』とチベットの民話「斑竹姑娘」との関係や「ブレーメンの音楽隊」のような民話が日本にもあることなどが思い起こされる。

これまで見てきたことを踏まえて、両話の比較をしておきたい。

(1)話の場所が「～坂」と「～峠」と異なっている。日本語では両者を区別し、「坂」は自的地までが傾斜を持った昇り、あるいは下りの道を指し、「峠」は目的地まで昇り下りする道を指す。「峠」は越えるものであり、昇り下り両方の「坂」を持っている。「～坂峠」という場合もある。コリア語では、坂も峠も「コゲ」という。特に傾斜した道を言いたいときには「ピダルキル」(上り坂)、あるいは「コゲキル」(坂道)ということがあるようだが、日本語の「坂」は「コゲ」と訳されることになる。ただ「アリランコゲ」(アリラン峠)など、コリア語「コゲ」は。日本語には「峠」と訳されることが多いと思われる。いずれにしても、「坂」か「峠」かは本質的な違い(問題)にはならない。

(2)総じてのまとめであるが、日本の俗信では死ぬのは「三年の内に」(「不期三年」「三年過ぐさず」など)と語り、韓国のでは「三年経つと」と語る。この違いは次の(3)の違いに関わっている。もっとも日本の伝承でも、管見ながら次の三つは「三年経つと」型である。『出来斎京土産』(一六七七年・浅井了意)に「今もしらぬ命なる身を此坂にてころぶならばまづ二年のうちは死ぬまじとてわらひける人もあり」とある。ただし、その前に「三年を過さず死す」とあるから、これを二年は保証されていると解したと見るべきか。一つは、先にも取り上げた和歌山城近くの三年坂の伝承で、「転ぶと三年目に死ぬ」とあり韓国型である。しかも幼なじみが智恵を授けるという韓国型の話型を持っていることが注目される。もう一つは、先にも見た座間市の例で、「三年先に死ぬ」と記録されている。

(3)坂で転んで受ける災いをどう逃れるか、について、韓国の場合「三年経つと死ぬ」を「一度転べば、三年は生きられる」と捉え、二度転べば六年生きられるとトンチを働かせて災いを避けている。しかし、「三年のうちに死ぬ」とする日本の場合、「三年は生きられる」と考えることができないのか、災いをどう避けるかの対策が付加されている伝承は少ない。先の『出来斎京土産』の例のように、「二年は生きられる」と居直るしかない。京の地誌類には「転んだら、近くの瓢箪屋で瓢箪を買うといい」とするものや、東京の例では、「転んだら三度土をなめる」(三度仏に安泰を念願する意という)という伝承を持つところが三ヵ所あるようだ。

五　俗信「転ぶと災い」

日本の「三年坂」の典型的な伝承は、「寺院や墓地の坂道で転ぶと三年のうちに死ぬ」というものであるが、こうした俗信が成立する事情・条件と思われるものが日本の民間信仰の伝承には見られるのである。

ベースになっている伝承は、「墓参などの時、墓地で転ぶと災いに遭う」である。「災い」は「死ぬ」「早死にする」(全国的)ことといわれ、また「良くないことが起こる」「ご先祖様に連れて行かれる」「片腕を置いてこなければならない(片腕は片袖の異伝?)」(北関東僻地)などがあり、また「怪我(傷)が直らない」と言われるところもあちこちある。そして、「三年以内に死ぬ」(福島)もある。さらに、「山犬になる」(奈良・宇陀)とか「猫(墓猫)」(大阪府南部)、「虎」「山猫」などになると言ったところもあるようだ。

筆者の本家の墓地は、竹やぶの傍の粘土質の土地にあり、その坂道は雨後などは滑って転びやすい。そんなときはそろりそろりと用心深く歩いたものだ。ただし、転んだときの災いについては聞いた記憶がない。

墓地とは関係ないが、柿の木から落ちると「三年しか生きられない」「三年以内に死ぬ」「三年生きない」「三年後に死ぬ」などと言われ、「柿の木から落ちて傷をすれば死ぬ」(長野)とも言うらしい。柿の木は折れやすいことから、注意を促すために言われた俗信であろう。(3)

六　幣の手向けと「姥堂(奪衣婆像安置)」

転ぶと降りかかる災いを避ける、という話の典型は「袖もぎ坂」「袖もぎ地蔵」と呼ばれている話である。まずインターネット辞書「ウィキペディア」の見出し語「袖もぎさん」の定義を示し、それに沿って考察を加えてみたい。

袖もぎさん　袖もぎさん、または袖もぎさまⒶは、中国・四国地方Ⓑの民間信仰における路傍の神Ⓒ。その前で転んだときは、片袖をもぎとって手向けてこないと災いに遭うⒹとされる。行路の安全を祈願するために片袖をちぎって袖の神に供える風習Ⓔともいう。実際にそうした神が路傍に祀られている例は少なくなく、坂、橋、樹木Ⓕといった特定の場所にそのような習俗が伝えられていることが多い。

【注】

A　「～もぎ」は「～きり」ともいう。「袖もぎ坂」という場合が多い。

B　但し、東日本、主として太平洋側の地域にも伝承はある。「～もぎ」は西日本に（但し岡山県高梁市に「袖切り地蔵」）、「～きり」は三河国豊川町の「袖きり坂」はじめ東日本に多い。

C　「袖もぎ（切り）地蔵」が多いが、一種の道の神で、斉（賽）の神、堺の神、道祖神や辻の神等であったと思われる。国境などで旅行く人の行路の安全を守り、よそからの災いの進入を塞ぐ神仏として祀られていた。

D　片袖をとって供えないと「死ぬ」と言い伝えているところもある。「三日の内に死ぬ」などと。「転ぶ」のは、地蔵の警告（注意を促す）と見る考えもある。

E　峠の神に「幣」を手向ける風習は古くからある。

このたびは幣もとりあへず手向山紅葉の錦神のまにまに（古今集・菅原道真）

手向けには綴りの袖も裁《き》るべきに紅葉に飽ける神やかへさむ（古今集・素性法師）

「袖もぎ」て供えるのは、本来着物であったものが簡略化したものか。さらに布や布切れになり、言わば「手向けのぬさ（幣）」となったものであろうか。「袖」は地蔵など道の神に幣を供えることを意味したのであろう。

民話の笠子地蔵などで地蔵に笠を被せてやる話も、手向けの変形であろうか。

Ｆ　峠など境に立つ樹木（霊木と見られていたか）、一本杉、五本松など。袖掛け松（高知県）も、そこで転んだら片袖をもいで掛けるといわれた松。

転んだときの災いの厄除けとして片袖を供えるのは、三年峠の厄除けの「智恵」に相当するものであろうか。ところで、死者の、袖ならぬ衣をはぎ取ると言われるのが、三途の川原で死者を待ち構える奪衣婆である。この奪衣婆の像を祀った祠に「姥堂」がある。有名なものに、山形県立石寺の坂道にある「姥堂」、また、名古屋市伝馬町にも「姥堂（裁断橋跡）」があり、奪衣婆像らしき姥像が安置されていて、「おんばこさま」と呼ばれ、安産や子育ての神と言われている。清水寺の三年坂を登り切ったあたり、経書堂の道の向かい側にかつて「姥堂」（法成寺、愛染院とも）があり、奪衣婆の坐像が祀られていた。「京都の史跡を訪ねる会」のブログによると、もとは松原通大和大路の角にあったものを、文禄年間（一五九二〜九六）に秀吉の命で移されてきたものと言う。法成寺が明治二六年に廃寺となり、現在坐像は、清水寺朝倉堂にあるとのこと。

清水寺境内の泰産寺の存在や子安の塔の建立、「姥堂」の移転などから、「三年坂」を「産寧坂」と解する説（サンネンザカの訛伝とみる）が生まれたものと考える。

おわりに――残された課題

伝承の「三年峠」（韓国）と「三年坂」（日本）の関係、現段階では関係を明確に結論づけることはできないが、両語りに微妙な違いがある。日本の「三年坂」伝承には、発生する背景としての民間信仰が確認出来る。「墓地や地蔵の前で転ぶと災いがある」、災いの典型として「三年以内に死ぬ」という云われ、など。こういう伝承の環境から、墓参の坂道で転ぶと三年のうちに死ぬという坂を「三年坂」と称するようになった。

一方、韓国の場合、さらに伝承や俗信などの調査が必要であろう。「三年峠」という特定の峠(地名)があるのか、または「アリラン峠」のように架空の峠なのか。先に触れたが、特に朝鮮語教科書の編集に関わったと思われる西島泰裕氏の民話採集の経緯が詳しく知りたいところである。

なお、横関(二〇一〇)が「三年坂」に似た坂としている「花折れ坂(峠)」については、京都市の北東にある「花折峠」もこの例になるのかなど、「三年坂」との関係は明確に出来なかった。花を折って供えたから等と伝えるところもあるが、「花折れ」の「はな」は「端(はな・はし)」で道の折れ曲がったつきだした部分を「はなおれ」といったのであろう。「箸折れ峠」というところもある。

【注】

(1)「サンネン(三年)」は(サンネ(三・僧の三種の袈裟))の転訛(忠住佳織)、「サンネンザカ」は「サンマイ(三昧・墓地のこと)ザカ」であった可能性があるという(小寺慶昭)仮説もある。

(2)西山克「擬装の風景―清水寺参詣曼荼羅をテクストにして」(『芸能』昭和六三年七月刊)による。

(3)●「便所で倒れると死ぬ」(北海道)、「便所で転ぶと三年経たぬうちに死ぬ」(東京)、●五月一六日の「性交禁忌日」に禁を破ると「三年以内に死ぬ」(『艶話枕箱』など)、●庚申信仰に関わって、西枕で猿の夢を見たり、夜淫事に及ぶと夫婦とも「三年以内に死ぬ」などと言われたらしい。「災い」の典型として、「三年内に死ぬ」という決まり文句があったと考えられる。

【参考文献】

横関英一『江戸の坂東京の坂』『続　同　』(ともに「中公文庫」一九八一・八二年、後「ちくま学芸文庫(正続合本)」二〇一〇年)

真下美弥子「三年坂」(『京都の地名　検証』2・勉誠出版・二〇〇七年)

佛教大学総合研究所・紀要別冊『京都における日本近代文学の生成と展開』（二〇〇八年）
吉村裕美・中河督裕「三年坂と三年峠―韓国・日本・そして京都」
三ツ井崇「『三年峠』をめぐる政治的コンテキスト―朝鮮総督府版朝鮮語教科書への採択の意味―」
などを収録。
『国語　三上』（教科書・光村図書・二〇〇四年検定済み版）
李　錦玉「出会いとひろがり―私と民話」（『別冊　実践国語研究』明治図書・一九九七年）
李氏は、上記教科書の「三年峠」の採録者・作者である。
「京都叢書」中の『京童』ほか、各種地誌類
早瀬　乱『三年坂　火の夢』（小説・講談社文庫　二〇〇九年・江戸川乱歩賞受賞作）

京の「アガル・サガル」（付イル）考

はじめに──本稿の課題

京都市内、特に旧京都にあたる地域の地所（または地点）表示が複雑であることは、全国の郵便番号一覧の冊子を見てもすぐわかる。通り名や町名を二重三重に重ねて地所表示しなければならない。他の地域と異なり、ことに特徴があるのは、南北の方向には「アガル・サガル」を、東西の方向には「イル」を用いることが要求されることである。

しかも、ただこれらを用いるだけではない。なぜ「のぼる・くだる」でないのか。交通機関などでお馴染みなのは、皇居のあるところやその交通機関の拠点となるターミナルなどに向うか離れていくかを区別するのは「のぼる・くだる」であって、「あがる・さがる」ではない。そこで、京都で〈アガル・サガル〉を用いることが珍しがられることになる。

例えば、『保元物語』の「京極をくだりに三条までさがりて、河原を東へうちわたして」（中巻）[1]の「さがりて」の頭注に「京都で北から南に向って行くこと」とあり、また「くだる」にも全く同じ注が付いているが、これでは、両者の区別がはっきりしない。一般的には、この程度の理解にとどまっているのではないだろうか。

一体いつから「アガル・サガル」を地所表示に用いるようになったのか、なぜ「のぼる・くだる」でなく「アガル・サガル」(基本的にはカタカナ表記)なのかを、京の旧市内の地所がどのように表示されてきたかを、歴史的にたどることで考えてみたい。

一　平安時代の地所表示

こうした現在に至った、複雑な地所表示の元は、言うまでもなく平安京の都城の整備の仕方にある。中国の長安城を模して、市街地は条坊制を採用して整備された。いわゆる整然と「碁盤の目」のように大路小路が張り巡らされたのである。東西(横の通り)は北限の一条から南限の九条まで、大路名は数字の条名である。南北(縦の通り)は東の京極から西の京極まで、その間の大路名には、朱雀大路など固有名がつけられた。この単純さが後に地所表示の複雑さを生むことになる。

都城完成以降、公的な文書などで地所を特定すべき時には、地所の区画単位である「条・坊・保・町・行・門」(ブロック呼称)を用いて、例えば、次のように示された。

1)　在左京四条二坊九町西四行北門内(嘉保二年・平某家地売券・東寺百合文書)[2]

ここにすでに「西」「北」が用いられていることが注目される。ところが、同じ嘉保二年の「平某家地直請取状」(東寺百合文書)では、

2)　…右、六角油小路東西五丈七尺五寸南北二丈八尺九寸之直…

とあり、縦横の道路名を用いて表示している。歴史家の概説[3]によると、一〇世紀になると、油小路、塩小路、針小路、具足小路(後、くそ小路を経て、錦小路)など、小路に通称名がつけられるようになり、平安末期(院政期)には、現

在のものへとほぼ定着してきたという。それを受けて、2）の例などや代金受取状などの公的な文書にも、通称の通り名を用いて（縦横の規定によって）地所表示することが増えていったようだ。時には、1）の方式と2）の方式とが同文書において並記されることもあったが、むしろそれが「当時の区別表示の典型」とも言われる[4]。日常の生活感覚からすれば、数字付きのブロック呼称による表示よりも、縦横の通り名による表示の方が、イメージしやすかったに違いない。

3）　在右《（ママ・左カ）》京四条南室町東辻子（小野高久家地避状案・保元二年）

これは、高橋康夫『京都中世都市史研究』（思文閣出版）が「辻子（ずし）」地名の初出例として指摘している例であるが、通り名と東西南北とで地所表示している。この傾向は、以下に示すように『今昔物語集』にも確認することができる。もっとも『今昔物語集』では、通り名による地所表示しか見られない、つまり区画単位を用いた1）の方式による例はない。

辻（十字路）の場合は「二条と西の大宮との辻」（二四巻一三）、「西の大宮二条の辻」（一三巻一九）、これで地所が確定できるが、辻でない場合、「その朝綱が家は二条と京極とになむありければ」（二四巻二七）、「それ元は高辻東の洞院にすみしかど」（二七巻二七）、「五条堀川の辺にあれたる旧家ありけり」（二七巻三一）、「五条京極わたり」（一六巻三三）、「三条東の洞院の鬼殿の跡」（二七巻一）などでは、四つ辻のどの角の家・地所かは確定できない。もっとも最後の例は、冒頭に「今は昔、この三条よりは北、東の洞院よりは東の隅は鬼殿といふ所なり」とあったのを受けている。そういう文脈を前提にしているから理解が可能だった例であろう。この例や「晴明が家は上御門よりは北、西の洞院よりは東なり」（二四巻一六）など、この表示なら地所がほぼ確定できる。中には、邸宅の広さや規模を語りたいときなど、東西南北の通り名で囲むように地所表示している場合もある。ところで、

4）「後には烏丸よりは東、六角よりは北に、烏丸面に、六角堂の後ろ合わせにぞ住みし」（二七巻二七）、

「二条よりは北、西の洞院よりは西に、西の洞院面に住む僧ありけり」（一九巻三三）

これらの文中にみる「面（おもて）」は、建物ないし敷地が通り（道路）に面している側を指している。地点表示をより詳しくするときに用いられたが、また「頬（つら）」の語も用いた。建物や敷地のすべての面が通りに面しているとは限らない。「頬」の方は、指示する箇所が通りに面していなくても用いることができた。「面」も「頬」も地所表示にだけもっぱら用いたわけでないが、地点表示を詳しくするために用いられた事例が平安末期から中世を通して多く見出せる。『大鏡』忠平伝にみる「南のつら」は、勘解由小路という小路の南の側面の意味である。このように東西南北で限定して、建物の位置や存在する側面を示す例が多くなる。

次に中世の例ではあるが、「頬」の例を示しておく。

5）　五条坊門東洞院高辻以北東頬（暦応二年・紛失状）(5)

6）　今日、馬上六角町西北頬（祇園執行日記・康永二年条）

7）　小河ウツボヤ町西ツラ河上之所（永禄十年・加賀清賢寄進状・誓願寺文書）

いずれにしても、平安時代において、地所・地点を確定するにあたって、東西南北という方角による限定が活用されていたことがよく窺われる。縦の道路がほぼ南北に走り、それ故、当然横の道路が東西に走っていたことが、活かされたわけである。このことは、以降の時代においても基本的には変わらない。縦横の通り名をクロスさせて地所表示する方法（「七条（通り）大宮（通り）」など）は、既に確立されていたと言える。

二　中世（鎌倉・室町時代）の地所表示

基本的に応仁の乱までは、地所表示は平安時代に確立した方式がほぼ受け継がれているのであるが、しかし、その実際の諸相を確認しておきたい。

木内正広氏の研究論文(6)に整理された、一二世紀末から一四世紀初頭までの「綾小路東洞院地伝領をめぐる資料」という表を見ると、「所在地」が次のようにある。

8）　綾小路南東洞院東　綾小路面中許（宮道景親家地売券案・元暦二年）

9）　在左京　自綾小路南自東洞院東綾小路面　東寄…（藤原氏私領売券案・健保五年）

鎌倉時代の地所表示の一般的様式は、一般に鎌倉末期の成立とされているが、中期には原型が成立していたとも指摘される百科辞書『拾芥抄』を確認すればいいだろう。

10）　木工町　三条南大宮東　三条坊門北二町

11）　右衛門府四町　土御門南西洞院東近衛北室町西

など、通り名と東西南北の組み合わせで地所表示している。これらに見る「町」は、地所区画の単位である「町」を意味し、一町は「一丁」ないしは、「方一町(丁)」にあたる。つまり、単に地所の有り所を示すだけでなく、敷地の範囲(広さ)をも「町」単位によって示しているのである。多いのは「小松殿　大炊御門北町東」（この「町」は「町小路」のこと）という扱いであるが、個別的または個人的な公家等の邸宅の地所表示においても、次の例のように、必要に応じて規模が「町」で示されている。

12）「高陽院　中御門南堀川東　南北二町南一町」、「河原院　六条坊門南万里小路東八町」、「菅原院　勘解由小路南烏丸西一丁」など

物語や説話にも「高辻よりは北、室町よりは西、高辻おもて(面)に…その塚ひとつぞ…」（宇治拾遺物語・三巻一五）などと必要に応じて詳しく地所を示すこともあるが、多くは「高辻室町わたり」（同・同）「二条堀河のほど」（同・一〇巻一）「西の八条と京極との畠の中に」（一三巻一）「猪熊堀川の辺に」（平家物語・一）「樋口富小路より火出でき

たりて」(同・一)「六条万里の小路なる所に」(同・九)と縦横の通り名だけで語っている。もっともこれらも、例えば「六条わたり」(源氏物語・夕顔)「五条わたり」(古本説話集・三八)など、横の通り名だけという表示では余りにも漠然としていたのに比べれば、情報が詳しくなっている。

いわゆる公家・貴族や武家の邸宅や宿舎、御所を示すときにも、東西南北による限定は加えず、「三条高倉(御所)」「近衛河原(御所)」(ともに平家物語・四)「六条堀川(源氏義経の宿所)」(同・一一)「六条西洞院(宿所)」(同・八)「宿は三条烏丸なり」(平治物語・下)「三条烏丸(御所)」(保元物語半井本・中)「三条坊門万里小路(御所)」(太平記・三九)「錦小路高倉(宿舎)」(同・一)などとするのが、一般的であった。

もっとも、平安時代から、殿舎(と同時に、そこに住む主人をも)を、通りの名しかも基本は東西(横)の大路小路の条名のみで示すことが多く、この横大路重視は、[補注1]後の時代までも引き継がれている。多少限定的なものに、「西八条(殿)」(平清盛邸宅)とか「西三条殿」「東三条」とすることもあった。しかし、以上のような場合は、単純にひとつの通り名によって殿や人を指す固有名詞として用いられているのであって、世間的にその名が、個別の殿舎や人物を指し示す呼称として認知されておれば、情報的に曖昧さはなかったにちがいない。

中世後期の『お湯殿の上の日記』や『言継卿記』などの日記を見ると、その通りが縦横のいずれかにかかわらず、通り名でもって、そこにある邸宅に住む人を指すことが日常化していた様子が窺われるのである。例えば、

13)「四条油小路時に、光臨」(言継卿記・大永七年五月)

この場合「四条油小路」は人を指すが、同年正月の条には「油小路四条」に「前中納言隆継卿」と割注を付けている。他にも「四条中将(割注:隆重朝臣)」「東坊城(割注:前大納言和長卿)」など。また「富小路入道来」「柳原今日巳刻云云」「次五条父子礼ニ」(以上、永禄二年一一月)等といった調子である。また『看聞御記』永享九年には正親町三条家実雅(あるいは屋敷)を単に「三条」と書いたりしているのである。

さて、ここで中世の「のぼる・くだる」「あがる・さがる」の用例について確かめてみたい。かつて、『平家物語』にみる京都地名について調べて報告したことがあり、その時気づいたのであるが、歩行などによって位置を移動する動作を表わすために、「あがる・さがる」を用いた例が見あたらないことである。一方「のぼる・くだる」の方は、言うまでもなく用いられている。それが特に通り名と関わって用いられている例を取り上げると、

14）　中の御門を西へ、大宮をのぼりに、北山のほとり雲林院へぞ…（平家物語・二）

同種の例が他に「大宮をのぼりに、六条を東にわたされ給ふ」（同・一一）「高倉をのぼりに落ちさせ給ふ」（同・四）「高倉をのぼりに近衛河原を東へ川をわたらせ給ひて」（同・四）等がある。「大宮」も「高倉」も南北（縦）の通り名である。北へ向うことを「のぼる」と言っている。『平家物語』では、南へは「朱雀を南に行けば」（二）とあるが、すでに『今昔物語集』に「六波羅のほどをくだるに」（一六巻九）、「まかり出づとて大宮をくだりにおはしける」（同・二七巻一九）、また「朱雀の大路を南に向ひて行く」「なほ南に行く」（ともに、同・二四巻二四）ともあることから、早くに洛中（六波羅は洛外）の南北の移動を「のぼる・くだる」とも「行く」とも言っていたことがわかる。しかも「通り名」を（のぼり・くだり）に」という表現が様式（パターン）化していたことが、さらに「大宮をのぼりにまゐりける」（宇治拾遺物語・四巻五）、「京極をのぼりに」（保元物語金刀比羅宮本・中）など、他の物語からも伺えるのである。

さて、次の例が注目される。

15）　京極をくだりに三条までさがりて、河原を東へうちわたし、（中略）東の堤をのぼりに北をさしてぞ向かひける（保元物語金刀比羅宮本・中）

これは〔はじめに〕で取り上げた例であるが、「さがる」の例がみられることが注目される。右の箇所が、半井本保元物語では「恐レアリトテ、三条へサガリ、河原ヲ東へ打渡り、東堤ヲノボリニ北ヲ指シテ」（中）とある。やはり「さがる」を用いている。しかし「あがる・さがる」の用例は、他の作品を見ても数は少ない。

16）苫屋の前を打ちすぎ、一町ばかりあがりて見れば、（義経記・四）

17）つづら折りなる道を回りて、あがること一八町、（太平記・三）

少ない例だが、これらの「あがる・さがる」の場合、「三条まで(へ)」(15)の例、「一町」「一八町」等と移動の帰着点や移動の範囲が限定されていることに注目すべきで、従来から指摘されている「あがる・さがる」の用法(「のぼる・くだる」との違い)に沿った使用であり、地所表示に関わっては新しい用い方であることを示していよう。

先の『平家物語』の例にも見られたが、東西(横)の移動の場合は、「六条を東に」(既出・一一)「六条を東へ」(同・一一)「生きて六条を東へわたされ、東国よりのぼりては、死して三条を西へわたされ給ふ」(同・一二)など「(大路名を)東へ・西へ」と表現された。このことは他の作品にも見られる。「七条ヲ西へ遣ル」(保元物語半井本・下)、「三条を東へさざめひて引きければ」「三条を東へ高倉をくだりに、五条をひがしへ六波羅までから目て落ちられければ」(ともに、平治物語・中)「大宮ヲノボリニ一条マデ西へゾ落ニケル」(承久記・下)[7]等である。

以上管見では中世までには、京都の地所表示のために「アガル・サガル」そして「入ル」を用いた例は見出せない。しかし、以上の「あがる・さがる」の使用例や「東へ・西へ」の用い方に、その後の用い方の根というか原型のようなものがすでに感じられる。そして、中世後半を過ぎると、洛中に市街地としての構造変化が顕著になってくる。それは町組・町衆の存在であり、町が再構成されることになったことである。このことが、地所表示に変化をもたらせることになったのではないかと考えられる。

三　近世の地所表示

18）西洞院以西油小路以東二条以南三条坊門以北（永正一六年・敷地八町の証状[8]）

右の例を典型例としてみることができるが、従来地所表示は縦横の通り名と東西南北の区別によって示されてきた。ところが、そこに新しく、町名を用いた地所表示が現れてきたのである。

19）「にしのとうゐん通うらつち町」（慶長六年・下行米請取状・古久保家文書）、「油こうしうらつち町」（慶長九年・同）、「西洞院通薬師町」（同・同）[9]

これらは、通り名と町名の組み合わせによっている。また「烏丸通大政所町」（寛永三年・版本平家物語刊記）「二条通観音町」（寛永五年・版本國花集刊記）などと見られ、前期末から江戸時代にかけて地所表示のひとつのパターンとして確立してきたと言えよう。

ところで、ここに用いられた「町」は、平安京の地区割りの単位であった「町」とは別のものである。既に通り名にも、室町や寺町のように「町」を名に持つものもある（また「町」自体が通り名となってもいた。町小路〈通〉―今の新町通）が、これらの「町」も区画ブロックを指す「町」ではない。ここにみる新しい「町」の成立については歴史学者に多くの研究があるが、およそ次のようなものと理解していいだろう。

平安末期以降になると、「三条町」「四条町」「七条町」など「＊＊町」と記す地名が現れ、鎌倉時代になると、「二条町」「六角町」「錦小路町」などと増えていった。先にみたように貴族の殿舎が東西の大路小路名を負っていたのと同じく、これらも主として東西（横）の通り名が用いられている。この「町」は、多くは「座商」が寄り集まった地域であり、従来の大路小路の境を越えて結成された、新しい区域を指す地名であった。[10]

さらに商工業が盛んになるに連れ、「町」の数は増加していったようだ。その状況については、『京都市の地名』（平凡社）を引用する。

座を結成することによって、自らの営業権を確保した座衆たちの動きは、町の発展とともに、地縁的結合をいっそう促進させることになった。その地縁的結合を促したのは道路を中心にした町の再編成である。古代の町は、計画的に造成された方一町のブロック的構成であったが、中世にはこの方一町の町形成を根本的に変え、道路を挟んだ両側町及び片側町の自然的再編成へと向った。既に中世前期にはこうした再編がかなり進んでいたであろうが、中世後期になると確実な歩みとなり、一五世紀後半以降になると、応仁・文明の乱後の復興過程のなかで、町の再編は、自衛的・自治的意識の高揚とともに、強固な町共同体の結成という方向に進んだ。

ここに誕生が語られた「両側町」は、大路小路の東西または南北の両側の地域がひとつの、新たな地域としてまとまりをなしたわけで、新しい地所表示を可能にした。前に示した通り名と町名の組み合わせの表示がそれにあたる。東西にまたがる町を「たて町」、南北にまたがる町を「よこ町」と呼ぶ。この両側町などの新しい町が細かく誕生してきたこと—特に天正一八年の、秀吉による京都改造計画を契機にして—が、地所表示に「アガル・サガル」「イル」が用いられることになった理由ではないだろうか。

20) 「大宮通二町上」(寛永九年・版本尤の草紙刊記)、「寺町通五条上ル丁」(同・版本成　唯識論刊記)、「此堂は、寺町通二条より四町上也」(洛陽名所集・万治元年)

右の事例中の「上」は「あがる」と読むのであろう。とすると、管見では、これが地所表示に用いられた最古の「アガル」ということになる。前にも触れたが、これらの「あがる」も「二町(丁)」「四町(丁)」という距離を限定することばを伴っている。つまり、二丁、四丁あがったところという意味である。二つ目の例の「丁」は長さの単位「丁」か、「町(まち)」に同じ「丁」か判断しかねるが、長さなら「一丁上ル」と示していたであろうから、ここは「町(まち)」と同じであろう。というのは、次の例にも見られるように、江戸時代になると、従来の「町」を「丁」とも記すようになって、「丁」がかなり用いられるようになっているのである。例:寺丁四条坊門下ル丁(『京雀跡追』)

21) 二条通御幸町西へ入丁上留リヤ(寛永一六年・絵人版本八島刊記)

この地所表示は、通り名と町名の組み合わせを基に地所の特定を詳しくしている。また、「西へ入」と「入ル」の使用にも注目したい。「上留リヤ」は浄瑠璃屋のこと。この「丁」はあきらかに「町」である。

22）「本誓願寺通下ル毘沙門町」（寛永一九年・版本助語辞刊記）、「洛陽寺町通二条下町」（寛永一九年・版本大蔵一覧集刊記）

これは、「サガル」を用いた例と見て良い。後者も「さがる町（ちょう・まち）」と読む。これらより古い例として「三条下寺町永楽町」（寛永三年・版本清韓本古文真宝後集刊記）「東洞院通下三本木町」（寛永七年・版本御茶物語刊記）がある。後者については、『京雀』（寛文五年）に「上三本木町」があるから、「下三本木町」という町名であろうが、前者は、「下」を「さがる」と読むのか「しも」と読むのか、判断しかねている。どう読むかによって、管見の限りでの「さがる」の初出例が動くことになる。

江戸時代に入ると、京の地誌類が盛んに刊行されるようになる。初期のものから例を拾って見よう。

23）「此堂（六角堂）は、三条より一町さがるよこ町に有」（洛陽名所集）、「いにしへは　新町通下立売下る腹帯の町といふに」（京童・明暦四年）

24）「松原通烏丸にしへ入町南がは」（京童・新玉津島）、「寺丁四条坊門下ル丁」（京雀跡追・寛文七年）

こうした例をみると、江戸時代に入ってから、地所表示について顕著となる、いくつかの特徴が指摘できる。まず、通り名だけでなく町名を用いること、「東へ」「西へ」から「東へ入」「西へ入」と「入ル」が付加されたこと、次に南北の使用から「あがる・さがる」の使用に変わったこと、しかも「あがる・さがる」の後に「町（丁）」または具体的な「町名」が必ず続くことである。つまりこれは「アガ（上）ル・サガ（下）ル」が終止形でなく連体形であることを意味する。中には両側町と思われる町を表示するときは、「三条上ル下ル東国問屋」「御池上下具足屋」（いずれも『京羽二重』、また「一条南北」などとも）などとも表示された。両側町には「たて町」と「よこ町」とがあった（京雀跡追）。時代がくだるとやがて、被修飾名詞は「町（丁）」だけでなく、例えば、「堀川通仏光寺下ル町」（元禄五年・刊記）が「堀川通仏光寺下ル所」（安永二年・刊記）とあるように、「ところ（所）」を用いることもあった。

25）「御霊辻子　室町通今出川より一町北の通西へ入所」（京羽二重・貞享二年）、「おりや堀川姉小路さがるところじやはい」（東海道中膝栗毛六下・享和二年以降）、「今、京極ノ西御幸町　三条上ル所東方也」（山州名勝志・正徳元年）

『京雀』を見ると、「四条さがる町」とするのは言うまでもないが、「四条さがる」とする例もある。しかしこれもこの後に、該当する町名が列挙してあって、「さがる」が連体用法であることには変わらない。現在は「七条大宮さがる」または「東い（入）る」などで切ることもあるが、江戸時代の用法では、「…東入ル塩屋町」と「町名」や「町（丁）」「所」が続くのが原則であったのである。また、東西使用の方は現在も尚残るのであるが、江戸時代当初の用例では、すべて「東へ」とか、「西へ入る（町・所）」となっている。つまり方向の助詞「へ」をつけているのである。「入る」は「出る」と同じく、人・物がある場所から別の場所へと所属位置を変えることである。その点で「あがる・さがる」と同じなのである。[補注2]

なお旧来通りに南北を用いて、「金光寺　東洞院七条の南にあり」「安楽光院　京極今出川の北にあり」（雍府志・貞享三年）としたり、京都（平安城）各所を紹介する『京の水』（寛政三年）では、京都という都市そのものの由来や変遷を記述したものといわれるだけあって、鎌倉時代の『拾芥抄』を手本にして、その地所表示の様式を受け継いでいるものもある。例えば、「棗殿　土御門の南東洞院の西二町」「菅原院　勘解由小路の南烏丸の西」（いずれも『京の水』）のように。

四　京都の「アガル・サガル」についての課題の整理

類義語としての「のぼる・くだる」と「あがる・さがる」の違いについては、柴田武氏らによる『ことばの意味』(平凡社)以来、研究が重ねられてきた。その成果は辞書記述にも反映されていて、『日本国語大辞典』(第二版)の「語誌」に要点は尽くされている。両者の違いの基本は、前者が上昇行為・変化の「過程」に焦点を当てており、後者は、上昇行為・変化の「結果」の認識に重点がある。これまで見てきた事例において、「あがる・さがる」の場合には、「…町(丁)」「…所」とか「…町名」や「…まで」という記述を伴っていたのも、基点となる場所からの、位置移動の結果(帰着点)が常に意識されていたからで、京都の「あがる・さがる」もその延長上にある用法であった。

ではなぜ北へいく方向の位置が「あがる」なのか。通説では、京都では宮中(内裏)が北にあったからと見ている。一方、都へ向うか遠のくかを「のぼる・くだる」で区別する。それも都には宮中(内裏)が存在しているからである。しかし、はたして京都で「あがる・さがる」も同じ意識による使い分けであっただろうか。『角川古語大辞典』では「あがる」の項で、「内裏が北にあったので、京都で北へ行くことを「あがる」、南に行くことを「さがる」という」と記述している。「行く」という規定に曖昧さが残る。ところが「さがる」の項では、「京都において、縦町を南へ行くのをいう」とし、さらに「また、京の市街の位置を表すのに用い、「＊＊通り下る」」とも加えて、「京の地形が南下がりであることに由来する」と記述していて、「あがる」の記述と内容にくい違いがある。筆者は後者の考えに賛同するが、特に「行く(行為)」と「位置を表す」こととを異なるものと捉えていることに注意したい。

京盆地は、北東が高く南西が低い地形といわれる。川の流れもほぼ北から南に流れている。この高低さに依る区別が「あがる・さがる」ではなかったかと考える。江戸時代の京の地誌類では内裏の北限である一条大路のさらに北である場合にも、「あがる」を用いているのである。例…「一条あがる」（神明町）（京雀第三）「小川一条上丁」（京雀跡追）など。もっとも中世までの事例では先に見たように、北（または南）へ「行く」ことを「のぼる（またはくだる）」といっていたが、江戸の次の例では、「あがる・さがる」が用いられている。

26）「これよりみなみにさがりて…」「みなみにさがりて五条松原筋まで…」（ともに、京雀二・寛文五年）、「北野の天神へまいるとて千本通をあがり…」（軽口福蔵主二・正徳六年）、「十七八なる女、南をさしてさがりける」（軽口初売買二・元文四年）

これらの「あがる・さがる」は本来は「のぼる・くだる」であったものであろう。おそらく、地所表示という位置の規定に「あがる・さがる」の使用が徹底してきて、北に位置する場合だけでなく、北へ「行く」ことにも用いられるように用法が拡大したのではないか。その用法を『角川古語大辞典』は意味記述に反映させているのであろうか。

もっとも、『日本国語大辞典』（第二版）に大坂の例として、「阿波座を上へあがり、新町を西へさがる所に」（好色万金丹）を取り上げているなど、大坂では「城」を基点にして、「あがる・さがる」が、用いられているとされているが、果たして「城（大阪城）」かどうかなど、大坂についいては今後の課題としたい。（補注3）

【注】

（1）岩波・日本古典文学大系による。

（2）「東寺百合文書」は『平安遺文』による。文書番号2）は1343、1）は1344。

（3）『京都の歴史2　中世の明暗』（学芸書林）、川嶋将生『町衆のまち　京』（記録・都市生活史　柳原書店）。

（4）黒田紘一郎『中世都市京都の研究』（校倉書房）による。

（5）事例5）6）7）は、高橋康夫『洛中洛外　環境文化の中世史』（平凡社）による。
（6）木内正広「中世京都家地の一変形」（秋山國三先生追悼会編『京都地域史の研究』国書刊行会）。
（7）岩波・新日本古典文学大系による。
（8）瀬田勝哉『洛中洛外の群像　失われた中世京都へ』（平凡社）。
（9）河内将芳『中世京都の民衆と社会』（思文閣出版）による。
（10）注（3）の川嶋著書に同じ。

（補注1）
源氏物語などの「六条わたり」のように、最も簡潔な「条名」によるものが多い。縦横の通り名によるとき、横の条名が先にくるのが当初は原則（「条坊」制故）。新しい「町」の名についても、まず「条名」によっている。

（補注2）
帰着点を要求する「あがる・さがる」は、格助詞「に」を伴うはずが、先の例でも格助詞「へ」を伴うものが多い。「京へ筑紫に坂東さ」といわれる「京」の用法の反映か。

（補注3）
糸井通浩「地所表示の変遷―「上ル下ル」導入の由来」（『地名が語る京都の歴史』東京堂出版・二〇一六年所収、『谷間の想像力』清文堂出版・二〇一八年参照）外をも参照。

なお、京都の地誌類は、野間光辰編『京都叢書』により、版本の刊記類は、奥野彦六著『江戸時代の古版本　増訂版』（臨川書店）及び日下幸男編『近世国書板本の研究』（龍谷大学仏教文化研究所共同研究報告書・二〇〇五年）による。また、『平家物語』は新潮日本古典集成により、その他の軍記物は岩波・日本古典文学大系によった。辞書類については、『日本国語大辞典』（第二版）、『時代別国語大辞典　室町時代編』を参照した。

（参考）地所表記のカタカナ――「上ル」か「上る」か

市町村の、平成の大合併によって、ますます「ひらがな」地名が増え、あれこれ議論の的になっている（テレビ東京など）。この賛否はともかく、一方地名表記に「カタカナ」の用いられていることについては、それほど話題にならない。「ひらがな」の場合とは本質的に異なる問題が背景にあるからであろう。

古くから、マキノ町（滋賀県）、ウトロ（宇治市伊勢田）などの地名があり、特に小字地名よりもっと細分化されて名づけられている、小さい土地の名に「カタカナ」表記で記録されている場合がある。

「ひらがな」に対する「カタカナ」の基本的機能は、発生時から本質的に「音」（どう読むか、どう発音するか）を表示する「符号」的機能にあった。その点は、一部かつて「カタカナ本」（『今昔物語集』『方丈記』など）もあったが、現代語における文字の使い分けの「カタカナ」使用にも受け継がれていることと言える。外来語が「カタカナ」で表記されるのも、オノマトペで擬音語は擬態語に比してカタカナで表記されるのが一般であるのも「カタカナ」の基本的機能に基礎づけられていることである。

さて、「京都新聞」（二〇一一年一二月一〇日夕刊）が京の住所表記の「上ル下ル」の送り仮名について、〝「上ル」？「下る」？〟という記事を載せ、今「平仮名派」「片仮名派」が併存しているが、どちらが良いのか、という課題を投げかけた。私は「片仮名派」の一人として紹介されている。

私が「カタカナ」が良いとする根拠には六点ほどがあるが、それをここに整理しておきたい。

①　通り名に町名（所）を結ぶ「上・下ル」「西・東入ル」の使用は室町末期からその痕跡があり、江戸の地誌類を通して送り仮名はカタカナであった。また、明治二二年京都市の成立に当たって条例でカタカナと定められている。

②　地所表示にみるカタカナは、「ル」だけではない。「梅ノ木町」「老ノ坂」などや他所では「吉野ヶ里」[注]などもある。「ノ」については、「之」という漢字を使うこともある。「カタカナ」を「ひらがな」にするのなら、これらの場合も例外ではないはずである。

③　江戸時代を通して「上下」の場合は、「上ル」「下ル」と「ル」をつけるのが普通であるが、「東西」の場合は、「東（へ）入」『西（へ）入』と送り仮名の「ル」はつけないのが普通である。この違いは何を意味するか。「上下」の場合は、地所表示において町名につけて使われる「上下」（例：上長者町など）と見分けがつかなくなることを配慮して移動の方向を示す場合に「ル」をつけたのであろう。「東西」の場合にはその気遣いが不要であった。「ル」は、区別のための「記号」的なものであった。

④　一種の「記号」的なものであったことは、「上下」の「ル」や「通り」の「リ」を小さく右隅に寄せて書くことがあることが、それを証明しているし、何よりも平仮名文体の文章においても、この地所表示の「上下」「東西」の送り仮名だけは、カタカナの「ル」であった（特に地誌類において）。

⑤　現在、地所表示するとき「上ル」「下ル」「東入ル」「西入ル」で切ってしまって、町名をつけないことがあるが、「上ル」「下ル」「東入ル」「西入ル」は、もともと発生当初から終止形でなく連体形で用いられてきた。つまり、縦横の通り名と行く方向先の場所（後もっぱら町名〈後世になると番地がつづく〉）とをつなぐ言葉であった（通り名＋移動方向〈上下東西〉＋町名）。つまり「上ル」「下ル」「東入ル」「西入ル」が連体形だとすると、その後の地所（町名）は移動の結果辿り着く所・場所と言うことになる。この場合現代語では完了の「た」形に表現する。つまり「上がった（どこどこ）」「西に入った（どこどこ）」となるのである。「上ル」「下ル」「東入ル」「西入ル」は古語的用法で、その点

からもカタカナで符号的に用いるのがいいであろう。

⑥ なお、「上ル」を現代感覚に合わせて「上る」に、つまり単に「カタカナ」を「ひらがな」にしたということでは済まない問題があるのである。現在通用の「送り仮名」の付け方の原則では、「上る」は「のぼる」と読まれ、「あがる」と読ませるなら「上がる」と送らなければならない。自動詞の「上がる」に対する他動詞の「上げる」と読み間違いが起こらないようにする配慮からである。平仮名にするなら「上がる」であり語法的には「上がった」とすべきということになる。

以上のことを考えると、符号的に「上ル」など、カタカナでよいように思う。

【注】

ただし、「吉野ヶ里」の「ヶ」はカタカナではなく、「箇」の字の略記である。

Ⅳ　丹後の地名を考える

木簡が語る古代丹後

はじめに

1　木簡出土状況

前年に始まった平城京跡の発掘調査で四〇点の木簡が出土、翌年昭和三六年になって早々文字資料として貴重なものであることが判明した。恩師の阪倉篤義先生が研究誌『国語学』（七六号・一九六九年三月）に「国語史資料としての木簡」という論文でその価値を論じられているのをむさぼるように読んだ記憶がある。(1) 鮮烈な印象を受けた。

その後各地で木簡出土が相次ぎ、一九八八年には長屋王家跡から約三万五千点という大量が出土するなど、五十年余りで出土片は約三八万点に達し、現在（二〇一四年一〇月）奈良文化財研究所の「木簡データベース」には、約四万九五〇〇点が登録されている。木簡学会を中心とした研究の成果も次々発表されて、二〇一〇年には学会の三十周年を記念して『木簡から古代が見える』（岩波新書）が刊行され、おおよその研究の動向を確かめることができる。

2　出土文字資料と研究

文字資料は従来、専ら文献史学が扱う紙媒体による「文献文字資料」が主であった。しかし、最初に文字で書き記されたものがそのまま現代まで残っている文献は、古く遡れば遡るほど、いわゆる原本は失われていて、多くが後世の転写本類や逸文であり、その間に様々な本文の異同が生じてしまっていることが多い。その点、木簡は「出土文字資料」ともいうべきもので、文字が記された時代をそのまま背負って残されてきた文献である。これまでも墨付き土器や金石文、墓碑銘、落書き等がそうした資料的史的価値を持ったものとして注目されてきたが、質と量で木簡はそれらを圧倒する、歴史の証言者としての価値をになう資料となっている。

学問で言えば、日本史学や国語(日本語)史学ばかりでなく、最近は「歌木簡」と呼ばれて、和歌史を塗り替える木簡研究も進んでおり、人文地理学、さらに我が「地名研究」にとっても貴重な資料で、初出例を重視する地名研究にとって、従来不明であったことを明らかにしてくれるなど、計り知れない価値を持った貴重な資料である。

3　古代丹後の木簡

本稿では、旧丹後地区の地名を対象に、「地名」をめぐって木簡資料が語るものを引き出してみたい。資料とする木簡データは、上記の奈良文化財研究所が公開している「木簡データベース」を使用させてもらう。検索語「丹後国」で開くと、九四点(二〇一四年一〇月現在)が登録されている。これらについて、次のような点に留意しておく必要がある。

1) その多くが丹後の各地から大和などの宮都へ送られた「荷札木簡」と考えられる。

2) 丹後国が分国されて誕生した和銅六年(七一三)以前の丹波国時代のものも含まれている。例:〇一七「旦波国何佐評」(2)。

3）　逆に「丹後国」で検索できても、木簡によっては、丹後国という推定は、他の複数の候補地のうちの一つに過ぎないことがあることに注意する。例：〇九四「海戸主海八目戸服部姉虫女米五斗」。他にどういう土地が推定地とされているかは、「詳細」データで確認できる。例：〇九四の場合、各国（計一三国）の「海部郷」が列挙されている。

4）　木簡の文字の訓み・判読、及び検索語の範疇に所属させるかどうかの判定は、研究者によるものである。研究の進展によって、データ処理が改訂されることがある。

一　『倭名類聚抄』を補う木簡の資料価値

『倭名類聚抄』（以下『和名抄』と記す）とは、九三〇年頃源順が編纂した国語辞書で、現在伝わる伝本には十巻本と二十巻本とがあり、後者の系統本に全国の「国郡郷」を網羅した巻があり、地名研究にとって貴重な資料となってきたことは周知の事実である(3)。特に地名研究では初出例が重要視されるが、全国的に見ると主な地名が『和名抄』を初出例にしていることからもその貴重さが窺える。上代に遡ると文献的に資料は中央で撰述されたものに限定される。しかも『古事記』『日本書紀』にしても、残存するのが数国の「風土記」（逸文を含めても）にしても、『万葉集』にしても登場する地名は全国のごく一部に過ぎない。

その点で全国から宮都などへ届けられた荷物に付けられていた荷札である木簡によっては、従来は該当地名が平安時代前期頃に存在していたことを証明するものであった『和名抄』の時期から、その地名の「初出の時期」を一挙に古くに遡る木簡が出てきたのである。例えば、『和名抄』の「丹後国竹野郡間人郷」が、難読地名「間人」のその訓みは不明ながら「間人」と表記する初出であったものが、木簡に既に「間人」と表記する地名が記されていて、上代に遡っても存在したことが判明したのである。[4] 後にも取り上げるが、〇三七「丹後国竹野郡間人郷…」(平城宮址出土)及び〇七五「竹野郡間人郷白米五斗◇」(長岡宮跡出土)がそれである。

地名研究にとって『和名抄』を補う木簡の価値は、単に初出例が時代を遡るだけではない。そこでまず、現存伝本の『和名抄』を補う木簡の価値について、丹後関係の木簡を例に考えてみる。

1 消えた郷名

分国によって「国」が増加したり、「郡郷里」についても再編や荘園制等によって時代を追って増減のあったことはよく知られている。丹後国に関しても『和名抄』(高山寺本)では存在が確認できないが、上代には存在していた郷のあることが木簡から分かる。

事例① 〇一六「熊野評私里」、〇二五「丹後国熊野郡私部郷高屋大贄《 》納一斗五升」

『和名抄』には記されていないが、熊野郡に皇女らの名代部である「私部」の地があって、「郷」をなしていたことが分かる。しかし、現在のその比定地は不明である。

事例② 〇〇三「丹後国竹野郡舟木郷生部須◇斗」

「舟木郷」も『和名抄』には存在しない。しかし、「船木」という地名については、『丹後国風土記』逸文「奈具社」(羽衣伝説)に「船木里奈具村」と出てくる。この「里」が、後述するが、行政区画単位としての「郷」の基になった「里」であるなら、後に木簡(〇〇三)では「舟木郷」となったものと同地名を意味するものであろう。

ここで余談ながら、注目しておきたいことは、逸文とは言え、元の「風土記」の文章を伝えているのであれば、「風土記」編纂の勅命が各国に出された和銅六年(七一三)には行政的に「里」から「郷」に変わっていたはずであるが、逸文「奈具社」にはさらに「丹波里」(後の丹波郷)「比治里」とあり、他の逸文でも「日置里」(後の日置郷・浦嶋子伝説)、「速石里」(後の拝志郷・天橋立伝説)と、「里」で統一されている。古い時代からの伝承を忠実に書記化したと言うことであろうか、あるいは「里」から「郷」への切り替えが遅かったということだろうか。さらに逸文では、「里(郷)」の下部地名として「荒塩村」「哭木村」「奈具村」「筒川村」など「村」という集落の存在したことが注目される。また、「比治里」も後の「郷」に相当するものであったのなら、上代には丹波郡に「比治郷」もあったとみることになり、『和名抄』では消えた郷名の一つと言うことになる。

2　誤記された郷名

『和名抄』は中央(都)で撰述され、その後の転写本もほとんどが中央で制作されたものであろう。その転写の段階で誤記されて筆写された地名も存在するようであるが、木簡がその誤りを正してくれる場合がある。

事例③　〇〇四「丹後国竹野郡芋野郷采女部古与曽赤舂米五斗」

この木簡の出土によって、上代に「芋野郷」があったことが分かる。ところが『和名抄』では確認できない。しかし今も「芋野」という地区名は存在する。一方『和名抄』では「小野郷」(高山寺本・版本とも)が存在するが、「芋野郷」が誤記されたのではないかと推測がつく。「芋」の字は「苧」の字に似ている。「苧」は「を」、「小」も「を」であることから、「芋」が「苧」に誤記され、さらに音の共通性から「苧」が「小」に書写されて、高山寺本など写本に受け継がれてきたものと思われる。従来「小野郷」については、『京都府の地名』(平凡社)のように「詳細不明」とし、「芋野郷」の方は木簡の存在や鎌倉初期の文書の例から郷の存在を認めている。[5]

事例④　〇〇九「丙申年七月旦波国加佐評椋」、〇八二「佐評椋椅部」

この二点から「加佐郡」に「椋椅(椋橋・倉橋)郷」が七世紀には存在していて、『和名抄』(高山寺本)にもそう記録されたことが分かる。ところが江戸の版本では「髙橋郷」になっているという事例の件も含め、この事実などから、加藤晃氏らは、いわゆる『丹後国風土記　残闕加佐郡』(以下「残闕」とする)は偽書だと推定している。(6)

事例⑤　〇二四「丹後国佐郡辺里庸米」、〇八三「丹後国加佐郡田辺郷赤舂米五斗」これもまた、「残闕」や江戸版本の『和名抄』では「田造郷」としているが、事例⑤の通り上代から現在まで「田辺」という地名であったことに変わりはない。それ故「田造」で地名語源譚を記す「残闕」は、古風土記に見せかけた偽書であることは明らかである。「髙橋」「田造」は誤記であり、写本では一五世紀後半の筆写と見られる大東急本(五島美術館蔵)でそういう誤記になっている。一六世紀末書写とされる名古屋市博物館本では、「椋橋」「田邊」とし、後者には異本に「田造」があることを注記する。

誤記ではないが、表記の違いは例が多い。『和名抄』では「志楽」であるが、木簡では〇一二「白薬里」とある。(7)「川守郷」については木簡の「丹波国加佐郡川里」の「川里」がそれであろう。名古屋市博物館本では「津守」とするが、誤記であろう。

3　増えた郷名

平安後期書写の高山寺本『和名抄』には記載がないが、後の写本・刊本では記載のある郷名もある。もっとも古くは大東急本(一五世紀中ごろ)で丹後国では、加佐郡、与謝郡、丹波郡の各郡に「神戸」(郷)が加わっている。各郡で重要な神社の経営の整備が行われた時期があったのであろう。

さらに大東急本から刊本まで「丹波郡」では、「口枳郷」が見える。この訓みや比定地については私見を既に論じたことがある。(8)なお、名古屋市博物館本(一六世紀末)では、丹後国の国府の所在地を「加佐郡」であると傍記しており、「与佐(与謝)郡」の項には、「郷」の一つとして、「駅家」を記載する、つまり、国府への間道として、福知山から雲原集落を通り加悦谷へと抜けていたことを意味する。これについての考察は『宮津市史』でなされているが、前者については「与佐（与謝）郡」と誤ったとも取れるし、後者については、山陰道から丹後国府への官道は時代によって異なったと見る必要があるようにも思う。つまり一六世紀の事情を反映しているにすぎないのではないか。

二　行政区画名と時代層

木簡に話を戻す。現在出土している木簡の多くは、七世紀中ごろから九世紀初頭にかけてのもので、木簡が作成された「時」を背負った「文字資料」である。これらの木簡について時代の後先（時代層）を整理することが出来る。

A　一つは紀年銘や年号（月日）をもつものがあり、これらは絶対年代を示していて、それ自体史料的価値は大きいが、他の出土木簡との関係で他の木簡の年代推定の参考にもなるだろう。

B　丹波国、丹後国と国名を記しているものがある。言うまでもなく、丹波国とあるのは、事例④に示したように、和銅六年（七一三）分国して丹後国が生まれる以前の地名ということになる。〇一二「加佐郡白薬里」、〇二二「竹野評鳥取里」、〇二七「加佐郡川（守）里」などには「旦波（丹波も）国」がついていて、分国以前からある地名と言える。

C　また出土した木簡がどこの遺跡からのものであるかによって、木簡を編年的に整理できる。まず飛鳥京跡や飛鳥池遺構及び石神遺跡からの出土は天武朝にほぼ相当する時代のものである。継いで藤原京（持統・文武朝ころ）跡の出土がつづく。そして平城京址からの出土が続くことになる。さらに長岡京跡から出土したものもある。丹後関係の木簡にもそれぞれの時代に属する地名がある。

D　木簡の研究によって明らかになったことに、地方行政区画名である「こほり」が「評」から「郡」に変わったのが大宝律令の確立した大宝元年（七〇一）からであることが判明したことがある。「評」とあるものがより古くから

の地名であり、「郡」は七〇一年以降のものとなる。(9)

E　次のことは先のCとも関わることであるが、さらに木簡の研究で明らかになったことは、地方行政区画名の「郷」も、飛鳥藤原時代に「五十戸」（サトと訓む）から「里」に変わり、さらに「郷」になってきたことである。(10)

事例⑥　〇七二「↑(熊)野評佐野五十戸五斗」、〇八六「物部五十戸長済部刀良俵六斗」、〇九〇「辛巳年鰒一連物部五十戸」、〇八八「山田五十戸国」。

これらは飛鳥池遺跡や石神遺跡から出土したもので、木簡でも古いものということになる。「物部」は後の「与謝郡物部郷」のことで地名であろう。「山田」も同じく「与謝郡山田郷」と見られる。Bで取り上げた〇一二、〇二二など「里」となっているものは、藤原京跡出土のものが多いが、藤原京時代では「里」であったようだ。

なお、先に事例②に関わって、「風土記」逸文の、例えば「日置里筒川村」など「里」の後につく「村」地名について触れたが、「村」とはどう捉えたらいいのか。「村」が「群る・群れ」と同源語とすると、人家の集合的にあつまる地域、いわゆる「集落」を意味したものと思われる。

三　特定の木簡が語るもの

木簡からは各地における様々な古代情報が読み取れる。調庸や贄など上納される品物は「郷」単位で収納され、「郡」がまとめて送付したと見られている。「郡」あるいは「郷」の役所の官人によって貢納物につける荷札が付けられたとすると、七世紀中ごろには少なくともそうした役所の官人においては「漢字」の習得がかなり進んでいたことが分かる。また、荷札木簡には、出所の「郷」名とともに直接の送り主が記されており、該当地にどういう氏族または部民が住んでいたかが分かることは貴重である。(11)その一つが次の木簡である。

Ａ　事例⑦　〇三七「丹後国竹野郡間人郷土師部乙山中男作物海藻六斤」

現在の「たいざ」に当たる地名を「間人」と表記する初出例となっていることは先にも述べたが、ここで注目されるのは、その「間人」地区に部民として「土師部」が住んでいたことが分かるという事実である。

土師氏は、出雲の野見宿祢を始祖とする伝承を持ち、葬送儀礼に携わって埴輪や土師器などの祭具や前方後円墳などの墳墓の築造などにあたった氏族として知られる。後に桓武天皇の時代に改姓を願い出て、いわゆる土師の四つ腹と言われる四つの系譜、菅原、秋篠、大枝（後に大江）、百舌鳥を名乗っている。

『日本書紀』が伝える、葬送儀礼という職掌に由来する伝承が始祖の野見宿祢には存在する。それは丹後と深い繋がりのある伝承であった。垂仁天皇は出雲から野見宿祢を大和へ呼び寄せていた。皇后であった、丹後の丹波道主命と川上麻須郎女の間に生まれた日葉酢媛（丹波の五女の長女）が亡くなった時、その墳墓に初めて人型の埴輪などを埋葬することになったが、それを発案したのが野見宿祢であったという埴輪起源伝承である。

日葉酢媛陵（佐紀陵山古墳）は佐紀列並古墳群にあり、近郊に拠点のあった土師氏（添上郡菅原郷、あるいは秋篠郷）の築造になるものと考えられる。一方古代丹後地区には山陰地方で規模において第一、二、三位を占める三大古墳があることはよく知られている。網野町の銚子山古墳、丹後町の神明山古墳、与謝野町の蛭子山古墳である。これらの築造に間人郷に居たことが証明される「土師部」が関わっていたのではないかと推測される。[12]そうであれば、大和の添上郡の土師氏の系統であったことも考えられるのである。

大和・日葉酢媛陵と丹後・銚子山古墳とが築造企画において類似していることを三浦到氏が指摘していることは注目されるし、『図説　京丹後市の歴史』（京丹後市刊）のコラム「丹後型埴輪と因幡型埴輪」によると、表題の両地区の独特な円筒埴輪が「よく似」ていて、「両地域間の交流を示すもの」と考えられるようになってきた、という。[13]鳥取県東部、つまり因幡国には、二郡に「土師郷」があり、八上郡には「大江郷」もあって、土師氏の拠点であったことが分かるが、両地域の古墳築造に関わった土師氏が同系統の土師氏であったことを物語るのであろう。なお、丹後に隣接する天田郡（福知山市など）でも土師氏が存在していたことは地名や川の名などから知られるが、それらと間人郷の土師部との関係は、今のところ推測は付けられない。

木簡によって間人郷に土師部が居住していたことが判明したことを根拠に、「間人」（たいざ）語源説を考えたことがある。[14] 本来「間人」は、間人皇后など人名や地名にあるように「はし（はじ）ひと」に当てた漢字表記であっただろう。問題は「はじひと」と後の「タイザ」（もとは「タキサ」か）とよんでいる口頭語とがどういう経路によって合体したのか、その関係をどう説明するかにある。それについては、注（14）の拙稿を参照して欲しい。

B　事例⑧　〇二六「丹後国竹野郡木津郷紫守部与曾布五斗」

「木津郷」（京丹後市網野町）に「紫守部」という部民の居住していたことを証明する木簡とみられている。但し、その語構成には、次の二種が考えられる。

(a)紫＋守部（「守部」という部民で「紫」を守る職掌を持っている）

(b)紫守＋部（部民の一つとして「紫守」という名のまたは職掌の部民）

いずれにしても「紫」を守るという職業に携わる人々であったことを意味する。

(a)とみることが可能なのは、「守部」が普通名詞として『万葉集』（三三九三、四〇一一、四〇八五の歌）などで確認できる語であったこと。「守衛・番人」の意で用いられている。

　橘を守部の五十戸（里）の門田早稲刈るとき過ぎぬ来じとすらしも（万葉集・二二五一）

この歌では、「守」の対象物が示してあり、事例⑧もこの用い方に通じる例になる。

また、地名や人名にも用いられている。栄原永遠男氏によると「大碓命の後裔「守君」の部曲であった「守部」氏が美濃国を中心に居住していた」という。[15]

（ｂ）とみることが可能なのは、「守」の対象を明示して特定の職掌を担った人を指す語に関守、野守、陵守などがあり、「橘守」（『新撰姓氏録』左京諸蕃下の項）の例もあり、氏族名として存在したと考えられるからである。茜草（アカネ）さす紫野行き標野行き野守は見ずや君が袖振る（万葉集・二〇）

さらに、部民を指す津守部、掃守部、山守部などが存在したが、事例⑧はこの類と見ることもできる。注目すべきは、次の例である。

「紫守多麻呂　越前国坂井郡海部郷戸主」（『越前国司解』神護二年一〇月）(16)

この例に「紫守」の語が認められる。しかも「海部郷」に存在したことに注目すると、事例⑧も「木津郷」であることで、「紫」の実態を考えるヒントになるのである。

「紫」とは、何を意味する語であったか。漢字（漢語）の「紫」は色名としての「紫色」の義を元とするが、和語「むらさき」は植物名（語源は白い花が群れて咲くことから）で、その根を紫色の染色材としたことから後に植物名が色名ともなった。しかし、植物名の「むらさき」は表記する時、「紫草（ムラサキ）のにほへる妹を憎くあらば」（万葉集・二一）のように「紫草」と書くのが一般的だった。木簡の伝える貢納物としても「紫草」と表示している。

もう一つ木簡が伝える、「紫」のつく貢納物がある。「紫菜」である。海藻類で高級な海苔の一種とされている。「木簡データベース」では現在七点が登録されている。その一点では「海藻（根）」「青乃利」（青ノリ）とは区別されている。出所は出雲国、隠岐国海部郷や由良郷で海人族によることが分かる。事例⑧の場合、出所が木津郷でその立地条件から、「守」の対象の「紫」は、「紫菜」（海苔の一種）であった可能性が高い。

事例⑧の「与曽布」は送り主の名に当たるようだが、〇〇四（事例③）の木簡には人名に「小与曽」という人物が見える。とすると、「与曽布」の「与曽」が人名で、「布（五斗）」は貢納物だろうか。「布」は織物の「布」と見ることもできるが、量の「五斗」と合わない。では、海藻の「め」ではないかとも。海藻の「め」は「布」で捉えるのが古代の感覚であった。「海布」「和布」を「め」と読む。『万葉集』では「軍布」を「め」と訓んでいる。「海松布（みるめ）」「昆布」などがある。しかし、「布」単独で「め」と読んだ例がない。また、やはり量の「五斗」（容積）とそぐわない。結局、事例⑧の貢納物は「五斗」とのみあって、何かは判明しないが、「米」の可能性が高い。丹後から「海藻」を送ったことを示す木簡は二点（竹野郡間人郷、熊野郡田村郷）あり、それらと他国の海藻・海苔類を送った木簡をも参考に見てみると、その量は、重さの「斤」、入れ物の「籠・櫃」となっている。「五斗」は海藻・海苔の類ではないようだ。

事例⑨　○五九「海部郷京上赤春米五斗矢田部首万呂稲春」

古代米の「赤米」が丹後から貢納されていることが分かる木簡である。全国的に「赤米」の供給地を調べるために検索語「赤米」で検索しても、一八点の木簡情報が得られるが、そこに事例⑨は含まれていない。事例⑨のように「赤春米」という文字列は検索語「赤米」という文字列と異なるからで、むしろ検索語「赤」で検索した方が、すべての「赤米」情報が得られる。注意すべきところだ。

「赤春米」で検索できるものに、事例③の○○四、事例⑤の○八三がある。以上丹後国のが三点で、全国的に見ても、あと丹波国氷上郡井原郷のもの、丹波国と思われる「（桑田郡）川人郷」のものの二点で全てで有り、「赤春米」という品目名は丹後・丹波に特徴的である。しかし、木簡で確認できる範囲であるが、「赤米」となれば、全国のいくつかの地に供出地が確認できる。しかし、地域的には丹後・丹波地区、播磨・但馬地区、尾張・美濃地区がほとんどだと言えそうである。

「赤米」は、「大唐米（唐法師とも）」とも呼ばれ、宮本常一[17]によると、六八〇年頃から七二〇年頃に琉球列島から本土へ伝えられたという。従来「赤米」の初出例は、『正倉院文書』にある天平六年（七三四）の「納大炊寮酒料赤米二百五拾九斛」（尾張国正税帳）とされていたようだが、飛鳥京や藤原京の跡地、石神遺跡から出土した木簡に見られることから、さらに半世紀は遡って「赤米」の貢納がなされていたことが分かる。

尾張国に関しては、次の例のように、木簡でも「赤米」の例が見られる。

事例⑩「・年十二月尾張海評津嶋五十戸韓人部田根春春赤米斗加支各田部金・」

余談ながら、二〇一四年度の事業として京丹後市では、名古屋市(尾張地区)との文化交流を呼び掛けたが、両地区では丹後弁と尾張弁とが似ていることや古代史における文化的共通性・繋がりがあることなどを交流呼びかけの動機としている。両地区が古代において「赤米」の供給地でもあったこともその一つと言える。

なお、「赤米」で検索すると、「川上郷赤米」(〇〇七)という木簡の存在することが分かる。ただ全国に「川上郷」は九箇所有り、いずれにもこの木簡の発送地の可能性があるが、以上からすると、丹後国熊野郡の川上郷であった可能性は他の地に比べて高いと言えよう。

事例⑪　〇五八「丹後国丹波郡大野郷須酒米石部足五斗」

この木簡で注目すべきは、出土した遺跡が「平城宮造酒司推定地」であることである。米も「酒米」とあって、明らかに「酒」醸造用のものであり、酒は儀礼・儀式用であったと思われる。丹後から「造酒司」に送られたと見られる木簡は、他に事例⑨の〇五九(赤春米)や〇六三「丹後国加佐郡太郷◇」(「米」の字は確認できないが、米の荷札であった可能性がある)、〇六四「丹波◇斗」(これも米の字はないが、「斗」が米であったことを意味しているか)、以上計四点になる。

丹後発送の、貢納物の判明する木簡を見てみると、「米」類が圧倒的に多く、次いで、海藻や魚などの海産物である。「米」類については、「米」(〇七〇)、「酒米」、「庸米」、「赤米」、「白米」(平城京跡出土もあるが、長岡京跡出土のものが多い)などと品目が分けられているが、品目名はないが、「斗」とか「五斗」とかあるものは「米」だった可能性が高い。これも含めると米の供給地としての丹後のイメージがかたまるが、「たには」(旦波・丹波)の語源が「田庭」と見られることも頷ける。大陸→北九州→日本海ルートにしても韓半島→日本海沿岸ルートにしても、稲作文化の伝来が早かったことが推測されるからである。

事例⑪は「大野郷」が発送地であることに注目したい。ほかに「大乃」という表記の地名を持つ木簡が四点長岡京跡から出土している。〇八九「大野里」（藤原京跡出土）も含めてこの「おほの」が丹後国丹波郡の「大野郷」の可能性はあるが、「大野」は郡郷名として全国的に多数見られる地名なので、ここでは参考として扱う。うち〇七九「大乃白米」〇六六「大乃年料米五斗◊」が米の供給を示す木簡である。

大野郷は、式内社大宮売神社二座名神大（丹後二宮）を祭祀する周枳郷に隣接する。大宮女・大宮若女の二柱を祭祀するが、この神は宮中の造酒司で祭祀される重要な神である。当の事例⑪は、造酒司推定地から出土しているのである。『延喜式』によると、「宮中神三六座」のうち「御巫祭神八座」に大宮売神・御食津神が並び、「造酒司坐神六座」に大宮売神社四座と酒殿神社二座があり、「大膳職坐神三座」に御食津神社が祭祀されている。丹後国二宮の「大宮売神社」に対し、一宮である籠神社奥津宮（余佐の宮・匏宮）の豊受大神は、元は式内社奈具神社の祭神「豊宇賀之女命」と同体神であり、伊勢外宮の「豊受大神」、つまり内宮天照大神の「御食津神」として丹後国から遷座されたという、古くからの伝承がある。「御食津神」は、穀物の神・穀霊神であり、「うか・うが」を称する。伏見稲荷大社の祭神三社は、根本神「宇賀御魂神（倉稲魂神）」と「大宮能売神」「猿田彦命」であるが、ここにも御食津神と大宮売神というペアが見えることについては別稿で考察している。(18)

地方の式内社で「大宮売（女）神」を祭神とする神社はごく稀なようだ。(19)それが丹後では豊宇賀之売命（御食津神として伊勢外宮へ）を祭神とする式内社が多く存在し、それに関わって存在するように「大宮売神」二座（宮中神へ？）を祀る神社があるのである。

ところで、『和名抄』の伝本（大東急本他）によると、後に丹波郡では「神戸郷」が置かれたようだが、大宮売神社の「神戸」地として「米」の産地の「大野郷」から分立された郷であったかも知れない。今の京丹後市大宮町河辺が比定地である。

おわりに

これまで初出例としていたものが、木簡の出土によって初出例が塗り替えられるものも存在する。今後の発掘情報に注意をしておかねばならない。また、〇五四の木簡には「与謝川」の名がみえるが、今の野田川の古い名と思われるし、「与謝」、あるいは「与佐」の表記も古くは「与射」「与社」とも表記されたことが木簡から分かる。「竹野郡鳥取郷」も「鳥取里」(〇二二)「鳥取郷」(〇〇一)と古い地名であることが確認できる。木簡では確認できないが、井上辰雄氏は、垂仁天皇の皇子「本牟智和気」(古事記)を巡る伝承と関わる「鳥取部」がいたと推定している。[20]「天湯河板挙」を祀る神社や伝承が存在していることからも納得できる。こうした部民の存在についても木簡がもたらしてくれることがある。古代を語る古代地名の研究に木簡情報は欠かせないのである。

【注】

（1）阪倉篤義「木簡の語る世界」(『言語生活』二四三号・一九七一年)もある。
（2）(〇一七)など三桁の数字は、「丹後国」で検索した時に各木簡につけられている整理番号の下三桁に当たる。
（3）『延喜式』神祇巻の「神名帳」でも全国的に主な大地名が確認できる。
（4）「間人」という表記は、「記紀」『万葉集』や『新撰姓氏録』などで、他の地名、人名、氏族名などとして確認できる。「間人皇后」など、ほとんど「はしひと」と訓んでいる。
（5）『京都府の地名』(平凡社)など。

（6）村岡良弼「丹後風土記偽撰考」（『歴史地理』三―五）、加藤晃「『丹後風土記残欠』原写本について」（『両丹地方史』四一号・一九八五年）、同「地名研究における近世地誌1「丹後風土記残欠」と『丹哥府志』」（『地名探究』第七号・二〇〇九年）ほか。
（7）江戸期の刊本（古活字版・版本）は、大東急本系を受け継いでいるか。
（8）糸井通浩「地名に見る「す・つ」の問題―丹後の地名「久次」をめぐって」（『地名探究』第八号・二〇一〇年。本書Ⅳ参照）。
（9）和田萃「木簡は語る」（『木簡から古代が見える』岩波新書・二〇一〇年）、市大樹『飛鳥の木簡―古代史の新たな解明』（中公新書・二〇一二年）などによる。
（10）注（9）の市氏の著書による。
（11）『図説　京丹後市の歴史』（京丹後市刊・二〇一二年）の「丹後国氏族分布図」参照。
（12）古墳築造にあたった氏族の系譜を嗣ぐ人々であろう。また木簡〇〇二「与社郡謁叡郷原　里土部古…」にみえる「土部」も土師氏に関わるか。今人名に「土部」を「はにべ」と読む例がある。百舌鳥腹系か。
（13）三浦到「乙訓・丹波・丹後の古墳時代」（森浩一『京都の歴史を足元からさぐる―丹後・丹波・乙訓の巻』学生社・二〇一〇年所収）。
（14）糸井通浩「古代文学と言語学」（『古代文学とは何か』勉誠社）、同「地名『間人』について―『はし』という語を中心に」（『地名探究』創刊号・二〇〇三年）ほか（いずれも、本書Ⅳ参照）。
（15）栄原永遠男「守部小考」（大阪市立大学『人文研究』第三三巻・一九八一年）。
（16）『日本古代人名辞典』による。他に『奈良遺文』下・六八六などにも。
（17）宮本常一『日本文化の形成』（講談社学術文庫・二〇〇五年）。
（18）糸井通浩「伏見稲荷の神々と丹後の神々」（伏見稲荷大社『朱』第四七号・二〇〇四年）。
（19）旧丹波国の篠山の式内社「大売神社」が大宮売命を祭神とする。佐渡島の式内社「大目神社」も同様。以上が管見に留まっているもの。

(20)　井上辰雄『古代王権と語部』（教育社歴史新書・一九七九年）。

地名「間人」について──『はし』という語を中心に

一　なぜ「間人」をタイザと読むか

丹後半島北端にある地名「間人」、とても漢字の音・訓からはこれを「タイザ」と読む根拠は見つけることはできない。この難読地名「間人（たいざ）」の成立については、すでに私見を「古代文学と言語学」（『古代文学とは何か』勉誠社所収）などに述べてきた。ここでは、「間」の字が「はし」と読めるのはなぜかを、念頭に起き、「はし」という語の単語家族（ワードファミリー）の中での位置を確認し、合わせて「橋立」という地名についての私見を述べることを、主としたい。

とは言え、先ず「間人」を「タイザ」と読むのはなぜかについての私見を整理しておく。「タイザ」という音形式が確認できるのは、『海東諸国紀』（一五世紀・朝鮮の資料）の「田伊佐（津）」や、地元の『一色軍記』（江戸中期）の「対座」などで、これらが最も古い。一方、地名として「間人」という文字表記が記録されたものとなると、もっと時代を遡って確認することができる。『和名抄』（一〇世紀前半）に「丹後国竹野郡間人（郷）」とある。しかし、現存の写本では読みを知ることはできない。さらに注目すべきことには、昭和四〇年に平城宮址から発掘された木簡の一つに、

丹後国竹野郡間人郷土師部乙山中男作物海藻六斤

という、奈良時代の七六九年の荷札が存在したことである。

残念ながら、この木簡でも読みは不明。そこで参考になるのが、他の地の地名や人名である。『和名抄』によると、備中国浅口郡にも「間人(郷)」があり、「波之布止」(高山寺本)「萬無土」(刊本)、また肥後国山鹿郡には「箸人」という郷もある。「波之布止」は「はしひと」の音訛した「はしうど」を仮名遣いの錯覚から「う」を「ふ」としたもので、「萬無土」(まむど)は「間」を「ま」と読み、やはり「まひと」の音訛で「まうど(まむと)」となったものの、万葉仮名による表記である。

また、『万葉集』には「間人連老」や「間人宿祢大浦」など、いずれも伝未詳ながら「間人」を名乗る人物がいて、現在「はしひと」と読まれている。外に、叙明天皇の皇女に「間人皇女」がいた。その他、平安初期の資料『新撰姓氏録』に「間人宿祢」や「間人造」などが記録されていて、群書類従本では「ハシウト」という読みが付けられている。「誉屋別命之後也」などとある。

そしてもっとも注目されるのは、「記紀」が伝える、聖徳太子の母「穴穂部間人皇后」の存在である。弟の穴穂部皇子についても同じことがあるが、「間人」が「泥(涅)部」とも別表記されていて、いずれも「はしひと」と読まれている。古代における、こうした和名の漢字表記から類推して、丹後の地名「間人」も、本来「はしひと(訛言で、はしうど)」と呼ばれた地名であったと考えられる。

では、「はしひと」とは何を意味したのだろうか。先に見た「木簡」の発見によって、「間人」地区に土師部がいたことが証明されたが、「はしひと」とは「土師人」を意味したと考えてみたい(すでに吉田東伍編『大日本地名辞典』に、こう解する可能性のあることが示唆されている)。竹野郡丹後町の神明山古墳をはじめ、網野町の銚子山古墳、弥栄町黒部の銚子山古墳、さらには加悦町の蛭子山古墳など、近隣地域に巨大古墳が存在しているが、これらの古墳の

間人皇后母子像（京丹後市教育委員会提供）

築造や葬送儀礼に当たったのが丹後（当時は丹波）国の土師部であったと考えることができるからである（歴史伝承として、開化天皇から垂仁天皇・倭姫命に至る伝承を中心にして、垂仁天皇の后日葉酢媛や土師氏の埴輪伝承などが丹後と関わるが、このことはここでは割愛する）。

さて、では「間人」が「はしひと」であったにもかかわらず、「タイザ」（私見ではもとは「タヰサ」であったと考えるが、このことは後に述べたい）と読まれるのはなぜか。民間語源説では、「退座」「対座」などと、「間人皇后」にまつわる伝承で説明しているが、古い時代に漢語地名の存在したことは考えられないので、あくまで和語の地名であったとして論を進めたい。

地名の漢字表記とその読みがズレているものについて、枕詞で説明されるものがある。例えば「飛鳥」と書いて「あすか」と読むなど。これは「飛ぶ鳥の」が枕詞で地名「あすか」を称えていた詞であったことから、「飛鳥」をも「あすか」と読むようになった。同じ例に「日の下のくさか(草香)」から「日下」を「くさか」と読む。外に「春日(かすが)」「長谷(はつせ)」などの例がある。ここから類推して「はしひと(間人)の」が「タイザ」を称える枕詞であったことから「間人」と書いて「タイザ」と読むようになったと考えたい。最近、鏡味明克氏も枕詞説を示唆されている(「難読に隠された地名の意味」『國文學』二〇〇二・九)。しかし、「はしひとのたいざ」とは何を意味するかは、今後の課題と述べている。

丹後地方は、丹後王国論が説かれたりするように、早くに文化の面でも先進的なところであったと思われる。先に指摘した、「記紀」の垂仁天皇をめぐる伝承をはじめ、古『丹後国風土記』は逸文の形でしか残っていないが、比治山の羽衣伝承(地名起源伝承を含む)や、後で述べる「橋立」伝承、さらには「浦嶋子」の伝承など、豊かな口頭伝承を記録しているのである。

二　なぜ「間」が「はし」と読めるか

現代語に「はし」の同音異義語が三つある。「橋」「箸」「端」で、東京式アクセントでは、三つとも異なるアクセントである。それぞれが別語であることを意味する。「橋」を渡って来てはいけませんと言われた一休さんが、それでも堂堂と「橋」を渡ってきて、その言い訳に「橋」を渡ってきてはいません、真中通ってきました、という。「橋」を「端」にかけての屁理屈であるが、「端」と「橋」はアクセントが異なり別語だから、一休さんはずるいのである。

アクセントが異なれば、その時代においては別語と見るべきであるが、そのことをもって、元から別語であったかどうか—同源語であるかないかを決定する要因と考える理由にはならない。私見では、この三つの「はし」は元同じ語であったと考える。

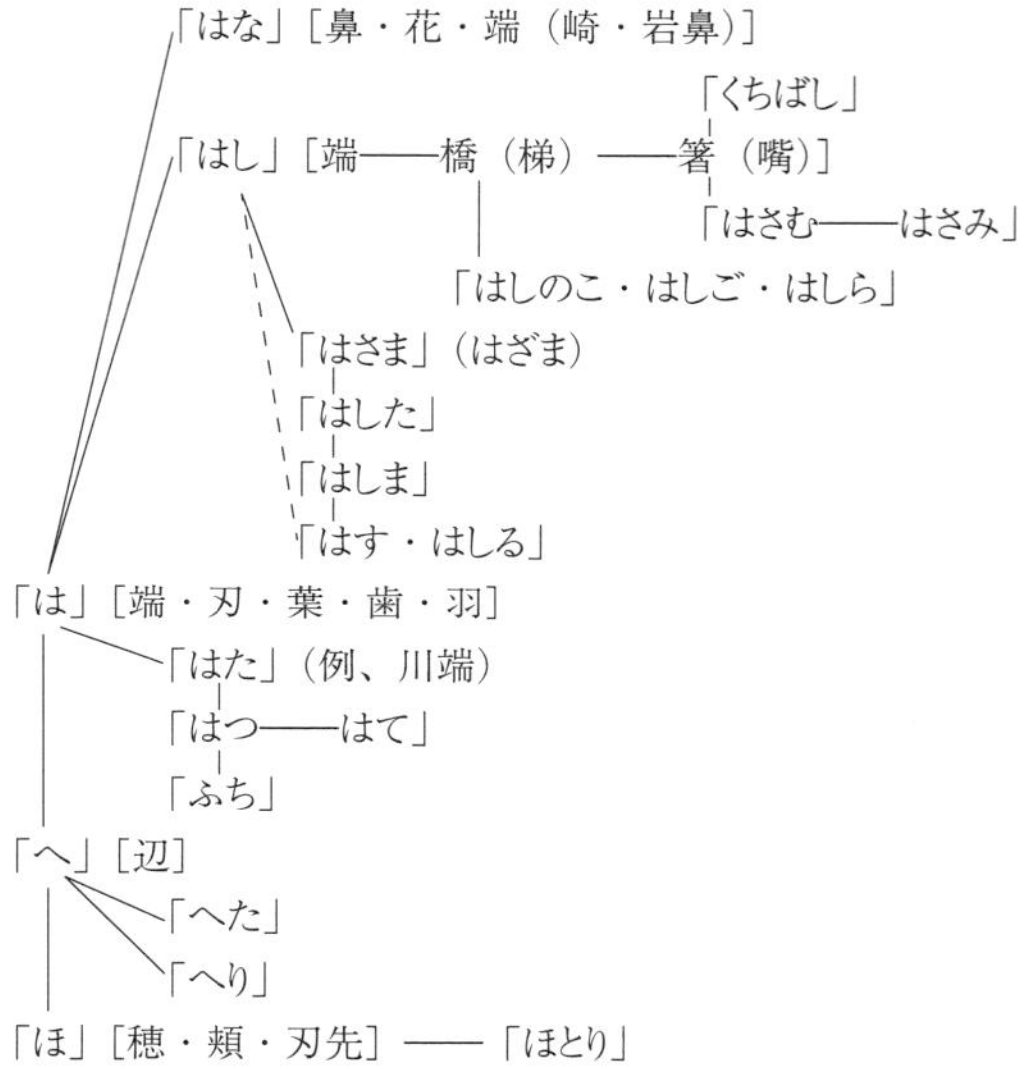

【別表】「は」の単語家族（ワードファミリー）

「箸」は、中国から入ってきたといわれる二本箸が早くから定着したようだが、日本固有の元々の「箸」は、ピンセットのような形のもの（VないしY字型）だったといわれる。鳥の「はし」「くちばし（嘴）」はその派生語とみられる。「橋」は、ピンセット型の「箸」と形態的・機能的な面で類似性があり、意味を分化させて別語となったものと考えられる。また、「橋」はこちらの世界の「端」ともう一つの世界の「端」とを繋ぐ働きをするものである。そういう異質なもの（空間・世界・土地）同士が接しながら切れている空間を「間」（あいだ・ま）と言って、「中（なか）」とは区別された（渡辺実「所と時の指定に関わる語の幾つか」〈『国語学』一九九五年・一八一集〉）。稲作農耕民族である古代人にとっては、川が隔てる向こうの世界は、異郷に通う世界と受け取られていただろう。「橋」は、こちらとあちらの異郷とをつなぐ「あいだ・ま」であった。「間」が「はし」と読まれるのは、こうした認識に基づくものと思われる。

もっとも土師人を意味して「間人」という文字を宛て「はしひと」と読ませたのであるが、漢字「間」が和語「はし」に当たることを活用したに過ぎない。いわゆる「訓仮名」に相当する用字法である。

さて、古語を考える上で必要かと思われることから、「は」を語基とする単語の派生の系譜をまとめてみた[注]（別表）

を参照)。

表に見るように、母音変化(いわゆる活用)を基調として、派生関係にある同源語の単語グループを、ワードファミリー(単語家族)という。「は」「へ」「ほ」のように母音変化によって別語が派生する場合と、「は」から「はし」「はな」「はた」のように、「は」などの一音節語に別の音節をつけて二音節以上の別語を派生する場合とがある。名詞から名詞が派生するばかりでなく、「はす――はしる」のように動詞など他の品詞も派生されることがある。

この別表で示した語の系譜が、必ずしも語の成立前後と一致していないところがあるかもしれないが、すべて私見である。また、十分可能性があるにもかかわらず、この系譜に取り込んでいない語も存在するかもしれない。例えば「は」も、「先、端っこ、末」の意に通ずることから、「山の端」の「端(は)」のみならず、「葉」、「歯」なども同源語であった可能性があると見ている。この別表では、[　]で示している。

三　「橋立」の意味と用法

丹後の地名「天の橋立」の「はし」は、どんな意味だったのか。『丹後国風土記』逸文では、「はし」に「椅」の字が宛てられている。

ところで「はしたての」が『万葉集』の歌などでは「枕詞」として用いられている。井手至氏(「枕詞ハシタテノ性格―ハシタテの習俗をめぐって―」(『国語国文』一九六〇・九))によると、「上古における境界でおこなはれたと想定されるハシタテの習俗を背景として成立した枕詞」であったという。「はし」は枝分れした(Y字型の)樹枝をかたどったもの(箸の原形と見てよい)で、土に突き立て、神の招代・依代あるいは神座、つまり斎串としての役目を果たしていたとみている。神が降臨する「はし」であると認識されたことから、「はし」が「梯子(はしのこ・はしご)」の意味に意識されるようになって、「倉橋（山・川）」などに懸かる枕詞としても用いられるようになったという（例・橋立の倉椅山に立てる白雲見まくほり我がするなへに立てる白雲、万葉集・巻七）。そして例えば、『丹後国風土記』逸文の「天橋立」伝承では、天と通行するために立てられた「椅」の倒れ伏したものと語っていることから、神の招代・依代としてのハシという認識ではなく、「梯子」に見立てていると指摘している。

今では専ら「天橋立」と「橋」の字を宛てるが、さらに、こちら（地上）とあちら（天上）の世界をつなぐものというように認識が変化したことを反映していると見てよいだろう。

「はしたての」が古い枕詞であったということを踏まえると、吉田金彦氏が地名「天橋立」について、自然の地勢に即した地名でなく、「比喩的表現から出た地名」と指摘されていることが注目される（『京都滋賀　古代地名を歩く』京都新聞社刊）。いわば文化的地名、つまりこの場合、神話伝承などにおいて用いられた言葉であったと考えられるのである。

「風土記」逸文には、「先名天椅立、後名久志濱（略）故云㆓久志備浜㆒　比中間云久志」とある。この「先・後」の解釈には二通りがあるようだ。つまり一つは、空間の前後と見て、あの長い砂洲の先端の方と根元の方とを区別して指すという理解で、「天椅立」「久志濱（久志）」それぞれ指す部分が異なったことを意味する。もう一つは、時間の前後と見て、「天椅立」が古い呼名で、「久志濱（久志）」が新しい呼名と解する読みである。一体この二つの名はどういう関係にあったと見るべきなのであろうか。

後には、専ら「天の橋立」の語のみが残り、「くし（はま）」の方は用いられることがないが、「くし」が「串」の意であるなら、海に長々と突き出した形状による自然地名の類と考えられる。ただしこの場合、「先後」は時間的区別を意味したことになる。砂洲の根元より先端のほうが「串」状に適しているからで、空間的区別と解する読み方では矛盾するからである。「久志」以前に「久志備（くしび）」と言っていたとするが、「くしび」は「串の状態である」

の意であろう。吉田氏の「比喩的表現」という理解を重視するなら、「天椅立」は「くしび―くし（はま）」を比喩した語ではなかったかと愚考する。たとえば「はしだての久志備の濱に」といった表現に用いられた、「はしだての」は枕詞だったのではないだろうか。大和では、かなり古くに「はしだての」が枕詞であったらしいのである。

四　「タイザ」の語源を考える

現在も語り継がれている、「間人村濫觴記録」などが伝える間人皇后「退座」説は、漢字に基づく字音語（漢語）であるところに大きな難点があり、もし「タイザ」が古代から受け継がれてきた地名だとすると、和語名であったはずである。もっとも本来「はしひと（はしうど）」と呼ばれていたのに、中世以後に「たいざ」という呼名が発生したというなら、話は別である（現在「タイザ」という音形式は中世までしか遡れない）。しかしそのころになって「間人」と書いて「たいざ」と読むようになったというのも不自然である。

では、何時ごろから「たいざ」という地名はあったのか。日本列島の中での位置からして、朝鮮半島や中国大陸との交流のもっとも近いところの一拠点であったと見られることから、古代朝鮮語であると考える説もあり得る。また、古代アイヌ語で解する地元の説なども存在する。

谷源蔵氏のアイヌ語説（『間人名称の考証』、ただしここでは『丹後町史』による）は、アイヌ原語の「タイ（森林）ヒット（人）」が元の形で、後に時代がたつにつれて、「タイヒト」となり後「タイジャ」さらに「タイザ」となったと説明する。「ヒット（人）」が「間人」の「人」に対応させたものだとするなら、こういう当てかたは受け入れがたい。また、なんといっても「ヒト（人）」から「ジャ（者）」への変化を想定するのは、荒唐無稽としか言いようがない。仮にアイヌ語とするなら、永田良茂氏のように、「さ」はアイヌ語の「浜」を意味する語と見るほうが、地形にも合っていると言える（京都地名研究会第二回例会の発表資料による）。永田氏によると、「タイザ」は「林の浜」という意味の語であるという。どういう地勢をイメージするのか、理解に苦しむが。

言葉は変化し、伝播するものであり、人々もあるいは民族も交替することがありうるが、地名はそうした時代・社会の変化を超えて、比較的継承されやすい面をもった言葉であるとも言えよう（逆に簡単に変えられてしまうこともある）。その意味で日本列島における民族の移動の歴史が明らかにならないと何とも言えないが、丹後地方に、特に地名においてアイヌ語地名が残存していないとは、断定的には言えない。しかし、軽々にアイヌ語説で説明することには慎重でなければならない。

和語だとすると、古代語以前の日本語では、語中語尾（正確には文節を単位に考えるべきであるが）に母音が自立する形では存在しなかったから、つまり二重母音は避けられたから、地名において「タイザ」という音連続であることは許されなかった。それが可能になったのは、イ音便現象が発生して以後のことで、だから「タイザ」の「イ」も、もとの何かがイ音便化した結果の音（形）であると考えるべきことになる。

吉田説（前掲書）は、「たぎさ」のイ音便形とする。「たぎ」は、たぎたぎしという形容詞（道の凸凹していて歩きにくい状態の意）と同源語で、現在の間人からも想像できるように、海岸がごつごつした岩肌であることの印象から付けられた地名と見ている。同様の音変化に、「たぎま（当麻）」（大和盆地の地名）が早くに「たいま」と変化したという例がある。また平安時代以降の形容詞「たいだいし」は「たぎたぎし」の音便形であると言われている。「さ」は「なぎさ（渚）」などの「さ」と同じで浜辺を指す語としている。「なぎさ」と「たぎさ」とは対になる地形語であったといえよう。

私見では、「たゐさ」が「たいざ」となったのではないかと考えている。ワ行の「ゐ」とア行の「い」とは平安中期を過ぎた頃までは別の音節であった。その後、二つの音は、「い」の音で同じになって、仮名遣いが混乱する。そのことが一五世紀の『海東諸国紀』などでは「たいさ」の音で記録されるに至ったものと考えられる。しかし「たいさ」がいつごろから「たいざ(じゃ)」となったのかについては、よく分からない。先の「たぎたぎし」の音便形が「たいだいし」であることから類推して、イの音になったとき、後続の「サ」が濁音化したと考えてよいかも知れない。

「たゐ」は、『万葉集』などにも見られ、各地の地名にもある「田井(田居)」ではないかと思う。いわゆる、田・水田を意味する地形名であった。「さ」は渚の「さ」とも考えられるが、「よさ」「わかさ」「とさ」など地名の多くに見られる「――さ」の例に連なるものであろう。ただこの説は、古代の「間人郷」がどの範囲の地域であって、竹野川の河口・下流域の水田における稲作農耕がいかに始まり、どのように展開したものであったかが、この解釈の正否を決定するのである。

私自身は現在のところ、吉田説が分かりやすく説得力があると判断している。

【注】

蜂矢真郷「ハ(端)をめぐる語群」(親和女子大学『親和国文』第15号・昭和五五年一二月刊)も参照されたし。

（参考）古代文学と言語学（抄）

一　文学言語と日常言語

現代の文学を見る限り、たとえ、部分的に、作者による人工語や新語がまじっていることはあっても、文学言語を構成する言葉そのものは、日常の言葉である。では、日常の言葉がどうして、文学の言葉となるのか。今、大江健三郎の言葉を借りると、「ありふれた日常・実用の言葉が、様ざまな工夫によるしくみをつうじて文学表現の言葉とな」るのである。[1] 問題の核心は、この「しくみ（装置）」にある。この「しくみ」を濾過することを、ロシア・フォルマリズムは「異化（作用）」と呼んだ。

さて、言語をめぐるこの事情は、古代においても基本的には同じであったと考えられる。和歌の場合について、この「しくみ」を考えてみよう。「しくみ」には、いわば眼にみえる「しくみ」と眼にみえない「しくみ」とがある。前者については、まずは、リズムがある。日本語では音数律による、五音句・七音句という定型をなす。枕詞、序詞、さらには掛詞、縁語といった、いわゆる修辞《レトリック》がある。これらは、表現の統辞的側面にみられる「しくみ」と言えよう。そして、歌枕・季語（俳句でのそれを典型とする）といった範列的側面にみられる「しくみ」がある。以上は直ぐ思いつくものであるが、見落としてならない「しくみ」に、近代における、短歌・俳句に見られる「文語使用」

という「しくみ」がある。これは文体的位相が「しくみ」として働いている場合である。そして、ひとり近代のにとどまらず、各々《おのおの》の時代においての「古語」が、それを使用することによって、文学言語化する「しくみ」として働いたと想像し得る。意味不明のものが多い枕詞は、はやくにその典型をなした特殊語であったと考えられよう。

文学言語の研究においては、この「しくみ」を明らかにすることが重要であるが、和歌文学について言うと、ともすると右にみたような、眼にみえる「しくみ」の範囲にとどまって事足れりとすることが多いが、それでは和歌という文学言語の研究は徹底しない。これらの眼にみえる「しくみ」を用いれば、文学か、と言えば、そうではないことは周知の事実である。もっと正確に言えば、少なくともすぐれた文学であるには、これらの「めにみえるしくみ」に加えて、「めにみえないしくみ」が求められるのである。当然、研究においても、この「めにみえないしくみ」へと踏み込んだ表現分析が必要とされることになろう。(2)

二　「間人」地名考

『和名類聚抄』（以下『和名抄』）に、丹後国竹野郡の郷名の一つとして、「間人」が見える。高山寺本にも刊本にも、万葉仮名による読みの注は付いていない。しかし、これは現在「タイザ」と呼ばれている地名にあてる漢字で、京都府の難読地名の一つである。朝鮮の資料『海東諸国紀』（申叔舟著・一四七一年成立）に「田伊佐（津）」とみえる。いつ頃から「間人」を「タイザ」と読むようになったかは不明であるが、本来、この字面は、同じく『和名抄』の「（備中国浅口郡）間人」に「波志布都」（刊本は「万無土」）とあり、また「（肥後国山鹿郡）箸人」も元は「間人」であった可能性を考えると、「はしひと（はしうど）」と読まれたものと考えられる。また、用明天皇の皇后で聖徳太子の母であった人が、「記」で「間人穴太部王」、「紀」では「泥部穴穂部皇女」「穴穂部間人皇后」とあり、この「泥（埿）部」「間人」が今、「はしひと」と訓まれているのである。さらに、『万葉集』や『新撰姓氏録』などに、「間人連」や「間人宿弥」の名があり、間人氏族が存在したことが知れる。

さて、「間人」は今「タイザ」と読まれるが、この字面をいくらながめてみても、この字面からはそう読む根拠は思い付かない。地元の口頭伝承（民間語源譚）では、大和における物部と蘇我の抗争の難をのがれて、丹後に滞在した間人皇后が、騒動おさまった後、大和に「退座《タイザ》」されたが、その徳を記念してつけられた地名と語る（「間人村濫觴記録」など）。また「対座《タイザ》」（「一色軍記」など）とも、「（出雲大社の）大社《タイシャ》」によるとも、「大酒主（人名）」の「大酒《タイシュ》」によるとも説く（別にアイヌ語で解する説もある）。しかし、これらはいずれも字音語である。「タイザ」が古代地名であるなら、和語であったはずである。いつ頃からどのようにして字音語の地名（京《キョウ》や丹後《タンゴ》など）が発生して広がったか、今明らかにし得ないが。

古代の歴史資料ないし和語（日本語）の資料が乏しいなかで、人名・地名などの固有名詞が漢字表記ながら、和語の姿を復元できるものとして残っていることは貴重である。馬渕和夫は「（これらの古代の地名が）日本列島で行われた、もっとも原初的な言語を現代に伝えていることは確かであるから、古代の地名の研究は目前の小利を捨ててでも探索すべきもの」とまで述べている[3]。

例えば、「飛鳥」と書いて「あすか」と読む例がある。このことは、「飛ぶ鳥のあすか…」という枕詞と地名（被枕詞）の関係から、その訓みの謎は解けたが、その「あすか」の語源自体は、まだ明らかではない。しかし、幸いこのように地名が、枕詞とともに残存する例が中央の文学資料には多い。地名を探る大きな手がかりがそこにあると言えよう。「飛鳥《あすか》」と同類の例に、「日の下のくさか…」から、「日下《くさか》」となったのではないかと指摘されている。とすれば古代で「間人」の字面が「はしひと」と訓まれるのが一般であったとすると、次のような推定も可能であろう。「間人《はしひと》のタイザ…」という枕詞と地名の結合が神話的伝承とともにあったとみてはどうか。「飛鳥《あすか》」「日下《くさか》」と同じ経路をたどって「間人《タイザ》」となったと解するのである。丹後王国論が唱えられるほど、この地域には、地名起源譚を含む神話伝承が豊かに存在していたと思われる。もっとも、「タイザ」の形がそのまま元の古語の形とは考えられない。古代の日本語が、語中語尾に単独母音が存在することを忌避した言語であったことを考えると、少なくとも「たゐさ」「たぎさ」であったはずで、「たゐ」は、「田井・田居」の表記で地名や古語（「田」の意）に残るものに相当すると考えられる。形態素「〜さ」は、近辺の地名にもみられる「若狭《わかさ》」や「与佐《よさ》」の「さ」に通じるもので、「渚《なぎさ》」の「さ」など、海辺の地（磯《いそ》）を指す語であったかも知れない。もっとも、吉田金彦は、「なぎさ（渚）」（おだやかな磯）に対する語「たぎさ（凸凹の磯）」を想定し、そのイ音便化したものがタイザとみる。そして「たぎ」は、当麻（たぎま→たいま）の「たぎ」と同じ、とみている。[4]

三　枕詞と地名

丹後国竹野郡タイザに枕詞として「間人《はしひと》（の）」が冠せられたとすると、それはなぜか。平城宮趾出土の木簡に、

丹後国竹野郡間人郷土師部乙山中男作物海藻六斤

とある。すると、この地に土師氏に支配される土師部が存在したことが知れる。「はしひと」は、「泥《はし》（埿）部《ひと》」と読んだことからも、「土師人《はしひと》」を意味していると考えられる。丹後国竹野郡間人郷の隣郷は竹野郡竹野郷である。この地は、『古事記』開化記の「竹野比売」由来地であり、式内社竹野神社は、山陰でも有数の一九〇メートル級の前方後円墳、神明山古墳をかかえこんでいる。この神社のそばを河口とする竹野川は、『丹後国風土記』逸文の「羽衣伝説」が伝える比治山に源を発する河で、天女が和奈佐翁媼に追放された後、漂泊した河筋は、この河であり、その途中の奈具の地で、豊宇賀能売命（伊勢外宮の祭神豊受大神）として祭られた、と語られている。この神明山古墳と、垂仁

天皇の皇后となった、この地出身の日葉酢姫を葬った、大和国の日葉酢姫陵（大和の土師氏の勢力圏にある）との関係のことなど、関連深い史実があるが、ただ本稿はこれ以上歴史を語る場ではない。

丹後国の古風土記は、逸文でいくつかの伝承が残存するのみである。しかし、羽衣伝承にしても、天橋立伝承にしても、地名起源（語源）譚の「かたり」をなしている。それらを土着して語り伝えた「語り部」として、葬送儀礼や陵墓の築造にあたった「土師」氏の存在が考えられるのであり、「間人」は、その拠点であったのではないかと考えてみたいのである。(5)

枕詞を冠する地名の存在は、各地においても、その地名をめぐる神話的伝承が伝えられていたことを意味するのではないか、と想像されている。地名と結合する枕詞は、枕詞の成立のうちでも、その古層に位置するものであったことを重視したい。

枕詞と地名の結合には、「千葉《ちば》の葛野を見れば」（記四一）、「つぎねふ　山代女《やましろめ》の」（記六三）のように、歌謡の時代には、枕詞の部分が三音四音であるものもあったが、詩歌の定型化が進むに従って、例えば、「押し照る　難波…」から「押し照るや　難波…」のように、枕詞の部分が五音句のものに定まってくる。しかし、この変化は単なる漸進的発展——未完成から完成へ——と捉えてすませられる問題ではない。冒頭に述べた、日常の言葉が文学（非日常）の言葉となる「しくみ（装置）」にかかわっているのである。五・七によるリズム形式が、日常語を用いながらもそれを文学の言葉へと変換する「しくみ」であることは先に述べたが、では、五・七による定型以前においては、どんな「しくみ」が日常語を非日常語と感じさせたのか、おそらく、神を語る、ものごとの起源を語る、という言語の「場」が、日常の「場」とは異なるものと意識されたのであろう。非日常的な場に用いられる言葉は、非日常的な言語であった。語りの「場」こそが「しくみ」として働いた、と考えるべきであろう。非日常的な場において、非日常の言葉となった言葉は、特別な力を持つものと受けとられていたのである。つまり、その力が、「言霊」であった。

更に、「うた」においては、そうした非日常的な「場」の言葉という「しくみ」にとどまらず、いわゆる音楽の伴奏（あそび）を伴うという、特別な異化作用の「しくみ（装置）」として機能するのは、何も、この古代に限ることではなく、現代においても、なお機能するところがあることは言うまでもない。そして、勿論それが異化作用のすべてを支える「しくみ」であるわけではなかった。ただ、古代においては、後世に比して、言語の「場」という状況が、異化の「しくみ」として、より強く機能するものであったと思われる。

【注】

（1）大江健三郎『新しい文学のために』（岩波書店・昭和六三年）。

（2）散文（物語）の言葉との違いというレベルにおいて認められる和歌言葉の特質については、糸井通浩「かな散文と和歌表現」（和歌文学論集3「和歌と物語」風間書房・一九九三年）で論じている。「しくみ」を重視するとは、文学において「何を」に対して「いかに」の方が重視されることを意味する。

（3）馬渕和夫『奈良・平安ことば百話』（東京美術・昭和六三年）。

（4）吉田金彦『京都滋賀古代地名を歩く』（京都新聞社・昭和六二年）。

（5）井上辰雄『古代王権と語部』（教育社歴史新書・昭和五四年）では、延喜式にみえる語り部「丹後國二人」について、竹野郡の奈具社などのある鳥取郷に注目して、鳥取部などを想定している。

丹後の地名由来

一　日《ひ》置《おき》（宮津市）

現在、丹後半島の東側、天橋立の北方に位置する集落である「日置」は、『和名類聚抄《わみょうるいじゅしょう》』に記録されている古代地名である。『和名類聚抄』丹後国与謝郡に属する「郷」の一つ。与謝《よざ》郡は、宮津《みやづ》郷、日置郷、拝師《はやし》郷、物部《もののべ》郷、山田郷、謁叡《あちえ》郷、神戸郷（刊本のみ）からなっているが、各郷の郷域についてこれまでに検討されてきたことを参考にすると、日置郷は、成相寺のある山並みや現在の日置など宮津市の一部と、伊根町全域にわたるかなり広い範囲にわたっていたと推定されているが、穏当な判断だと思われる。もっとも古代から現在の日置地区に至るまでには、その郷域について、かなりの変化があったようである。しかし、古代においては、現在の日置あたりが、古代の日置郷の中心的な土地であったと考えて良いであろう。

「日置」、地元では「ひおき」と読むが、全国的には「へき」「へぎ」「ひき」などとも読まれる。いずれも「ひおき」の変化したものと思われるが、「笠置（かさぎ）」などの例の存在からすると、「置」が「き・ぎ」の仮名として用いられた可能性もある。ただし、「へき」とも読むが、この「へき」は「ひき」の変化とみるより「ひおき」の変化と見るほうが納得しやすい（「ひお」→「へ」とみる）。もっとも、中世この地には鎌倉の御家人と称していた「日置（へき)氏」が存在していたとされるが、天正七年(一五七九)細川氏に平定されたという(『京都府の地名』)。しかし、日置氏の、中世以前の存在を否定するものはない。

『丹後国風土記』逸文の伝える「浦嶋子伝」では、嶋子の住まいを「与謝郡日置里、この里に筒川村あり」と紹介する。「里」は「郷」以前の呼称で、他の「風土記」逸文にも、「比治里」「船木里」などとある。伝承の古さを物語っている。

古代の日置郷の北端には、海人族の日下部氏の伝承である「浦嶋子」伝承があり、南端には、海人族の海部直が奉仕する「天火明命」を祀る元伊勢の籠《この》神社があり、中央部には、徐福伝説の新井崎、さらに海人族との関係が考えられる「朝妻」地区(拙稿「朝妻」『京都の地名検証』勉誠出版、本書二五七頁参照)および舟屋で有名な伊根地区があることと、この「日置」地区とは深い関係があると思われる。

松前健(「日月の神」『講座日本の古代信仰2』学生社)は、皇祖神「天照大神」以外の太陽信仰の神々の神格を論ずる中で、次のように言う。

式内の天照御魂神、天照神と称せられる幾つかの太陽的神格らしい神は、尾張氏、およびその同族(例えば、大海部直、凡海直、但馬海直、以下略)の祀る神であったこと、およびこの神こそ、「記紀」の火明命と同一霊格であったこと、(略)これがもと海人族の奉じた海洋的な太陽神であったことを推定…

「日置」は全国各地の郷名等の地名にみられ、また日置氏(比企氏、戸木氏など含め)や日置部の一族が存在していたが、明らかに太陽神の祭祀に関わっていたことがわかる典部(部民)「日置部」を中心に、井上辰雄が詳しい考察を試みている(「太陽祭祀と古代氏族—日置部を中心として」『古代日本人の信仰と祭祀』大和書房)。その中に丹後の「日置」と関わる重要な記述がある。井上は次のように言っている。

日置の中央における本拠は、大和国葛上郡日置郷であったと考えられるからである。ここは、御所市朝妻付近に比定されるが、とする。

私は、拙稿「朝妻」（前掲書）で、丹後の「朝妻」（伊根町）が葛城の「朝妻」や近江国坂田郡の「朝妻」とが、渡来系海人族として同族関係にあるのではということを述べた。そこに「日置」が重なってくるのである。日置郷は、東の海に面している。日向の神事など、太陽神の祭祀に関わっているのであろう。沖合いにある冠島と向き合っていることも注目される。

なお付記すれば、日置部・氏または日奉部の職掌については、太陽（日）神の祭祀はもとより、暦（「こよみ」は「日（か）をよむこと」の意の語、「よむ」は数えるの意味）の管理に及んだとも、また「ひ」は「火」でもあることから、「火」の管理にも携わったという見方もある。但し、上代では、「日（ひ）」は甲類、「火（ひ）」は乙類と別の音と意識されて、「火」と「日」は別語であった。現代語ではアクセントも異なる。しかし、語源的には同源の語と見ようという説が優勢である。

二　朝《あさ》妻《づま》（与謝郡）

昭和二九年（一九五四）、伊根村、筒川村、本庄村、朝妻村が合併して伊根町となり、町村名から朝妻の名が消えた。しかし、朝妻が村名となったのも、明治二二年（一八八九）のことで、泊、六万部《ろくまんべ》や徐福伝承の地で知られる新井《にい》など、八つの集落が合併した時である。その八つの集落名のうちに朝妻の名はなかった。にもかかわらず村名として朝妻の名が選ばれたのには六万部などのいくつかの集落を朝妻と総称することがあったからである。現在も、伊根町の中の地区名としては残っている。一方、伊根や筒川などは、集落名であり、また庄や保の名として歴史的に記録されてきた地名である。

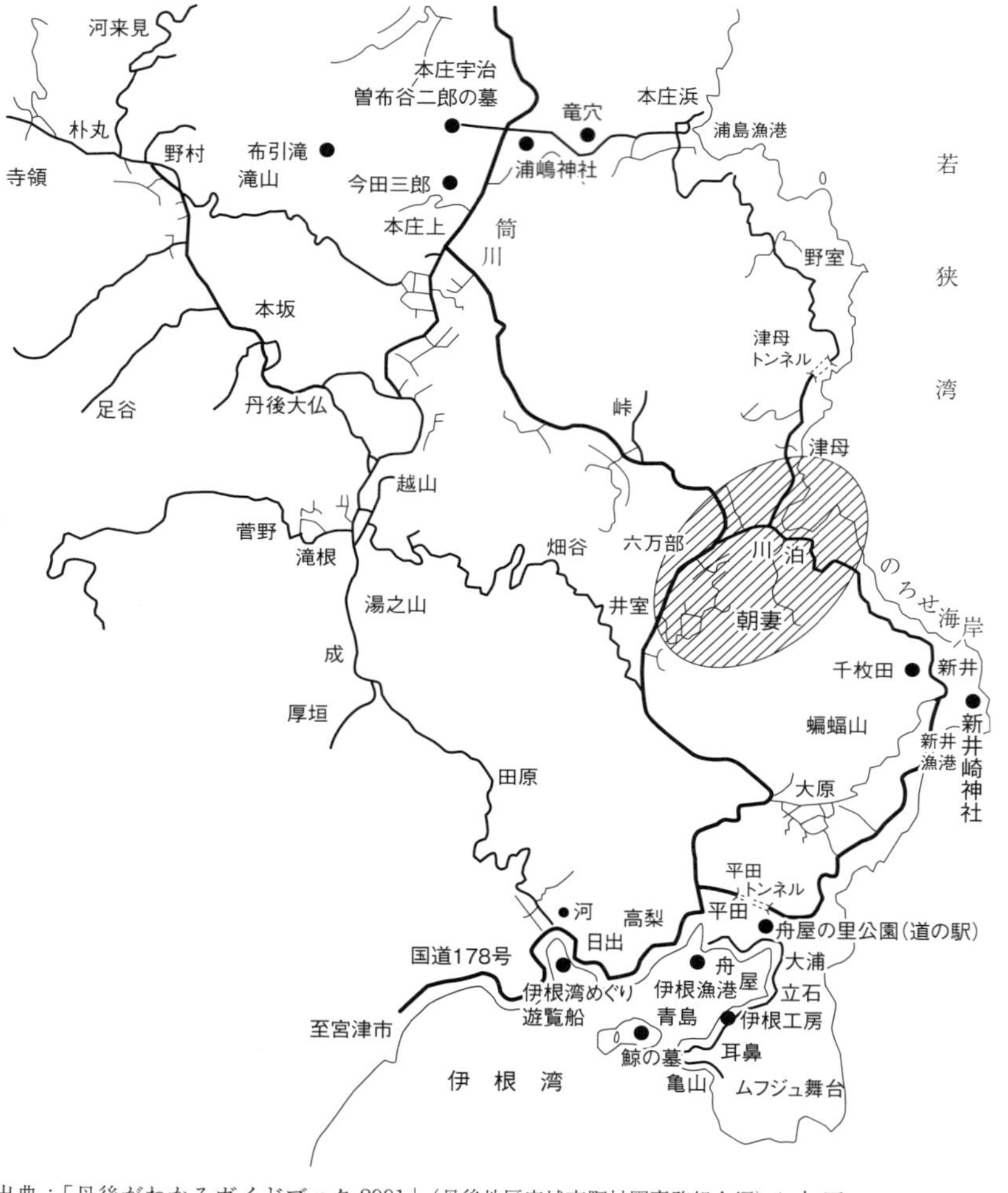

出典：「丹後がわかるガイドブック 2001」（丹後地区広域市町村圏事務組合編）に加工

地名「朝妻」の名をめぐる伝承が、『曾我物語』（巻五）に伝えられている。平安中期、藤原保昌《やすまさ》が丹後の国守として赴任していたが、妻の和泉式部も付き従っていた。あるとき「朝妻の狩りくら」で鹿狩りをすることになった。その前夜のこと、鹿の鳴く声を聞いた和泉式部が「ことわりやいかでか鹿の鳴かざらむ今宵ばかりの命と思えば」（『後拾遺集』）と和歌を詠んだ。その歌を聴いて保昌は心を打たれ、狩りを中止し、道心を起こして六万本の卒塔婆と六万人の僧をもって供養したという。このことが後の資料では「六万部」という集落名の起源譚にもなっている。

朝妻といえば、大和国葛城の金剛山の麓や近江国坂田郡内の地名として、よく知られている。林屋辰三郎氏（『中世藝能史の研究』）は、『続日本紀』（養老三年十一月条）に「朝妻ノ子手人龍麻呂、賜海語連ノ姓、除雑戸号」とあることを手がかりに、大和葛城の朝妻と近江坂田郡の朝妻とが深く結びつくことを論じている。その説によると、『新撰《しんせん》姓氏《しょうじ》録《ろく》』（大和国諸藩）に「朝妻造　韓国人都留使主之後也」とあり、「朝妻手人」とは朝鮮半島からの渡来系の技術集団であったと考えられることから、葛城の地から近江の坂田郡朝妻郷に移り住み、同じ「朝妻手人」として、「海語連《むらじ》」の姓を賜ったのだとみておられる。近江の朝妻には港があり、平安時代以降は朝妻船でよく知られたところで、その名が物語るように、海人の技能を持ち、筑摩《つくま》御厨《みくりや》としては漁労による収穫の魚貝などを御贄《みにえ》として朝廷に献上もしていた。また、近江の朝妻郷には「世継」という地名が残るが、海語連として、継体天皇や息長《おきなが》帯比売《たらしひめ》（神功皇后）とも深くかかわる息長氏の伝承を語り伝える人々でもあった、と論じている。

渡来系といい、海語といい、漁労による御贄のことといい、丹後半島の朝妻に住んだ人々と氏族的状況が似通っているのである。大和や近江の朝妻に住んでいた人々と同族関係にあったのではないかと思われる。古代史において、大和と近江と丹後・但馬の間には、いろいろな繋がりが認められるからである。

例えば、天の日矛にまつわる兵主《ひょうず》神社の分布に象徴される新羅《しらぎ》系の人々の移住伝承がある。また、雄略天皇に父を殺された億計《おけ》・弘計《おけ》の兄弟が各地を逃れていった伝承地にも窺える。二人を助けたのは日下部《くさかべ》氏であるが、日下部氏といえば、『丹後国風土記』逸文の浦嶋子伝承では、筒川の嶋子が日下部首《おびと》らの先祖であると語られている。息長氏にもまた丹後と繋がる伝承がある。垂仁天皇の后となった丹後の娘「日葉酢媛《ひばすひめ》」は、大和の日子坐王《ひこいますおう》と近江野洲の息長水依比売を祖父母としているのである。開化天皇から垂仁天皇・倭姫命に渡る皇統譜では、三つの地域の関わりが色濃いことは無視できない。

三　新井崎《にいざき》(与謝郡)

新井崎は、丹後半島でもっとも東に突き出た岬である。与謝郡伊根町字新井の地で、ここに新井崎神社があり、この地に漂着したという徐福《じょふく》という名の中国人が祀られている。

徐福漂流伝説は、全国約三〇ヵ所近くにわたって伝えられていると言われているが、語りの元は中国の文献にある。青木五郎他編『史記の事典』(大修館書店)によって概略をまとめてみる。徐福は、秦の始皇帝に仕える方士で、徐市《じょふつ》とも言った。『史記』秦始皇本紀によると、徐福は始皇帝に願い出て、東海の神山(蓬萊・方丈、瀛州《えい》)に仙人(神薬とも)を探しに、数千人の童男童女を連れて船出するが、数年経っても入手できず、やがて始皇帝はなくなる。また「淮南衡山列伝《わいなんこうざん》」では、「延年益寿の薬」(不老不死の薬)を求めて、三〇〇〇人の童男童女を連れて行き、さらに徐福はある島にたどり着き、そこに居着いて帰国しなかった、としている。この伝は注目すべきで、それを受けて日本での徐福漂着の伝承が生じたかも知れない。また中唐の詩人白楽天の詩「海漫々」は、秦の始皇帝や漢の武帝が方士に仙薬を求めさせたことを踏まえて詠んだ詩で、「方士年年采薬去」(方士は毎年薬草を求めに出かけた)と詠んだ後、「蓬萊」といっても昔が今に至るまで、ただその名を聞くだけだと詠んでいる。

『丹哥府志』が、この新井崎神社のことを「童男寡女宮」と記しているが、徐福に同伴した数千人の少年少女(童男

新井崎神社
伊根町新井崎から若狭湾を見下ろす。徐福上陸の伝説地でもある。
（1987年6月21日　吉田金彦撮影）

女とも）のことである。地元には江戸末期に筆録された「新大明神口碑記」が残っていて、それには童男寡女が不老不死の薬（九茎のよもぎ、九節の菖蒲）を求めてたどり着いたと語る。始めは京丹後市網野町の離湖に漂着し、その後新井崎へと薬草をもとめて移動したという。しかし、徐福の到来には触れていない。これが口頭伝承を書き留めた、唯一の文献である。また、他の全国的に散らばって存在する徐福伝承も、いずれは遣唐使らによって『史記』が伝えられて以降に発生した伝承と思われる。

一体、いつから徐福伝承が語られているのか、なぜ徐福漂着地が新井（崎）であるのかなど、謎のままである。ただ、よく似た話として垂仁天皇にまつわって語られている伝説がある事に注目しておきたい。『日本書紀』によると、新羅の王子天日槍《あめのひぼこ》に付き従ってきた三宅連《みやけのむらじ》らの祖である「田道間守《たじまもり》」は、垂仁《すいにん》天皇の命を受けて、「常世の国」へ「非時 香木実《ときじくのかぐのこのみ》」（今の橘のこととする）を求めて旅に出るが、持ち帰ってきた時には、すでに天皇はなくなっていたという話である。常世の国は、蓬莱など不老不死の国のことで、求めたものは一種の薬草の意味があったのであろう。天皇の生前に間に合わず、田道間守は御陵の前でさめざめと泣いたと記している。結局徐福も、秦始皇帝の命を果たせなかったという点で共通する。網野町にある式内社志布比神社には、垂仁天皇の御代、天日槍の来朝伝承があり、また式内社売布神社には、田道間守の伝承が伝えられていたことが注目される。

ところで、『丹後旧事記』（江戸末期）には、新井崎のことを「子《ね》の日《ひ》崎」としている。「子の日」は、正月行事の一つで、七日（人日）に七草粥を食する行事と似てはいるが、それとは別の行事で、小松引きとしても知られる、野に出て若菜を食する風習であった。「若菜」であることに薬草の意味もあったとすると、新井（崎）地区がそうした素材の採集地として知られていて、「子の日崎」といわれたのかも知れない。そして、薬狩りの風習があることで、徐福伝承が付加されることになったのかも知れない。（補注）

（補注）

「丹後国一宮深秘」（十五世紀中頃・伝僧智海選述）に徐福伝承を思わせる記述がある。しかも「古伝」としている。なお、渡来の人たちが拓いた地「新居」の意であったとも考えられる。

四　筒《つつ》　川《かわ》（与謝郡）

浦島（古くは、浦の嶋子。お伽草子などから浦島太郎と称された）伝承で知られる地名である。『丹後国風土記』逸文に「与謝《よざ》郡日置里《ひおきのさと》、此里に筒川の村あり」とある。そこが嶋子の住むところであった。『日本書紀』にも嶋子を「筒川の人」とする。郷（里）より小さい区域を指す地名であった。集落名である。それ故『和名抄』にはみられないが、中

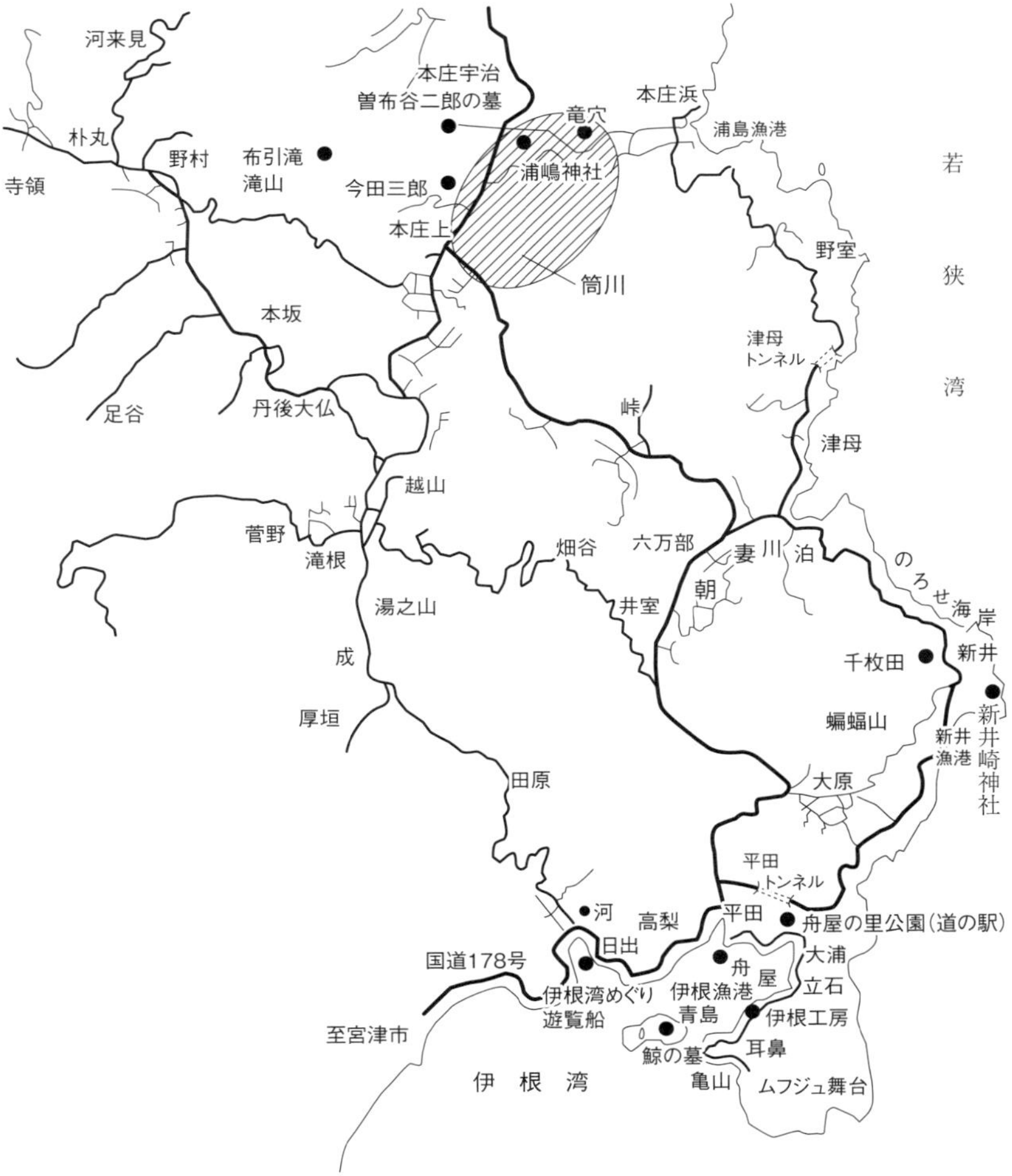

出典：「丹後がわかるガイドブック 2001」に加工

世には、「筒川保《つつかわのほ》」また「筒川庄」と言われた記録があり、伊根町に属するまでは、筒川村であった。

しかし、どういう意味を背負った地名なのか、理解に苦しむ。今も筒川という川はある。地区名の成り立ちからして、「つつ」（筒?）という土地を流れる川の意か、それとも、筒川という川の名がその地の地名にも使われたのか、簡単に判断が下せない。

前者とみるなら、対馬の地名で有名な「豆酘《つつ》」（厳原町）が思い浮かぶ。海人族に関係した地名であろうか。「筒」と言えば、住吉系の海人族の信仰した神が「筒之男《つつのを》」という住吉大社の祭神（墨《すみ》の江の三前の大神）で、上筒之男命、中筒之男命、底筒之男命といわれる神々である。西宮一民氏（新潮古典集成『古事記』「神の名の解説」）は、「筒」とは、船の安全を守護する「船玉の神」を祀る筒柱が、神そのものとして祀られたことによると解している。他に「石筒《いわつつ》之男神」もあるが、こちらの「つつ」は、刀剣の意味によるのだろうと言われる。

永留久恵氏（『海道と天童』）は、谷川健一氏らの説を踏まえ、壱岐の東南端の「筒城（つつき）」や伊都国（前原市）の「つつき」もあわせて、「筒之男」神に関係する地名で、雷神と関係があると言う。なお福岡県糸島郡雷山の麓には、「筒原」という地名がある。

浦島伝承で、その海辺を「墨吉（すみのえ）」（『万葉集』）としていることが注目される。一方「紀」や『万葉集』で、浦の嶋子を「みづのえ」の人とも言っている。現在、筒川という川は、浦島伝承を伝える式内社「宇良神社」の近くを流れている川である。海の神を祀ることに関わる土地であったことを物語っているように思われる。

なお、星の名の一つに「ゆふつづ」（宵の明星・金星）と呼ばれるものがある。古くは『万葉集』やお伽草子などの天稚彦《あめわかひこ》の七夕伝承などに出てくる星である。「つづ」は星の意とされている。そこで「つつかわ」とは、「星川」の意ではないかと考えられそうであるが、しかし星の場合は「つづ」と後が濁るようだ（『日葡辞書』）。とすれば、「つつ（筒）」とは別語である。

「筒」地名といえば、山城の「筒木（綴喜）」郡がある。表記の文字の意味が地名の意味を伝えているのなら、筒状になった木、つまり「竹」の繁殖地という、土地の印象の地名化と考えられるが、その保証はない。もっとも『古事記』に、垂仁天皇の妃となった「カグヤヒメ」がいて、その父が「大筒木垂根《たりね》王」と呼ばれ、叔父に当たる人が「讃岐《さぬき》垂根王」という名であることをみると、「筒木」は竹を意味したと考えられるのである。しかしこれはむしろ、『竹取物語』が創作されるにおいて、作者が『古事記』の系譜を「竹」に因むものと解したことによって、「かぐや姫」の竹中誕生という発想を得たのだとも考えられるのであり、逆に『竹取物語』から、「筒木」を竹と解釈しているのに過ぎないのかもしれない。ここに壱岐や九州の伊都国の「筒城」の存在も改めて検討に加えねばなるまい。

川の名は、特に大きな川の場合、川が流れる地域名を付けて命名されていることが多い。「木津川」「宇治川」「淀川」「葛野川」「桂川」「賀茂川」など。そこで「筒川」も「つつ」という土地を流れる川の意ではないかとも考えられるわけである。しかし「つつ」という地名の痕跡はみあたらない。

では、川の特徴を捉えて、それを「つつかわ」という川の名としたということも考える必要がある。この場合、川の名「筒川」が先にあって、それがその地域を指す地名にも用いられたと言うことになる。考えられる意味は、筒状になった川ということ。この場合、堤（つつみ）、筒井（つつい）やつつ（包）む、などの「つつ」と関係させて考えるべきであろう。または、「つつ（どり）」（鶺鴒・古代歌謡）の棲息地であったということも考えられる。

「つつ」を「津津」と解する説があるが、一つの地をさして「津」の寄り集まったというイメージは抱きにくい。まして、「津川」ならともかく、「津津川」の意とするのは無理であろう。

大内峠頂上の公園からみた天の橋立（京都新聞社提供）

五　大《おお》内《ち》峠《とうげ》（京丹後市・与謝郡）

京丹後市大宮町三重から与謝野町岩滝の弓の木へ越える峠。頂上には妙見さんがあり、天橋立を眺める三大絶景の一つで、山頂からは橋立の松並木が横一文字に見える。この峠道は古い時代には重要な交通路にあたり、また中世末期の戦乱期には要害の地でもあった。昔は訪れる文人もあり、茶店もあってにぎわった。今はひところのような人気はないが、最近バンガローが建てられ、頂上の一字観《いちじかん》公園が再整備され、展望台がしつらえられたこともあって、車族は結構訪れているようだ。「橋立や松をしぐれの越えんとす」（蝶夢）など、いくつかの句碑や与謝野鉄幹（寛）・晶子夫妻の歌碑などもあって、昔を偲ぶことができる。

楽しみは大内峠にきはまりぬまろき入江と一《ひと》すぢの松

寛（冬柏四号『山陰遊草』）

古来、「大内《おおうち》」嶺とする文献もあり、「樗《あふち》」峠とも書かれ、また「王落《わうおち》」峠とも言われる。いずれも現在では「オーチ」という発音になるので、どれが元の峠の名の意味であったかは決定できないが、地形名には「内」「大内」「谷内」「河内」などの語が、比較的多くみられることから考えると、ここも「奥まったところ」の意の「大内」であったと思われる。

としても、「王落」と表記されたのには、それなりの歴史(伝承)があった。『日本書紀』(顕宗天皇即位前紀)によると、雄略天皇に父・市辺押磐皇子《いちべのおしわのみこ》を殺された、二人の皇子「億計《おけ》・弘計《お(を)け》」は、日下部連使主に守られて、「難を、丹波国の余社(与謝)郡に」逃れた。いったん、宮津市難波野《なんばの》にかくまわれたが、さらにこの地から二人の兄弟は、播磨国赤石(明石)郡に移り、「丹波小子」と称して隠れていたが、都に呼び戻されて、顕宗《けんぞう》・仁賢《にんけん》、両天皇になった、と伝えられている。

日下部氏と言えば、『丹後国風土記』逸文が伝える「浦嶋子《うらのしまこ》」伝承で、筒《つつ》川の嶋子の子孫を日下部首《おびと》としているが、おそらくその日下部氏と同族と考えられる。後に丹後国となる土地に二人の兄弟が逃れてきたのも、その縁に依ったものであろう。地元の地誌(『丹哥府志』)では、丹波郡三重郷(『和名抄』)の長者となる「五十日《いかが》真黒人」が二人の皇子を庇護したという。京丹後市大宮町五十河《いかが》には、久住《くすみ》という集落があり、そこに式内社「木積《こづみ》神社」(『延喜式神名帳』では与謝郡に記載される)があって、祭神として二人の王子を祀っていると言われる。現在、「久住」は「クスミ」と読み、「木積」は「コヅミ」と読み、音がずれているのであるが、両語はもと同じ語であったと思われる。地名と神社名は一致していたと考えていいだろう。古代では、「つ」と「す」の交替があったことによると考える(本書Ⅱ参照)。

大和の都から与謝郡についた王子は、岩滝から「王落」峠を越えて、五十河久住に逃れてきたと地元では語られていたわけである。久住を「皇住」とも書くのは、そこに二王子(皇子)が住んだとする伝承を踏まえているからであろう。

伝承地は数多いが、なお丹後国内でも、二人の王子を巡る伝承地には、この外にも舞鶴市大内町、宮津市須津、加悦《かや》町温江《あつえ》などがある。

六　千丈ヶ岳《せんじょうがたけ》（与謝郡・福知山市）

千丈ヶ岳については、丹後と丹波の境界にそびえる「大江山」のことを指すと説明するのが一般的である。しかし、大江山とは、吉野山や大枝山、または京都の東山などと同様、連峰名であって、本来特定の山を指す語ではなかったと見るのが、大江山という名が定着してくる歴史から見ても、正確であろう。この山名については、既に『京都の地名　検証』（勉誠出版）で触れられている（綱本逸雄担当）。今の大江山を、大江山と呼んだ文献は鎌倉期以前にさかのぼって確定できるものはなく、むしろ「大江山」とあっても「大枝山」（山城と丹波の境の山々）を指すものばかりであり、今の大江山を指す山名としては、「与謝（佐）の（大）山」という語が存在していたのである。現在正確には、大江山（連峰）の最高峰を千丈ヶ岳、というとすべきか。

ここでは、「千丈ヶ岳」という山名について述べる。紛らわしいことに、「千丈ヶ原」と呼ばれる地名もあるが、両者は別の地名である。『丹後国加佐郡旧語集』（一七三五年）に「大江山ヨリ千丈ヶ原ヲ越エ」などとある。この「大江山」は千丈ヶ岳のことであろう。前者は約八三三メートルだが、後者は約五六二メートルと低く、大江町側にあり、千丈ヶ原川が流れている。

千丈ヶ岳という名は、仙丈ヶ岳や戦場ヶ原などと同様、修験道の道場であったことを示す山名だと言われている。修験の道場のことを「禅定」といったが、その口頭で伝えられてきた地名を、いざ漢字に当ててみたとき、様々に表記されることになったようだ。文字で表記して伝えられると語の形は固定しやすいが、口頭伝承では、言葉の形が変化しやすい。そんなケースが、この山名にも見られるのである。

聖徳太子の異母兄弟である麻呂子親王を主人公とする『等楽寺縁起』
（竹野神社蔵　京丹後市教育委員会提供）

今の大江山には、二つの鬼退治伝承がある。有名なのは「酒《しゅてん》呑童子」という鬼を源頼光ら四天王が退治する話であるが、もう一つ地元に伝えられる話がある。用明天皇の皇子で聖徳太子の異母兄弟である「麻呂子《まろこ》親王」が三匹の鬼（英胡、軽足、土車〈土熊〉）を退治する話で、七仏薬師信仰を反映しており、丹後地方の七ヵ寺（実際の伝承に関わる寺はもっと多い）にまつわる伝承になっている。

実はもう一つ「与佐（の）大山」での異族退治伝承があるのである。古風土記の偽書（一五世紀末期成立か?）とされているものに『丹後国風土記残闕（加佐郡）』という伝本があり、土着の「陸《くが》耳御笠《みみのみかさ》」（土蜘蛛《つちぐも》）が「与佐（の）大山」に逃げ登ったのを、丹波に遣わされた日子坐王《ひこいますおう》が退治したという話である。これもまた偽書ながら隣国の『但馬世継記《たじまよつぎき》』（但馬国司文書の一部?）なる本にも「与佐（の）大山」（ただし、「所寄」と書いて「ヨサ」と読ませている）での話として同様の話を伝えている。両国の偽書の内容に符合するところがあるのは何を意味しているのだろうか。これらの偽書が書かれた頃には、少なくともそうした伝承が流布していたことを意味するのだろう。

さて、麻呂子親王の場合であるが、三匹の鬼が住んでいたと伝えられる山は、明らかに今の大江山だと思われるが、大江山という名は出てこない。「与佐（の）大山」か「三上ヶ岳」（三上岳、三上の岳）といった山名である。面白いのは、「みうへかたけ」と仮名で書いたものもあることである。もっとも謡曲「丸子」には、「いさむ心は大江山、みうへが獄に着にけり」とあり、また謡曲「丸子」の異名に「みうへかたけ」とする曲目のものもあった。「三上（ヶ岳）」は「サンジョウ」と読み「千丈（センジョウ）ヶ岳」のことだと思われるが、これを訓で読んでいるのである。

酒呑童子伝説の舞台として、山城・丹波の境の「大枝山」がどのようにして、丹後・丹波の境の「大江山」になったのかについては、おそらく修験道の山伏たちが深く関わっていることと思われるが、今後の課題である。[注]

【注】

本書Ⅳ「山名「大江山」、丹後定着への道」参照。

七　鳥《とっ》取《とり》（京丹後市）

ここの「鳥取」は古代伝承に関わる古い地名で、京丹後市弥栄町の字《あざ》の一つである。平安前期の『和名抄』にある「丹後国竹野郡鳥取郷」の遺称地。さらに遡って、平城宮址出土木簡に「丹後国竹野郡鳥取郷…」と見え、正倉院の宝物「赤絁《あしぎぬ》」に「鳥取郷」の名があり、郷内の「深（？）田里」から「絁《あしぎぬ》」が調貢されていることが分かる。古くから大和王権と関わりの深い地域であったことを思わせる。

竹野郡の、どの範囲の地域を指す地名であったかは定かにしかねるが、『和名抄』の「竹野郡」の他の郷名が、「木津、網野、小野、間人《たいざ》、竹野」であることから推測すると、京丹後市弥栄町（旧竹野郡のうち）の北部に相当するとみて良いだろう。しかも古代においては、その地域の、文化的、政治的に中心となった地域であったと考えられる。『延喜式』巻七（践祚大嘗祭《だいじょうさい》）によると、大嘗祭の祭儀に、いくつかの国から語部が参加したことが分かる。丹後国は二人と記されている（ちなみに但馬国は七人と多い）。「語部」は、その名の通り「古詞を奏す」（『江家《ごうけ》次第』）ることが役目であった。ところで、井上辰雄『古代王権と語部』（教育社歴史新書24）は、丹後の語部は、鳥取郷に居住していたのではないかと推定している。納得できる状況が数々指摘できるからである。

鳥取という地名は、古代伝承において重要な地名であった。垂仁《すいにん》天皇（以下『古事記』による）の折、その皇子の「ホムツワケ」が長じるまでものを言わなかったところ、「鵠《くぐい》（白鳥）」のなく声を聞いて、初めて口をきいた。そこで帝は「山辺の大鷹《おおたか》」に命じて「鵠」を追わせる。彼は各国を遍歴し、越の国でやっと捕まえるが、その間丹波国、但馬国にもよっている。こうして「ホムツワケ」のために、鳥取部、鳥養部《とりかいべ》などの部民が各地に配置されることになったが、その一つとして、丹後国（旧丹波国）にも鳥取部が置かれることになり、その居住地を鳥取郷と称するようになったものと考えられる。『日本書紀』では、鳥を探しに遣わされたのは、鳥取造《ととりのみやつこ》の祖とされる「天湯河板挙《あめのゆかわたな》」となっている。彼が鳥取部などの部民を統括した。

先に推定した、古代の鳥取郷の領域には、歴史的に重要な古代遺跡や古代伝承が存在している。奈具《なぐ》遺跡や製鉄址として注目される遠所《えんじょ》遺跡（写真）、「青龍三年」の銘を記した鏡の出土した太田南五号墳、産土山古墳などがあり、特にここで注目されるのは、式内社奈具神社の祭神「豊宇賀能売神《とようかのめ》」に関する伝承である。いわゆる古「風土記」逸文が伝える「羽衣伝承」は、天女がわなさ翁夫婦に追い出されて泣く泣く竹野川を下って彷徨《さまよ》い、最後に祀られたのが奈具神社であったと語られている。この神こそ、天照大神の「みけつ」神として伊勢外宮に祭られている豊《と》受《ゆけ》大神である。

丹後地域には、開化天皇から垂仁天皇にかけての、大和の王権との姻戚関係を語る伝承が色濃い。なかでも垂仁

京丹後市弥栄町遠所遺跡

最古の製鉄炉遺跡。遠くからでも製鉄の煙が見えたものか、遠所は煙処の意味であるらしい

（京都府埋蔵文化財調査研究センター提供）

天皇の后になった比婆須比売《ひばすひめ》命が丹後から嫁いでいることが注目される。大和国北部にある日葉酢媛陵（佐紀陵山古墳）には、出雲出身の野見宿禰《のみすくね》が垂仁天皇の命を受けて、初めて埴輪を墳墓の周囲に置いたという伝承があり、ここにみる垂仁天皇と出雲と丹後の関係が、ホムツワケをめぐる鳥取地名伝承にも関わってみられるのである。

葬送儀礼を担当し、古墳の築造に関わった土師氏が間人郷に存在したことは、木簡の記録から明らかである。丹後の古代において、土師氏がこの地にまつわる、死と再生の神話伝承の管理者であったと考えられるが、一方鳥取郷に居住した鳥取部が伝承の管理者、つまり語部であったことも充分考えられるのである。こうして詞の管理者の存在が想定できると、丹後においても「ことば」に関わる文化は、かなり発達していたのではないかと推定されるのである。

八　船《ふな》木《き》（京丹後市）

『和名抄』には丹後国竹野郡の郷名として「船木」の名は記録されていないが、平城宮址出土の木簡文書には「舟木郷」とある。また、『丹後国風土記』逸文（古事記裏書）の羽衣伝承にも「竹野郡船木里奈具村」とあり、後には船木庄と呼ばれたことも記録にある。

丹後半島の内陸部で、竹野川の中流域から奥まった山裾に位置する地域である。そこが何故「船木」と船にちなんだ名を持っているのか、に興味がそそられる。表記の漢字が土地の名の意味を伝えていると解して良いなら、その地域が船の材料の木材の供給地であったことを意味しているのではないかと考えられる。『和名抄』によるだけでも、郷名に「船木」とするところは、丹後国の外にも八ヵ所、確認できる。丹後独自な地名ではないといってよい。『和名抄』にはないが、伊予の新居《にい》郡にも「船木」がある。いずれも造船の木材供給地に付けられた普通名詞的な存在であったと思われる。

この「船木」集落の近く、溝谷集落に式内社溝谷神社があり、地元では「シンラ（新羅）明神」（新羅大明神）と呼ばれている。『諸社根元記』や『丹後旧事記』には、この祭神を「新羅大明神素戔嗚尊」とする。丹後の式内社で「素《す》戔嗚尊《さのおのみこと》」を祀っている神社は珍しいが、「船木」地区の船と関わりがあって祀られているのではないか、と思われる。

その理由の一つ。『伊呂波字類抄』によると、知証（円珍）大師が仏法を携えて唐から帰朝するとき、新羅国明神《しらぎのくにみょうじん》が現れて、その航海の安全を守ったという。近江の園城寺の新羅善神堂《しんらぜんしんどう》の由来である。いわば、船の安全にとってありがたい神であったのである。

また、素戔嗚尊には、木材との関係を語る伝承があることも、その理由になる。『日本書紀』の一書第五によると、素戔嗚尊は我が子五十猛命《いたける》が治める国に「浮宝」(船)がないのはよくないと、自らの体の毛を抜いて、杉、檜《くす》、檜《ひのき》などと成し、それで船を造れと命じたという伝承がある。そして、新羅国と素戔嗚尊との結びつきについても「紀」の一書第四に、高天原を追放された素戔嗚尊が、我が子五十猛命を率いて新羅国の「ソシモリ」に天降ったと語られる。しかしそこは自分の永住するところではないと思った素戔嗚尊は、出雲国の鳥上峯にやって来たというのである。そしてヤマタノオロチ退治の話となる。

船木の里には、式内社「奈具《なぐ》神社」がある。羽衣伝説(「風土記」逸文)で、翁夫婦に追い出された天女が最後に心「なぐ」しくなって祀られた神社と語られている。奈具神社は、室町時代に洪水で船木集落が流されたときから明治六年までは、先の溝谷神社(新羅大明神)に合祀されていた。今の地の奈具神社にも「新羅社」が祀られている。「なぐ」とは、「凪(なぐ・なぎ)」と同語であろう。この地名にも、海の平穏、航海の安全を願う呪的意味が込められていたのかもしれない。由良の海岸(若狭湾)を奈具海岸というし、式内社として同じ名の「奈具神社」(宮津市由良)が存在することも、「なぐ」が「凪ぐ」であったことを思わせる。

九　奈《な》具《ぐ》(京丹後市)

『丹後国風土記』逸文の、いわゆる羽衣伝説に「竹野郡船木里奈具村」と記し、「奈具」という集落のあったことを伝えている。しかし、この村は、嘉吉三年(一四四三)の洪水で全村が流失して廃村になったと伝えられており(別に、洪水流失は、江戸期にねつ造されたものとする説がある)、地名は残るが、今に集落は存在しない。「船木里」はのち

羽衣の天女が祀られた奈具神社（京丹後市教育委員会提供）

の「船木郷」に当たるが、今もその集落は存在しており、奈具はその郷内に属した集落であった（『京都の地名検証』 2 本書Ⅲ参照』）。しかし、「奈具」は古代の丹後にとっては重要な地名で、今も「式内社奈具神社」「奈具遺跡」「奈具川」などに、その名をとどめているが、それらが古代の「奈具」地域に属するところにあるものと考えられる。

式内社奈具神社は、洪水の際やはり流失したが、祭神（式内社号や霊石とともに）は式内社溝谷神社（旧外村。新羅大明神とも・『京都の地名検証』2参照）に合祀された。後江戸末期になって、現在地に再建されたものであるが、そこが元の位置かどうかは不明である。溝谷神社もやはり、昔の船木郷にあり、船木の名は造船のための舟材の供給地であった所であることを意味しているが、新羅大明神とは、航海神としての素盞鳴《すさのお》尊のことであり、近年まで近隣の漁師の信仰を集めていることに注目したい。

この奈具神社に、祭神「豊宇賀能売命」が祭祀されることになった由来を伝えている神話が「風土記」逸文である。比治の里に住む、わなさの翁夫婦は、ある時比《ひ》治《じ》山（現・磯砂山《いさなご》）の山頂にある沼に八乙女がおりたって水浴びをしているところに行き会い、一人の乙女の羽衣を盗み隠し、その娘を養女として育てることになった。やがて、乙女の機織りや酒の醸造のおかげによって豊かになった翁夫婦は、乙女を家から追い出してしまう。乙女は泣きながら、竹野川の支流から本流へと川沿いに彷徨《さまよ》いながら下っていったが、「奈具」の地に至って、やっと心が「なぐしく」なって（静まって）、当地の神（豊宇賀能売命）として祀られたという話である。「奈具」の地名起源であるとともに、神社の由来記にもなっている。

穀霊神「豊宇賀能売命」は、丹後の多くの式内社の祭神として祀られている。注目すべきは、丹後一宮「籠大明神社」の奥宮である「匏宮」（よさの宮・真名井神社）にも祀られていることである。伊勢神宮の『止由気宮儀式帳』や「神道五部書」、その一書である『倭姫命世記』の伝えるところに依ると、伊勢外宮の神「豊受大神」と言う女神は、内宮の天照大御神の懇請によって、その「御饌津神《みけつ》」として丹後から招かれた「豊宇賀能売命」であると伝えている。籠《この》神社が元伊勢と言われるのもこれ故である。

丹後国には、もう一つ奈具神社がある。宮津市由良から栗田へ越える長尾峠の登り口近くに、『延喜式神名帳』が加佐郡に載せる「奈具神社」である。この神社の由緒は不明であるが、祭日が一〇月一〇日であることを考えると、京丹後市の奈具神社と同系の神社と見て良いかもしれない。さらにこの峠の北辺に当たる、由良から栗田までの海岸は、「奈具海岸」と呼ばれている。これら神社も海岸も「なご（の）」とも呼ばれた。「なぐ」は「なご」とも言われた例と言える。奈具神社のある所や奈具海岸に近いあたりが「奈具」という地名であったかも知れない。

歌枕に「なごの海」があり、『和歌初学抄』は「丹後」とする。ただし『八雲御抄』では、「越中」としながら、「摂津国にも丹後にもあり」ともしている。「奈具海岸」沖の海を指したものと思われる。

越中国の今の射水市の海を指して、「なごの海に船しばし貸せ沖に出でて」（万葉集・四〇三二）とあり、射水市沿岸を「なごこ」といい、そこに住む海士たちは「なごの海人」と呼ばれた。また「住吉のなごの浜辺に」（万葉集・一五三）とあり、摂津国住吉の海も「なごの海」といったようで、平安時代の歌では、後者の住吉の海を詠んでいる場合が多い。「なごの浦」「なごの江」「なごの浜辺」などとも言われた。また、福井県敦賀市にも「名子」と呼ばれる浜辺（浦）があり、当地の多仁照廣は、敦賀の「名子地名」について、全国的に「なご」地名を調べて研究している（第二七回全国地名研究者大会―若狭を中心とした日本海の交流における研究発表「レジュメ」による）。

「なぐ」とは、どういう意味であったのだろうか。船木の「奈具」、由良の「奈具」、これらを勘案するに、羽衣伝説が「心なぐしくなりぬ」というように、海が「凪ぐ」「和ぐ」ことを意味しており、「なご」も「和む」と同源語とみられ、湾になっていて比較的波浪の穏やかな浦であることを意味するだけでなく、これらの語に、海の荒れないことを願う思いが込められていたのではないだろうか。

羽衣伝説の山は、「風土記」逸文では「比治山」とあるが、後世「足占（あうら・あしうら）山」と呼ばれ、現在「磯砂（いさなご）山」と呼ばれている。「足占」にしても「磯砂」にしても、浜辺にかかわる語である。「足占」は、『日本書紀』神代下に海幸彦が、浜辺で山幸彦に服属して、「俳優《わざおぎ》の民」となることを誓ったときとった振る舞い（隼人舞の原型か）の一つであった。また、山名「いさなご」には「なご」の語を含んでいることから、「磯が凪ぐ」の意が込められているのかも知れない。磯砂山は、まさに「山をあてる」、日本海の沖合を航海する船にとっては、重要な目印の山だと言われているのである。

十　久次岳《ひさつぎだけ》（京丹後市）

久次岳は、京丹後市峰山町の西の方、羽衣伝説で有名な山・比治山《ひじ》（現・磯砂山《いさなごさん》）の方へ行ったところにある、久次

比沼麻奈為神社

背後の山が久次岳（京丹後市教育委員会提供）

集落（かつて久次保、久次村であった）の背後の山である。また竹野川の支流に久次川がある。いずれも現在「久次」は「ひさつぎ」と読んでいる。

ところで久次（岳）には、いろいろ異伝がある。背後の久美浜町側からは「石ヶ岳」（頂上に大きな磐《いわ》がある）と呼ばれるのはともかく、『丹後旧事記』には、「咋石《くいし》獄」「咋《くい》村」（集落名）という異名が記されている。そこで「久次」は「くじ」と読み、「咋石《くし》」の万葉仮名表記だというのだが、にわかには信じがたい。また地区内の宮谷に「比沼麻名為《ひぬまない》神社」があり、これを式内社「比治真名井神社」に比定して、久次岳を羽衣伝承（『丹後国風土記』逸文）の比治山に比定する説も古くからある。そこで真名井山（岳）とも言われたりもするらしい。

さらに、「久次」の読み方については、元は「ひさすぎ」と読むのではなかったかと思わせる痕跡がある。邨岡良弼『日本地理志料』（一九〇二年）に「丹波郡久次保、久次与㆓口周枳《くすき》㆒音相近」とあり、「久次」に「クスギ」と振り仮名を付している。『丹後国中郡誌稿』にも「久次ヲ今「ヒサツギ」ト訓ズルハ後世の読方ラシケ

久次岳（京丹後市教育委員会提供）

「レド」という。もっとも、後者の意味するところは、「久次」は元「咋石」の仮名書きで「クジ」と読んだものを今は、「ヒサツギ」と読む、の意味かもしれない。

問題は、「つ」と「す」の交替現象である。島根県では「木次(線)」を「きすぎ(せん)」と読む。近くに「三次」と書くところがあるが、今は「みよし」と読むが、「みすぎ」であった形跡(『延喜式神名帳』)もある。

さらに「安来《やすぎ》」もある。また、滋賀県湖北では、明治以降「湯田村」となった村は、「田根」村と「湯次」村が合併してできたのだが、もと「湯次」は「ゆすぎ」と言ったそうである。また、『和名抄』の「隠岐国周吉郡《すき》」も出土木簡では「次評」とあるなど、「次」について「すき」「つぎ」の交替例が多くみられる。

動詞にも、「消つ」と「消す」、「こぼつ」と「こぼす」や「放つ」と「放す」という交替例が見られる。特に「放す」が現れて、連用形「放し」から、「はなし(話)」という語が生まれたことは注目される。

大嘗祭《だいじょうさい》の折、卜定《ぼくじょう》される国に「悠紀国《ゆき》」「主基国《すき》」があり、後者を「すき(国)」と呼ぶが、意味は「悠紀国」が正の国であるのに対して、副の国つまり「次《つぎ》」の意だと解されている。上代特殊仮名遣いの面からも確定することはできないが、「次」の意で、「すき(主基)」と言っていることになる。別項「大内《おおち》峠」(二六〇頁参照)で触れた、京丹後市大宮町五十河の「久住《くすみ》」集落には、式内社「木積《こづみ》神社」があることを紹介したが、神社名が地名を冠することが多いとすると、ここにみる「くすみ」「こ(き)づみ」はもと同じ語であったものが、「す」と「つ」が交替して別語のようになったものと考えられる。

以上から考えると、呼称が次のように変化してきたと推定される。「くし(じ)」(咋石・久次)→「くすき」(久次)→「ひさすぎ」(久次)→「ひさつぎ」(久次)。

古代語では「さ」行音は「ツァ」行音であったと見るのが定説である。すると古代では「す」は[tsu]、ところが現代語では「つ」が[tsu]である。この間の音韻変化に関わる影響が地名にも見られるのだろうか。

なお、「葛」を「かづら」とも「くず」とも言う。また京の古地名「葛(野)」を「かど(の)」「かづ(の)」といったり、「もず(百舌・鵙)」と「もづめ(物集女)」の関係、後者を『和名抄』は「毛都米」「毛豆女」(ともに「モヅメ」)と仮名書きしていることなどについても、考えてみる必要が出てくる。

十一　木《き》津《つ》(京丹後市)

北近畿タンゴ鉄道(現在は、京都丹後鉄道)の駅に「木津温泉」という駅があり、そのあたりが木津地区、京丹後市網野町木津である。古くからある地名で、『和名類聚抄』丹後国竹野郡の郷名の一つである。現在文献で確認できる最も古い例は、平城宮址出土の木簡で、「丹後国竹野郡木津郷紫守部与曽布五斗」とあり、古代地名である。行基の開発という伝承を持つ、古い温泉地として知られ、松本清張の『Dの複合』という作品の舞台にもなっている。

同じ「木津」でも、例えば南山城の「木津」は古くは「こづ」、今「きづ」と濁るが、こちらは「きつ」と濁らない。この地名の由来に纏《まつ》わって、「記紀」の記述を基に当地で古くから伝えられている伝承がある。まず、『日本書紀』垂仁紀に、次のようにある。

丹後の古代史にとって重要な意味を持つ垂仁天皇の時代のこと、天皇の勅命をうけて、田道間守《たじま》が常世の国に「非時香菓」(ときじくのかぐのみ)を採りに行ったが、十年かけて持ち帰ったときには、すでに天皇はなくなっていた。それを嘆いた田道間守は、天皇の陵の前で自らの命を絶った。非時果実とは、「今、橘といふ」。

現在、垂仁天皇陵とされる陵が奈良市菅原町にあり、その堀の中の島が田道間守の墓と伝えられている。文部省唱歌に「田道間守」という歌もあって、戦前にはよく知られた伝承であった。この話を受けて、田道間守がたどり着いたのが丹後の木津の浜だったと地元では語られていて、そこでこの地を、「橘」の字音(キツ)を地名にして「きつ」(木津)と名付けた、だから濁っては言わないのだというわけである。

田道間守は、天日槍の五世孫で、三宅氏の始祖と伝えられている。『新撰姓氏録』には、新羅の王子「天日槍(または矛)」に従って、糸井氏とともに日本にやってきた氏族だとする。もっとも『竹野郡誌』「式内社志布比神社」の項によると、地元の売布神社の社伝では、渡来した天日槍が垂仁天皇に献上した九種の宝物の一つが「橘」であったと伝えている。この点、「記紀」では、七種または八種とする宝物であるが、地元の伝承では、それに「橘」を加えて、九種としていることになる。

地元の語源説では、「橘」の漢字音「キツ」を地名としたというのであるが、土着の古い地名では漢字音に依る漢語地名は考えられない。丹後の難読地名「間人(タイザ)」を漢字語「退座」「対座」と解することについても同じことが言える。いずれも信じることはできない。

しかし、丹後で田道間守の伝承が語られていることには、注目すべきものがある。浜詰の小字名には「たちばな

（橘）」があり、学校の校名にも「橘」が用いられている。この「橘」という地名とかかわって発生した伝承かと思われるが、なお「橘」をめぐっては、不思議なことがある。網野町にある、山陰地方で最大の前方後円墳「銚子山古墳」には、その陪塚とされる寛平法皇陵があり、寛平法皇（宇多上皇）に付き従って旅をしたと言われる橘良利（『大和物語』二段）を祀る祠《ほこら》（貢主〈みつぐ〉神社）もまた近くにあるのである。古墳時代の陪塚として平安前期の上皇の墓が設けられるわけがないが、地名「橘」に纏わって、後世こうした伝承も発生したのであろうか。

本来、田道間守の田道間（たじま）は但馬国・兵庫県北部を意味したと思われる。橘に纏わる神社も但馬には存在する。但馬・豊岡市三宅（旧出石郡）の式内社「中島神社」（祭神・田道間守）が柑橘の神（菓祖神）として全国的に知られている。しかし、なぜ丹後に、田道間守の伝承があるのか。古代の丹後と垂仁天皇との深い関係で、田道間守の橘伝承が丹後のこととしても伝承されることになったものと考えられる。

さて、地元の民間語源説はさておき、これまでの語源説には次のようなものが見られる。

一つは『網野町誌』下巻および沢潔氏の説（『丹後半島の旅・中』文理閣）。木津の近郊に杉などの「埋もれ木」があちこちに存在することを根拠に、木（木材）を運び出した港（津）と見る説である。杉が中心なら、木は船材であったのか。しかし、いずれにしても、その需給地の存在が想定しにくい。因みに南山城の「木津」は、切り出した木材を集積する津だといわれているが、おそらく大和などの「都城」建築に必要な木材であったと想像できる。

一つは、吉田金彦氏の説（『京都の地名を歩く』京都新聞社）。「人が来たり着いた所」の意の「来付または来津」（きつ）と見る説である。

風土的に、木津の浜辺は、東端の網野町浜詰から、西端の久美浜町の小天橋まで、なだらかに湾曲した砂浜が続く。今でも丹後の日本海岸は、ハングル文字や漢字のついた漂着物が多いところである。対馬海流に乗って、中国大陸や韓半島から漂着するのである。古代においても、物だけでなく人も寄り来るところであった。箱石浜の遺跡からは、中国・王莽時代の硬貨「貨泉」が出土したことがよく知られている。また、人の漂着（松原村に細羅国人の漂着など）の伝承もある。古代においては、日本海側が大陸や韓半島と向き合う表玄関であった。「木津」とは、人や物が寄り来る浜の意の「来津」であったのではないか。外《と》つ国から日本列島に渡来して定着した人々を、「今来の人」と言ったが、その「来」である。

因みに、丹後半島東側の新井崎に伝わる徐福伝承に関しても、徐福一行はまず網野の海岸に漂着し、そこから半島を回って、新井崎に移動したのだとも語られているそうだ。

十二　熊《くま》野《の》（京丹後市）

平成一六年四月一日に三郡六町が合併して、京丹後市が誕生したが、それによって、中郡、竹野郡、熊野郡という郡名が消えた。中郡は室町末期頃から「丹波郡」に代わって用いられた地名であるが、「竹野郡」は古来の、由緒ある歴史的郡名であった。今も、「竹野（たかの・たけの）」という名自体は、「竹野」地区、竹野神社、竹野川などに残っている。しかし、「熊野郡」も古い郡名で歴史的に重要な名であるが、わずかに熊野郡の総社と言われる、延喜式内社「熊野神社」の名に残るだけである。集落名ないし地域名にも存在しない。もっとも、この神社の新宮（社）、若宮（社）に当たるとされる神社が別の地にある。しかしこれらは、紀伊国の大権現熊野信仰の影響によって設置されたものかもしれない。総社熊野神社の祭神は、伊弉諾尊《いざなぎのみこと》である。

ではなぜ、郡名が熊野（郡）でなければならなかったのだろうか。熊野は、「地名＋野」と見て良いであろう。嵯峨野や北野、春日野などと同じ語構成の地名（拙稿「「野」のつく地名」『京都の地名検証』勉誠出版）であるとすれば、「くま（熊）」に拓かれた土地の意だと考えられる。

かぶと山公園
兜山（甲山）山頂に熊野神社（京丹後市教育委員会提供）

ところで、先に熊野という地名自体が郡名以外にないと述べた。確かに『和名類聚抄《わみょうるいじゅしょう》』の丹後国熊野郡に熊野郷はないが、実は「久美郷」がある。現在の久美浜町は、「久美の浜」からきている。この「くみ」は、「熊野」の「くま」と同源語であろう（吉田金彦『京都滋賀　古代の地名を歩く』京都新聞社）。地名の「くま」は、「熊（野）」「球磨」「久万」などとも書かれるが、「隈・隅」を意味する語のようである。阪倉篤義氏（「語源―「神」の語源を中心に」『講座日本語の語彙』第一巻、明治書院）は、「くむ（隠れるの意）」の母音交替によって派生した単語ファミリーを詳しく考察しているが、「くま（隅）」、「かみ（上）」、「かむ・かみ（神）」や「くも（雲）・くもる」、「こむ（こめる）・こもる」などを同源語と指摘している。神代を「くましろ」、神稲を「くましね」と読むように、「くま」は神の意にも用いられた。地名「くみ」も神の意味を持つ「くま」の母音交替から生まれた語と考えられる。「記紀」に見る古語「くみど（夫婦のことを行う隠れた所）」も「くま（隅）」の母音交替による変化形だと、阪倉氏は言う。

熊野は古代において、海部族（海部郷があった）による、祭政の重要な拠点であった（水野孝典「海士」『京都の地名 検証』2所収）。丹後の古代史において、注目されるのは、大和朝廷から使わされた「丹波道主命」が丹後で娶ったのが、熊野郡の豪族の娘「川上摩須郎女《ますいらつめ》」で、この夫婦の間に生まれた娘の一人が、垂仁天皇の皇后となった「比婆《ひば》須《す》比売」である。

さて、総社熊野神社は、大和の三輪山を思わせる、形の穏やかで柔らかい曲線を描く「兜山《かぶと》」の山頂に鎮座する。江戸時代には、久美浜村、甲山村、神崎村の三つの村が山頂を共有していた。総社と呼ばれるのは、それ故であろう。甲山は「こうやま」と呼ばれる。しかし、「兜」「甲」は、ともに「かぶと（冑）」を表す字として用いられる。「甲山」の表記が古く「兜山」が新しいとすれば、本来は「甲山」つまり「こうやま」と言われていたと考えられる。であれば、「こうやま」は「かむやま」の音変化したもの、つまり元は「かむやま（神山）」であったと考えられる。「神山《こうやま》」は各地に見られる名である。本来三輪山のように、山自体が神とされたいわゆる「神体山」ではなかったかと推定される。北麓には「神崎」があり、さらに「神野」がつづく。湾の対岸の岬は、大明神岬と呼ばれていて、おそらく、「海士」集落を拠点とする海人族（海部直氏）が祭祀する神域であったのであろう。

十三　周《す》枳《き》（京丹後市）

『和名類聚抄《わみょうるいじゅしょう》』に見られる「丹後国丹波郡周枳郷」は、現在の京丹後市大宮町字周枳を中心とする周辺地域を指したものと考えられる。少なくとも、現在の大宮町字河辺も含んでいたのではないか、その根拠を述べてみたい。

周枳の地を象徴するものは、延喜式内社「大宮売神社二座名神大」の存在である。のちに丹後国二宮（一宮は元伊勢と言われる籠《この》神社）とも称される、格式高い神社が存在することである。朝廷から位を授かったという「進階」の記

丹後二の宮　大宮売神社（京丹後市教育委員会提供）

録もあり、社宝の「扁額」（鎌倉時代以前の古額）には、「正一位…、従一位…」とある。昭和二六年に中郡の六村が合併して、現在の大宮町となったが、この町名は、この神社の名前に由来する。

歴史的に注目されるのは、この神社の境内を中心に弥生後期の遺跡があったことが発掘確認されていることである。しかも、出土した遺物の実態から、それらが祭祀に用いられた物と判断され、祭祀遺跡であったと考えられている。つまり、弥生後期から延喜式を経て現在まで連綿と神が祀られてきた場所であると言えるのである。

祭神は、大宮比売命・若宮比売命の二座。丹波郡（後、中郡）を中心に丹後の式内社の多くが、豊宇気能売命（伊勢外宮の祭神・豊受大神）を祭神としていることを考えると珍しいことなのである。しかし、このことが重要な意味を持っているのではないか、と言うことについては、かつて論じたことがある（拙稿「伏見稲荷の神々と丹後の神々」伏見稲荷大社『朱』四七所収）。この二座の神は、宮中にも祭祀された重要な神で、「鎮魂祭の神八座」の一柱として、いわゆる醸造の神、造酒神であった。つまり、天照大神の大御前を斎き祀る神として、豊宇賀能売命や倉稲魂(ウガノミタマ)などの穀物神とペアであった神と考えられる。

周枳という名は、大嘗会に際して卜定される「悠紀《ゆき》・主基《すき》」国の「主基」に同じで、丹波国が主基国に選定されたときの中心地であったことに依るのではないかという説がある。しかしもっぱら丹波国が主基国に卜定されたのは、平安時代になってからで、そのときは、すでに丹後国になっている。また、奈良時代以前においては、「き」の音には、甲乙の二類(上代特殊仮名遣い)があって、「枳」は甲類の「き」で、「基」は乙類の「き」だとされていて、二つは異なる語と考えられるのである。周枳を主基と同語とみる考えには疑問が多いのである。

ところで、『新抄格勅符抄』に「大宮咩神　七戸丹波」とある。この「丹波」が丹後国丹波郡の意であるなら、大宮売神社に丹波郡内で「神戸七戸」が置かれていたところがあることになる。すでに『中郡誌稿』『日本地理志料』に見られる説であるが、この七戸は現在の「河辺」の地であったのではないかと考えられる。

『和名類聚抄』高山寺本には見られないが、刊本には丹波郡に「神戸郷」がある。ただ「神戸郷」が、高山寺本にはなく刊本にはあるという違いは、丹波郡だけではなく他の郡でも見られることであるが、本稿ではこの問題自体には触れない。問題は、確かに現代の音ではともに「こうべ」であるが、河辺(河部とも)と神戸の関係をどう考えるかである。

河辺が「こうべ」となるには、もと「かはべ(河辺)」が「かわべ kawabe」から「かうべ kawbe」さらに「かうべ kaube」となり、長音化して「こうべ koube」となったのであろう。しかし、「河辺」は竹野川のほとりの意味になるが、これでは、なぜその地域だけが川のほとりと意識されたのか説明がつかない。一方もと「神戸」なら、「かむべ」から「かんべ」または「かうべ」となり、長音化して「こうべ」となったものとみることになる。「かうべ」または「こうべ」になった段階で、「河内桃子《こうちももこ》」や「河内(高知)」の例もあるように、「神戸」から「河辺」へと表記が変わったものと思われる。つまり、今の「河辺」は、もと「神戸」で、周枳の大宮売神社の所領地であったことを意味していると考えられる。

十四　『一色軍記』と地名

足利尊氏の末流に当たる一色氏は、室町時代には丹後守護として丹後国を領していたが、室町末期の戦国時代に、尾張出の織田信長の配下にあった細川藤孝（幽斎）・忠興父子によって天正一〇年（一五八二）五月弓木城落城をもって断絶させられるに至った。『一色軍記』は、その合戦の経緯を語った軍記物の類と言われている。江戸中・後期の成立と見られる。構成は、前半と後半の二部からなる。

前半は「一色家系図之事」。最後の族長、義道・義俊父子を中心に一色氏が滅亡していく有様が語られている。一色義俊は別名、義定、義有、満信の名を持つ。

後半は「一色家随諸将城跡事」で、九一ヵ所に及ぶ一色氏の城跡・砦について、それぞれ誰が城主であったかをいちいち書きとどめている。

後半ではまた、江戸期に於ける丹後の地名が多く見られ、その土地にまつわる伝承を語っているところもある。ここでは、主だった地名と伝承について取り上げておきたい（底本は『丹後史料叢書』所収本とする）。

1　「奥三郡」「奥郡」

丹波（後、中）郡、竹野郡、熊野郡の三郡を指す。後の「奥丹後」に相当。天正六年（一五七八）に一色氏と細川氏とで丹後国を分割統治したが、細川氏は与謝郡・加佐郡を、一色氏は「奥三郡」を統治して弓木城を拠点とした。

竹野神社（京丹後市教育委員会提供）

2　「王落峠」

弓木城（与謝野町岩滝）背後の峠で「大内峠」のこと。「億計・弘計」の王子兄弟（後に仁賢・顕宗天皇）が落ち延びて行った峠という伝承を背景にした表記。

3　「吉原城」

峰山町にあった、一色一族の吉原義清（義道の弟）の居城で、吉原庄があり、当時中心的な地区であった。

4　「姫御前（ひめごぜ）村」

地名の由来を次のように語っている。天正一〇年（一五八二）一色氏の拠点・弓木城が落城すると、義俊の妻「お菊の方」（細川藤孝の娘・伊也）は兄の細川興元が占拠する峯山の城を尋ねようと、「王落峠」を越え大野の里で一泊、峯山の城に着いたが、門前で追い返され、帰路の長岡村で自害した。興元は遺骸を火葬し、埋葬した塚を築き、「菊の岡」と名づけたという。

5　「野間村城」

同庄味土野村というところは、細川忠興の妻(玉、のちのガラシャ)を押し込め置きたる所と語り、「丹後の山中三戸野」とも表記する。

6　「対座島山」

「たいざ(間人)」の呼称がわかる表記である。

7　「平岡城」

「真言倒し」のことを次のように語っている。「善王寺の伽藍跡、寺中の屋敷跡を開きて田所とす。此寺は文禄元壬辰年長岡の内室の頼成りとて一国の真言宗孕女を祈る。忠興此企を聞きて無道の祈りを仕たる寺々四十八ヶ寺を倒し寺田を取り上げ僧を追放有ける也、是を民俗真言倒といふ」とある。

8　「神戸城」「主基村城」

ともに大宮町内の、前者は「河辺」、後者は「周枳」のこと。ともに背後の山「木積山」(「久住」の山の意だろう)を挙げている。

9　「新治城」

よみのルビを「アラハリノシロ」としている。

10 「徳光城」「撥枳村」

前者の項に「撥枳山緑城寺」とあるが、発信貴山縁城寺のこと。すると、「撥枳」は「発信貴（はしき）」と読むことを意味する。そして、後者の「撥枳村」は「はしき（橋木）」村のことであることが分かる。「はつ・はち」と「はし」には、「ち」「し」の交替という音韻の問題が背景にあるようだ。「次」の「すき」「つぎ」の交替現象とも深く関わる。当地の式内社「撥枳神社」を「からたち（神社）」と訓んでいるが、「はしき（神社）」と訓むべきであろう。

歌枕「大江山」考―小式部内侍の百人一首歌をめぐって

大江山いくのの道の遠ければ
　まだふみもみず天の橋立（金葉集・小倉百人一首）

この、人口に膾炙した、和泉式部の娘小式部内侍の歌における「大江山」の所在地については、古来二つの説がある。それを、丹波（の大枝山〈大江山〉）説、丹後（の大江山）説と呼ぶことにする。小倉百人一首の古注「応永抄」「宗祇抄」では「大江山」の所在地についてふれるところがないが、江戸の八代集抄季吟注では「師説大江山は丹波路の入口也。鳥羽の上に見ゆる也」と丹波の大江山説に立ち、暗に丹後の大江山説を否定していると読みとることもできる。ところが『京都府の地名』（平凡社、昭和五六年刊）は、「大江山」を詠んだ歌が、丹波のそれか、丹後のそれか必ずしも明確でないが、「生野（現福知山市）と詠み合わせているものは千丈ヶ嶽（筆者注、丹後の大江山）であろう」とする。[1] また、片桐洋一氏は、『歌枕歌ことば辞典』（角川小辞典・昭和五八年一二月刊）で、丹波の大江山説の可能性を認めつつ、「福知山市の北にある大江町の、あの酒呑童子で有名な丹波《ママ》の大江山と解することもできる」とする。

かつて筆者も拙共著『古典への出発　小倉百人一首』（中央図書・昭和四四年刊）で、丹後の大江山説を採った。

主として戦後出版の、手もとにある小倉百人一首の注釈書類（雑誌特集号も含む）三十数冊を調べてみると、丹波・丹後の両説があるが、丹波の大江山説の方が多く、殊に近年のものにはこの説の方が多くみられるようだ。

まず、歌枕「大江山」を詠み込んだ歌を集めることからはじめよう。森本茂編著『校注歌枕大観　山城篇』（大学堂書店刊）では、山城国の歌枕（つまりは丹波説）として認め、[2]二〇首を載せる。片桐洋一監修『平安和歌歌枕地名索引』（大学堂書店刊）には二四首、これらを含み、更に、『栄華物語』の隆家歌、「内裏名所百首」（建保三年）、「名所百番歌合」（応永一三年）の歌、及び「新編国歌大観」の勅撰集・私撰集編所収歌などを合わせて五一首を対象に検討を加えてみることにする。

和歌の用例を検討する前に、散文に現れる地名「大江（大枝）（の）山」について、いずれの地名であるかを確かめておく。『平安遺文索引篇（地名）』に「大江山（丹後国）」とあるが、該当文書（同巻六・二八〇一）にあたってみると、「物集荘」（山城）とあり、つまりこれは丹波の大江山のことで、索引は誤っている。最近出た、加納重文編『日本古代文学　地名索引』（私家版）は、大変研究にありがたい労作で、さっそくこれを使わせてもらうと、「大江山」の用例が丹波国の項に五例、丹後国の項には二二例が示されている。ところが、小式部内侍の故事及びその歌の「大江山」については保留するにしても、これらはすべて（結論を先に言うと）、丹波の大江山と考えざるを得ないものばかりである。主なものを次に確認しておくと、まず『栄華物語』巻五には、伊周、隆家配流の段に「大江山と云所にて…」とある。隆家は、但馬国に流刑となった。そこに隆家の歌がみえる。

憂きことを大江の山と知りながら
　いとど深くも入るわが身かな

小式部内侍の歌が世に流布すると、多くの歌が「大江山」に「生野」を詠み合わせているのに対して、隆家の歌はそれ以前の「多《おほ》（し）」と掛ける「大江山」の用い方をしている。但馬国へ行くのに、丹後の大江山を眺めつつ行きはしても、その山に「深く入る」ことはない。これは丹波の大江山で、『宝物集（上）』など、この逸話を載せる例は同じように考えてよいことになる。『今昔物語集』（二九—23話）は、丹波国の男の話（芥川の「藪の中」の典拠）で、これも丹波のそれ、『保元物語』（上、中に二例）、『平家物語』（巻二、七、八に三例）、『太平記』（九）なども、軍勢のことで都との関係からみて、これらもすべて丹波の大江山である。『太平記』の例では「足利殿打越大江山《オイノヤマ》事」と傍注をみる。また、『大日本国法華経験記』（下・第八十五）に「往丹波国桑田郡……則於大江山殺害仏師…」とあり、これも丹波の大江山で、同話を載せる『今昔物語集』（一六—5話）には「篠村（—今の亀岡市）」とし、更に『観音利益集』（十六）にもみえ、それには「□イノ山」とあるが、「オイノ山」とみてよいであろう。[3]

お伽草子類の酒呑童子物語や謡曲「大江山」など以前においては管見の限り、散文に丹後の「大江山」の例を見出すことができない。

さて、和歌ではどうか。従来、小式部内侍の歌の「大江山」を丹後のそれとみる説を否定する主たる根拠は、天の橋立への道順（生野→大江山→天の橋立）と歌に現れる順序（大江山→生野→天の橋立）とが矛盾することにあった。もっとも「大江山生野」と列挙されているから両者の関係は曖昧なのだが、後の歌に、

大江山越えていく野の末遠み
道ある世にも逢ひにけるかな（新古今集・範兼、大嘗会主基丹波国風俗歌）

とあり、少なくとも範兼の頃、道順と一致する順序で理解していたことがわかる。範兼は『五代集歌枕』の編者で、それにも「大江山」を「丹波国」と注する。『能因歌枕』には見えないが、『和歌初学抄』『和歌色葉』『八雲御抄』などにも「丹波国」とする。もっとも、丹後の大江山は、丹波と丹後の国境をなすゆえに、都の方からすれば丹波国の山とみられもしたのである（謡曲「大江山」、お伽草子「酒呑童子」、鷺流狂言「蟹山伏」、小学唱歌など）。歌枕「大江山」は歌枕「生野」と詠み合わされることが小式部内侍の歌以来類型化し、多くの歌が存在するが、それらの歌で天の橋立または丹後国を想い起こさねばならない歌は一首もないのである。

言うまでもなく、小式部内侍の歌の「大江山」を丹波説で解しようとするには、すでに丹波の大枝山（大江山）の存在が知られている必要があった。『万葉集』の「丹波道の大江の山のさねかづら絶えむの心わが思はなくに」（巻十

二・3071）の「大江の山」は丹波のそれとみるのが定説である。また、平安造都にあたって丹波の山々が木材の供給地であったと思われることが、[4]「大江山—生野」という類型表現成立以前の「大江山」歌において、「なげきのみ大江の山」（躬恒集）、「…大枝山歎きこらする人」「歎きこそ大江の山と積もりぬれ」（「資賢集」）などにみられる「木」との掛詞や、また「大枝山のすみがまに」（風情集）の歌材「すみがま」を詠みこむことに反映していると思われる。

ところが、「大江山」と「天の橋立」とを詠み合わせた歌は、小式部内侍の歌以外にみられない。もっとも、「天の橋立」と「生野」とを詠み合わせた歌も、管見の限りでは、「草の原いくのの末に知らるらん秋風ぞ吹く天の橋立」（順徳院集）「い（ま）ぞはやふみみる天の橋立よ過ぎしいく野や遠くなりけん」（「名所百番歌合」）の二首ぐらいなのだが。

先に述べた五一首の「大江山」歌をみる限り、丹後説で解さねばならない「大江山」の例は一首もないのである。[5]逆に丹波説で解さねばならない条件を備えた歌が先にあげた例歌や事情以外になお存在する。

山城国乙訓郡大江郷（『和名類聚抄』）の背後の山々（大枝山連峰）は、京の盆地にとっては西の山々で、それは月の入る方角にある山であった。そこで、

大江山傾く月の影さえて
　　鳥羽田の面に落つる雁がね（『新古今集』・慈円）

を典型として、「大江の山に月ぞ傾く」「大江山月もいくのの末」（共に、「内裏名所百首中」）など、月を詠んだものは、西の空の月を指している。これらは、山城の盆地からみた丹波の大江山ということになろう。

疎竹文庫蔵「内裏名所百首注」には、「大江山丹後　丹波桑田郡イ」とするが、この注記は、室町・江戸の交の成立かとされる、この「注」の頃以後には、「大江山」を丹後のそれとみることも可能だった事情をものがたっているだろうが、その異本注記が示すように、もと「内裏名所百首」では「丹波国」としている。ところで先の「内裏名所百首

とを意味する。

注」では「大江山は東いく野は西也」と説明しており、「いく野」より「大江山」が京に近い位置にみられていたこ

以上、散文例、和歌例をみて、「大江(の)山」を丹後のそれとみなければならないものは一例もないことになる。逆に、丹波のそれと解さねばならない事例は数多く見出せるのである。歌枕が都人たちの共通観念をふまえて用いられるものであるという和歌詠の方法からいうと、こうした事情は、むしろ積極的に歌枕「大江山」を丹波のそれと解していくべきであることを意味していると考える。もっとも、和歌で新風を目指す場合には、そうした伝統的観念(和歌用語表現コード)をふまえながらも、新たな要素を加えていく(つまり、連続非連続の方法)ところにあったとすれば、伝統的・日常的な丹波大江山観念に対して、新規の丹後大江山の導入という機智に出たところに、小式部内侍の面目とするところがあったのだと考える可能性も理論的にはありうるが、現実的には、この歌の当意即妙の面目は、「まだふみもみず」にあったことは周知のことである。

ところで、丹後の大江山(千丈ヶ嶽)は古くは、別の名で呼ばれていたらしい。

管見による限り、古来代表的な歌枕の一つ「天の橋立」を詠んだ歌に、丹後の「大江山」が一首も詠み合わされていないことは先にも述べた。そして、『和泉式部集』には、「与佐《よさ》の大山」とあることが注目される。

待つ人はゆきとまりつつあぢきなく
　年のみ越ゆる与佐の大山　(582)

なお、後世の光俊朝臣の歌にも、「春霞たちわたるなり橋立や松原ごしの与佐の大山」(『夫木抄』所収、宝治二年百首)とある。『宇治拾遺物語』(巻十一・11話)(丹後守保昌下向の時致経父に逢ふこと)に「与謝の山」とあるが、国府への道からすると、これは丹後の大江山を指示しているとみられる。同話を伝える『古事談』四では「ヨサムノ山」と訓み、『十訓抄』には「よさの山」とみえる。

今、『丹後国風土記加佐郡餘巻残闕』なる「風土記」偽書とされる写本が伝来するが、鈴鹿文庫本（愛媛大学附属図書館蔵。本奥書の年号長享二年〈一四八八〉）によると、土蜘《つちぐも》「クガミミのミカサ」が、「登二于与佐大山一」とある。現在、丹後に大江山という特定の山はなく、「大江山」とは「大江山連峰」のことだともいい、また、連峰の一つ「千丈ヶ嶽」の別名ともされているが、おそらく古くは、都人に「与佐の（大）山」と呼ばれていたのが、千丈ヶ嶽における修験道の隆盛とともに、修験者山伏たちによって、大枝山鬼退治の話が、丹後の大江山の話として語られるようになり、丹後に地名「大江山」が生じたのではないかと考える。もっとも、丹後の大江山には酒呑童子の話とは別に（おそらくより古くから）、用明天皇皇子の麻呂子親王による鬼退治の話（七仏薬師霊験譚）が伝承されているのであるが、それを伝える現存の資料にも「大江山」の名はみられないのである。(6) その一つ「氷上郡前上郷清薗寺縁起」（巻子本縁起残闕）には「当国与佐大山有鬼神而亡人民」とあるのが注目される。右以外の多くは、同寺の略縁起が「三上の嶽」とするように、「三上獄」「三上ヶ嶽」などと称している。丹後竹野郡式内社竹野神社蔵の「斎宮大明神之縁起」（奈良絵本風絵巻）の詞に「この所いくのゝこまた」とあると同時に、「大枝山」とあるが、これは丹波の大江山のことらしく、別に「みうへかだけ（ママ）」とあるのが丹後の大江山のことらしく、つまり「三上（が獄）」を「みうへ」と読んでいるのである。そして、地元の地誌『丹後州宮津府志』（宝暦十三年録上）にも「此山（普甲山）は大山といふ名所なり」とある。普甲山は大江山連峰の一峰である。

少なくとも室町中期ごろまでの和歌における「大江（の）山」はすべて丹波の大江山とみるべきものと判断する。

【注】

（1）同書の「歌枕」は奥村恒哉氏の担当とあるが、この部分が氏の考えに基づくのかどうかは、同書をみるかぎりでは判断しがたい。

（2）大枝（大江）の村が山城国に属するからであろう（『和名類聚抄』）。しかし、歌枕「大江山」の所属国は、古来「丹波国」とする（後述）。
（3）『後拾遺和歌集』にすでに、「大枝の坂」の転訛とみられる「老いの坂」（今に伝わる地名）がある。「オイノヤマ」は「オホエノヤマ」の転訛した語であろう。『保元物語』の例も異本によって「おひの山」と記す本があるという（『京都府の地名』による）。また、宮本氏（付記参照）によると、『太平記鈔音義』巻十四に、大江山を「ヲイノヤマ」と訓んでいるという。
（4）林屋辰三郎『京都』（岩波新書）。
（5）但し、「おほえ山むかしのあとのたえせねばあまてる神もあはれとやみん」（『夫木抄』所収、丹波国あまてるの社にて、丹波忠茂朝臣）の一首は、今、存疑としておく。
（6）「滝山施薬寺縁起」には「当寺初名二大江山根本寺一」とあるというが、別本「薬師如来縁起之写（施薬寺）」では「彼大山根本寺」とある。

〔付記〕
宮本正章「『大江山伝説』成立考」（『近畿民俗』四八号）、大取一馬氏執筆の「大江山〈生野〉」（『別冊国文学百人一首必携』學燈社刊）が、小式部内侍歌の「大江山」を丹波の大江山と説き、説得力がある。小稿はそれらの驥尾にふしつつ、多少付加するところがあると考えている。

山名「大江山」、丹後定着への道

はじめに――本稿の狙い

京都府内に山名「大江山」[1]が二つ存在している。山城国と丹波国の境にある「大江山(大枝山)」と、丹波国と丹後国の境にある「大江山」とで、どちらも丹波国が関わる。便宜的に本稿では、前者を山城の「大江山」、後者を丹後の「大江山」と呼ぶことにする。

文献にみる「大江山」がどちらの「大江山」を指すか、古来議論を呼んできた。例えば象徴的な事例は、小倉百人一首の歌で人口に膾炙している、小式部内侍の歌、

①大江山生野の道の遠ければまだふみも見ず天橋立(最古の出典は『金葉和歌集』)

の「大江山」をめぐってであった。江戸時代の地元(丹後)の地誌類では、山城の「大江山」のこととしているが[2]、この歌の注釈(書)においては、両説が相半ばしていたと言ってよい。しかし、近年ほぼ山城の「大江山」とみる説になってきていると言えよう。それ以前から、酒呑童子伝承[3]に関してはほぼ、本来山城の「大江山」に鬼伝承があり、今も「鬼の首塚」を残しているが、中世期の能楽や絵巻など、お伽草子類から、丹後の「大江山」の鬼退治の話になってきて、丹後の「千丈ヶ岳」、またはその山を中心とする連峰を「大江山」と呼称するようになったと見られて

いる。

そこで本稿の狙いは、丹後の山として「大江山」の名が定着する以前は、当該の山はどう呼ばれていたか、また「大江山」が丹後の山の名としてどのように定着していったのか、等に焦点を当てて考えてみることにする。

一　中世期までの資料の整理

1　和歌に詠まれた「大江山」

かつてこのことについては考察したことがある。詳しくは前稿(4)に譲るとして、重なることも多いと思われるが、改めて整理しておきたい。

「大江山」を詠んだ歌は、小式部内侍の歌以前にも幾つか見られる。最も古いのは『万葉集』の次の歌である。

②　丹波道の大江の山の真玉葛絶えむの心わが思はなくに(巻十二・三〇七一)(5)

「大江之山」と表記されているが、山城の「大江山(大枝山)」のことである。古来「―路(道)」「―街道」で「―」に用いる地名は行き先を指すことがある。この歌の「丹波道」もここでは「丹波(国)へ行く道」の意(6)で、この山が山城の「大江山」であることは間違いなかろう。しかし、古くはこの山を「丹波の大江山」と言うことが多く(7)、丹後の「大江山」が登場する以前であれば、「丹波の大江山」は山城の「大江山」を指すと決まっていたであろうが、「大江山」が「丹後のそれ」をも指すようになると、「丹波の大江山」がどちらの「大江山」なのか、曖昧になってしまったと言える。「丹波」はどちらの山の国境でもあるからである。丹後の大江山が登場する以前であれば、「丹波の大江山」と言って、どちらの「大江山」か迷うことはなかったものと考えられる(「大江山」は一つであったから)。

山城の「大江山」、大枝の山々は、造都などの折の木材供給地であったと言われ、平安京になってからも北桑田郡（現・右京区京北など）の山林地区（禁裏御料地）が都への木材供給地であり、上桂川（大堰川）から保津峡へと木材を運ぶ筏流しが盛んであった。

③　なげきのみ大江の山は近けれど今一坂を超えぞかねつる（躬恒集）

「今一坂」とは「老いの坂」（現在「老ノ坂」と表記）のことであることは、「君をいのる年の久しくなりぬれば老いのさかゆく秋ぞうれしき」（伊勢大輔集）という歌からも想像が付く。①の歌で「大江山」と「生野」（福知山市）とが詠まれて、地名「生野」と「行く」を掛ける技巧が生まれたが[8]、それ以前では、③の歌にみるように、「なげき」に「（嘆）き」と「木」を掛け、「大江山」の「おほ」に「多」を掛ける技法が一般的で、「大江山」とは「木が多い」所という認識があったことが分かる。

前稿において、応永一三年（一四〇六）の「名所百番歌合」まであたりの「大江山」を詠んだ歌、五一首を集めて検討したが、「大江山」が山城のそれでなければならないと分かる歌は幾首かあったが、丹後のそれでないといけない歌は一首も認められなかった。因みに小倉百人一首の古注である『応永抄』や『宗祇抄』が「大江山」に特にふれることがないのも、「大江山」とは山城のそれであることは決まり切ったことだったからかも知れない。また、平安から鎌倉ころの、『五代集歌枕』はじめ歌枕書においても、「大江山」を丹波国の所在とする。「丹波国」と限定して紛れることはなく、山城の「大江山」を指していたのである。

ここで注目しておきたいことは、「内裏名所百首」（建保三年）の「注」である、室町・江戸の交に成立とされる「内裏名所百首注」（疎竹文庫蔵）において、「大江山は東いく野は西」とあえて注記し、一方「大江山丹後、丹波桑田郡ィ」としているが、少なくともこのころ、二つの「大江山」が存在していて、そのことによる混乱が背後にあったことを窺わせる。

2　散文にみる「大江山」

和歌以外の文献に見られる「大江山」については、加納重文篇『日本古代文学地名索引』（私家版）がとても重宝な索引で、これをベースにいくつか事例を補って、それぞれがどの山のことかを確認してみた。

『日本書紀』天武天皇八年一一月の条に、「是月、初置関於竜田山・大坂山」（岩波古典文学大系本）とあるが、「大坂山」は多くの写本が「大枝山（大江山）」としていることは無視できないとして、足利健亮氏[9]は山城の「大江山」とみるべき可能性を強調している。「大江山」は大和の西北方を固める重要な境界をなしているからである。この例を認めると、「大江山」の最古の例となる。この例を含め、『今昔物語集』第二九巻の例を始め、古代・中世の例では、山城の「大江山」の例ばかりである。ただし、謡曲「大江山」や御伽草子類の酒呑童子伝承を除く。

もっとも先の加納氏の「索引」で「丹後国」扱いしている例や『平安遺文索引篇（地名）』で「大江山（丹後国）」（同巻六―二八〇二）としているものも、すべて山城の「大江山」と見るべき例であった。例えば、

④　憂きことを大江の山と知りながらいとど深くも入るわが身かな（栄華物語・巻五）

隆家が但馬国へ配流となった折、「大江山と云所」で詠んだという歌の「大江山」は山城のそれとしか考えられない。「なげき」を「憂き（こと）」とはしているが、歌の技巧も伝統化していた「大（江山）」に「多」を掛けたものになっている。

『日本後紀』大同元年（八〇六）に「大井・比叡・小野・来栖野等…」とある「大井」を「大江」の訛伝と捉え、「大枝の山（坂）」のことであろう、とする考えがある。[10]後の例だが、『太平記』の「足利殿打越大江山事」の「大江山」の傍注に「オイノヤマ」とあるように、「老いの山（坂）」という訛伝（「おほえ（oFoje）」→「おゐ（owi）」）はかなり古くからであったことと思われる。

古記録及び古文書などには、次のような事例がある。『中右記』永久二年（一一一四）の記事で、夜強盗二人を捕えたが、取り調べによって山陰道諸国の国人ら三〇人が徒党を組んで「入大江山取分贓物、各帰本国了」と云う。「平安遺文」三四五号には、大枝山山中で二〇人の強盗集団が略奪をはたらいたことを記録している。また「関東御教書（新編追加）」（延応元年〈一二三九〉・『中世法制史資料集』第一巻所収）は、「鈴鹿山併大江山悪賊事」について対策を通達したものである。これらの「大江山」がどちらの山かは確定できないとする慎重な見方もある。しかし、当時二つの「大江山」が存在していて紛らわしければ、どちらか特定できる記述をしたと思われるが、そうした配慮は見られない。と云うことは、『今昔物語集』の事例などからも、「大江山」は強盗、悪賊の出没で話題になっていた山城の「大江山」であることが自明であったからと見て良いであろう。

3　「大枝」と「大江」

山城の「大江山」は、「大江」か「大枝」かについては、瀧浪貞子氏が「地名として用いられる場合、はやくから両方の字が混用されていたようで、ことさら使い分けられた形跡はない」(11)という観察をしているが、首肯できる。土師氏が平安以降に「菅原」などに改姓した一つに「大枝」があったが、のちに「大江」と表記を変えていることから、山名も「大枝山」から「大江山」となったと見られがちであるが、そうではないようである。『和名抄』（高山寺本）では「乙訓郡大江郷」とあるが、現在の住所表示では「大枝」である。

「大江（大枝）山」の名は、この山城国の「大江郷」の背後の山であることからついた山名である。山の名が一つの嶺・峰につけられている場合は問題ないが、いわば連峰名であるとき、例えば「吉野山」だと、吉野の山々であることを意味する。連峰名には、山々が所属する地名がつけられている。とすると、連峰名「大江山」は、「おおえ」と呼ばれる土地が背後にする山々であることを意味することになる。その「おおえ」が山城国乙訓郡大江郷であることは言うまでもない。ところが、丹後の「大江山」連峰の場合、当該の山々を背後とする土地に「おおえ」の地名は古来なかった。「（加佐郡）大江町」（現在は福知山市）は、大江山の麓の地区であることから、戦後に生まれた地名である。このことからも、丹後の「大江山」は、不自然なところが残る山名で、「大江山」という山名は元々山城の「大江山」であったことを意味する。

しかし、ではなぜ「山城国の大江（大枝）山」とせず、諸文献で「丹波（国）の大江山」と表示されてきたのかは、よくわからない。「丹波道の山（山々）」の意識によるのであろうか。あるいは、足利健亮氏が「ほかならぬ「大枝」を名とする駅《うまや》が、丹波国の最初の駅として『延喜式』に記されていることにも注目」すべきと言い、駅の所在地は旧篠村（亀岡市）あたりと見られているが、「大枝（大江）」という地名は、古くは山城・丹波両国にまたがる広域地名であったのでは、と解しているが[12]、このことに関わることかも知れない。

二　丹後の「大江山」の異称と伝承

以上「一」において、古代・中世前半ころまでは、山城の「大江山」しか存在していなかったことが分かる。しかし、丹後に、のちに「大江山」と呼ばれる山が存在しなかったわけではない。では、「大江山」と呼ばれる以前には、その山はどう呼ばれていたのか、が問題になる。いくつかの呼称があるが、面白いことに、当該の山に伝わる、いわゆる「鬼退治」の伝承によって、用いられた山の名が異なる。それぞれの山名と伝承の関係を整理してみることにする。

1 「千丈ヶ岳」の場合

「大江山」を、鬼が住む山として「千丈が岳」とする系統の語りは、源頼光が活躍する、いわゆる酒呑童子の伝承であることが主流である。

謡曲「羅生門」の、源頼光の名乗りに「丹州大江山の鬼神をしたがへしより」とある。「丹州」だけでは丹波国か丹後国か決めかねるが、この名乗りが謡曲「大江山」が語る話を踏まえたものであるなら、「丹波(国)の大江山」のつもりと思われる。一五世紀前半の宮増作の謡曲「大江山」の「大江山」は、すでに指摘されているが、「都のあたり程近き、この大江の山に籠もり居て」とあり、また「ここに名を得し大江山、生野の道は猶遠し」、さらに「西川(桂川のことであろう)」とのつながりが語られたりしていることから、山城の「大江山」と考えられる。しかも「大江山」とは別の山であることが明らかな「大山」と呼ばれる山が登場し、「大山の天狗も我に親しき友ぞかし」と語る。高橋昌明氏はこの「大山」を、のちに述べる「与佐の大山」(与佐は丹後与謝郡をさす)のことと見ている[13]。因みに「羅生門」の岩波日本古典文学大系『謡曲集下』の頭注では、「大江山」を、地元の江戸期の地誌で「与佐の大山」のこととしている「普甲山」とみているが、つまり「丹州大江山」を「丹後の大江山」と解しているのであるが、そう断定するのは憚られるところである。

先にも述べたが、例えば、狂言「家童子」の「むかし丹波の国大江山の酒呑童子というて」や鷺流狂言「蟹山伏」の「これは丹波の国大江山より出でたる駆け出しの山伏です」(大蔵流は「羽黒山」とする)にみるように「丹波(国)の大江山」といったときには、どちらの「大江山」か、はっきりしないのである。しかし、「蟹山伏」のように修験道の山伏の話となると、「大江山」は丹後のそれであったと思われる。

お伽草子系の酒呑童子の語りで最古の伝本は香取本『大江山絵詞』(逸翁美術館蔵)と言われ、謡曲「大江山」より少し遡る成立、はやくて南北朝末期あるいはもう少し下がるころの作品と見られているにもかかわらず、すでに「千丈ヶ岳」の名が見られ、「大江山」は明らかに丹後のそれである。語り系統の酒呑童子伝承には、鬼退治の舞台を「大江山」とするものと「伊吹山」とするものと、二類が存在する。「伊吹山」系の最古の写本はサントリー美術館蔵の『酒伝童子絵巻』だという。両者に共通することとして、どちらも修験の山が鬼の住処とされていることで、「伊吹山」系にも「千町ヶ岳」の名が見られる。「千丈」「千町」は修験の道場である「禅定」の訛伝と見られている。伝承地名として外に「千丈が岳」の山腹に「千丈が原」「千丈が瀧」などもある。丹後の大江山連峰をなす山々にはそれぞれ山名が付いているが、その最高峰は、修験の道場として代表的な峰であったことから「千丈ヶ岳」の名で呼ばれたのであろう。

「丹波(国)の大江山」とは元は、謡曲「大江山」に見られるように、都に現れては略奪など繰り返す鬼の住処として山城の「大江山」を指していたのであろうが、山伏姿となって鬼退治する山を修験の山である「千丈が岳」を舞台にして語るようになって、丹後の「千丈が岳」を「大江山」と呼称するようになったものと考えられる。『役行者本記』で役行者の踏破した山の一つに「丹波大江山」とあるのも、丹後の「大江山」のことと考えられる。「丹州大江山」「丹波国の大江山」という表現の曖昧さがかえって、「大江山」という山の名の移動をたやすくしていたのではないだろうか。「大江山」が「千丈が岳」を舞台とする、鬼神酒呑童子退治の話とする認識が定着した後世においては、「丹波(国)の大江山」と言えば、丹後の「大江山」とみるという逆転した観念ができてしまったものと考えられる。文部省唱歌「おおえやま」の「むかしたんばのおおえやま」の理解もその例である。

語り系統の酒呑童子伝承の写本の一つに、京丹後市大宮町の岩屋寺が所蔵する『大江山千丈ヶ嶽酒顛童子由来記』がある。大江山系の、絵を欠く詞書だけの「語り」であるが、鬼神を退治するのは、源頼光・頼国親子と四天王たちで、頼光は息子の頼国に「老いの坂」の方の悪鬼を退治させ、自分は保昌や四天王をお供に丹後の「大江山」へ乗り込み酒顛童子を退治するという話になっている。二つの「大江山」での鬼退治に配慮した語りになっていて、山城の「大江山」から丹後の「大江山」へと舞台が移動する過渡期の語りとも見えるが、多くの伝本の状況を勘案すると、むしろ後になって生じた語りの一種とみられる。

『丹後奮事記』によると、『前太平記』「武家評林」に「丹波の大江山は頼光の嫡子頼国に征伐せさしめ当国千丈が嶽は頼光自ら潜行して酒呑童子を誅伐ありしなり」と解説している。後述するが、『丹後奮事記』のころには、丹後の「大江山」を受け入れて二つの「大江山」の存在を認めていたようである。

2　「みうへがたけ(三上が岳)」の場合

丹後の「大江山」を舞台とする鬼退治伝承に、聖徳太子の異母兄弟に当たる麻呂子親王が三悪鬼を退治するという話(以下「麻呂子伝承」とする)があり、鬼の住処を専ら「みうへがたけ」と呼んでいる。「みうえ」は「見上」と表記することもあるが、この呼称は、「千丈」「千町」が「禅定」の訛伝であったように、「ぜんじょう(禅定)」を「さんじょう(三上)」と訛伝し、[14] その音読みを訓読みに換えて「みうへ」と称したものと思われる。

この語りを伝える最古の文献は、清園寺(福知山市大江町河守)蔵のいわゆる「清園寺縁起」(掛幅絵三枚)で一四世紀前半の作成かと見られている。しかし詞書がなく、[15] 語りの中のモティーフに関して具体的な固有名などは分からないが、幸い同内容のものが丹波市市島町の清薗寺に江戸後期の模写本(新本とする)が漢文体の略縁起と画中詞をともなって蔵されている。しかもこの模本が原本(旧本とする。一四世紀前半制作か)をかなり忠実に模していたことが、原本の部分が判明して分かったという。大江町清園寺の漢文体略縁起では「三上嶽」としているが、丹波市の清薗寺のものでは旧本・新本ともに「与佐大山」とあることから、もとは鬼の住処は「与佐の大山」と語られていたのである。この呼称の名残は、室町末期の制作かとされる竹野神社(京丹後市丹後町)蔵の「等楽寺縁起絵巻」(「丹後の地名由来」二六九頁参照）に「与佐山」とあり、[16] また京丹後市弥栄町の等楽寺蔵「丹後国竹野郡等楽寺縁起」（漢文体）でも「与佐山」「与佐大嵩」とある。[17]

麻呂子伝承を伝える文献の多くは丹後で編まれたものであるが、一部に都で制作されたものとして謡曲がある。観世弥次郎長俊（一四八八～一五四一）作「丸子」（廃曲・未完謡曲集十四）では、「丹州与謝の郡みうへが岳」とあり、「いさむ心は大江山、みうへが岳に着にけり」とあるから、「みうへが岳」を「大江山」、あるいは「大江山」連峰の一つと認識していることが分かる。「丸子」は「麻呂子」のこと。京丹後市久美浜町の円頓寺蔵「円頓寺惣門再興勧進帳」は都の三条西実隆の自筆文書（『実隆公記』から分かる）であるが、この「勧進帳」に「麻呂子伝承」に触れる記述がある。謡曲「丸子」の作者長俊と実隆とは交流が有り、また絵師の窪田統泰らとも交流があったという。実隆を通して丹後に伝わる「麻呂子伝承」が長俊にも知られていたのであろう。一六世紀前中期の作と見られている。

また、謡曲「真名井原」（別本に「魔無原」・いずれも未完謡曲集続十三所収）に「丹州へと急ぎ候…露わけ行や大江山、幾野の道も末すぐに、よざの海山名も高き…真名井の原に着にけり」とあるが、「真名井原」は丹後一の宮籠神社の奥宮のことであろうから、この「大江山」も丹後のそれと見てよい。『大蔵虎明・能狂言集』の「萬集録」に「見うゑ」という間狂言がある。「鬼が城」「丹後にすめる鬼」とあるから、「見うゑ」は「みうへが岳」のことと分かる。「麻呂子伝承」を踏まえた作であろう。

竹野神社蔵「斎宮大明神之縁起」（絵巻・制作は室町後期か江戸初期か）では、「麻呂子親王」を「金麿親王」とする。「斎宮」（地元では「いつきさん」と呼ぶ）は竹野神社の別称であるが、この斎宮の系統の伝本・資料では「金麿親王」で共通する。山の名は「みうえがたけ」「見上山」としており、別に「大枝山」が画中詞などに登場する。「大枝山」は山城の「大江山」であろう。しかし、江戸後期の文献では「みうへが嶽」の名がなく「大江山」としか出てこないのは、「麻呂子伝承」の山を「大江山」とするものが現れてきたことを意味する。

「宮津領主京極時代宮津領峯山領絵図」に「大江山(千丈ヶ嶽)」[18]とあり、その傍注に「みうへヶ岳」としている。三つの山名が同一の山の異称と見られており、特に「大江山」の名が表に立っていることが注目される。

3 「与佐の大山」または「大山」の場合

偽書と認められる文献ではあるが、[19]いわゆる『丹後国風土記　残闕(加佐郡)』で、日子坐王が鬼ならぬ「土蜘蛛」を退治する(後に詳しく触れる)舞台としているのは、「与佐の大山」で、丹後の「大江山」のことと見られる。

「与佐の大山」の名が見られる初出文献は、『和泉式部集』(五八二)の歌、

⑤ 待つ人はゆきとまりつつあぢきなく年のみ越ゆる与佐の大山(和泉式部)

これは、都に上った夫の帰りを、丹後の国府で待っているときの和泉式部の歌で、後世、光俊朝臣の歌(『夫木和歌集』・「宝治二年百首」の歌)にも、「橋立や松原越しの与佐の大山」と国府あたりに視点においた歌を詠んでいる。

意味は、国府のある与謝(郡)の背後の山(山々)、の意であろうが、同類の発想で捉えられたと思われる呼称には、他に『宇治拾遺物語』巻十一の「丹後守保昌」のことを語る話に「与謝の山」とあり、同話を伝える『古事談』では「ヨサムノ山」とする。また『十訓抄』三には「よさの山」とある。先に見たが、謡曲「大江山」に「大江山」とは別の山として「大山」とだけある山が登場する。この「大山」を「与佐の大山」とみる説もあるように、[20]丹後国では国府にいる官人ばかりでなく地元の人々は、「千丈が岳」などを単に「大山」とも呼んでいたのかも知れない。[21]

「与佐の大山」の名は、すでに2「みうへがたけ(三上が岳)」の場合にも見たが、氷上郡の清薗寺蔵の「麻呂子伝承」の絵巻では三悪鬼の退治の舞台を「与佐の大山」としている。しかし、のちの「麻呂子伝承」では、それが「みうへ(三上)が岳」と呼称が変わったことは明らかである。このことを踏まえると、偽書ながら『丹後国風土記残闕』が「与佐大山」としていることは注目してよい。青葉山に住む土蜘蛛(兇賊)陸耳の御笠を誅伐するよう勅命

を受けた日子坐王が陸耳を逐い立てるが、匹女等を連れて土蜘蛛はあちこちと逃げ惑う。日子坐王は石占によって遂に「与佐大山」に逃げ込んでいることを突き止める、と言う話である。[22]

注目したいことに、やはり偽書とはされているが、「但馬国司文書」と言われる一連の文献にも「与佐の大山」が登場する。あちこちの箇所に、青葉山の陸耳御笠の誅伐を命じられた彦坐王が息子の丹波道主命をお供に陸耳を追い回すという、詳しい話が記述されているが、例えば『但馬世継記』朝来郡の条では、『丹後国風土記　残闕』とほぼ同内容で陸耳を逐いたてる彦坐王の行状が語られていて、そしてやはり占いで陸耳が「大山」に登ったことを知ったというのである。そこに「称其大山、云所寄」とあり、割注で「所寄此云与佐」として、あとでは「所寄之大山」（与佐の大山）とも語る。

ところで問題は、「与佐の大山」とはどの山のことかについて、江戸以降の地元の地誌類では、宮津街道（あるいは京街道）の普甲峠の近くの「普甲山」のこととしていることである。[23] 普甲峠の西側になる「千丈が岳」ではなく、「普甲山」は峠の東側にあって、二つは全く異なる山である（もっとも「大江山（連峰）」を広く取れば、どちらの山も含まれるが）。

「丹後与佐海図誌」（元禄二年〈一六八九〉）の絵図に描かれた山の注記には「千丈が岳是鬼が岩屋なり」とするのみであるが、その「丹後与佐海名勝略記」の「普甲山」の項では「大山といふ名所也」として、「左の方に千丈が嶽鬼が岩窟あり、是をも大江山といふに式部か詠に、大江山いく野とつつけたるは老の坂の事也」とある。そのあと和泉式部及び光俊の「与佐の大山」の歌を引いているが、江戸初期のころ地元では単に「大山」と言っていたが、よその土地から見れば、「与佐の大山」と言ったということであろう。また、小式部内侍の歌の「大江山」を山城の「大江山」と躊躇なく述べている。

『丹後州宮津府誌』（宝暦一一年〈一七六一〉）は「名所之部」に「与佐の大山」を立項し「橋立図記に普甲山の事と

す」と認め、「普甲山」は別に項を設けている。また「千丈が岳」の項では、「大江山」には触れていないが、享保一六年の遊行上人快尊の歌「治まれる君か御代にはおそろしき鬼か岩屋も住まずなりぬる」をあげていて、鬼退治伝承の存在を示している。

『丹後舊事記』（天明年間〜文化七年〈一八一〇〉）もほぼ同様とは言えるが、認識に注目すべき展開もみられる。「与佐の大山」の項では、「普甲峠千丈が岳も皆此山の続なり」とし「山陰道の往来なり」（このこと後述）としていることが注目される。また、「普甲山」の項で「天橋記に此山を与佐の大山といふ名所と記せり」とし、やはり「帝都より南麓内宮村迄二十四里あり、山陰道往来の大道なり」としている。まだ「大江山」の項は立項されず、「千丈が岳」の項に「此峰を千丈が岳といふ、俗には此山も大江山といひならはせけれども、彼小式部の内侍の大江山幾野の道の遠ければと詠続たる、丹波丹後の両国はむかし大江氏の旧領なりしにより両国の山の惣名なり」として、「千丈が岳」が「大江山」とも言われることを「俗には」としながらも受け入れており、二つの「大江山」が存在することの合理化が見られるのである。

『丹後名所詞花集』（嘉永四年〈一八五一〉）では「普甲嶺」を「一名大山」としている。

なお、成立年代が不明であるが、『丹州三家物語』では「大山」が立項され、「与佐の大山」の歌を例証に上げている。『丹後風土記』では、「普甲山」の項で「此処は大山と云名所なり」としてやはり「与佐の大山」を詠んだ歌を上げている一方、「大江山」の項を立て、「本名は千丈が岳、土人は御岳と称す」とあって、山名として「千丈が岳」に代わって「大江山」が表に出て来ていることが注目される。ただし「小式部の大江山の哥の事は老の坂の事也」と見ている。

普甲山に因んだ名と言われる(24)「普甲峠」とは、現・福知山市大江町から宮津市へ抜ける街道であるが、この峠近くの山を「大山」、そして和泉式部等が「与佐の大山」と呼んだとすれば、丹後国建国以降のある時期から国府のあった現府中への官道が山陰道からはずれて、この峠を越えるものであったことを意味するのではないだろうか。行政の道で有り、この街道に元伊勢を名のる内宮外宮といわれる社があって、神の道でもあったのではないだろうか。勿論、歴史家によって考証されている官道は、福知山から雲原を経て、与謝峠を越えて加悦谷を通って府中に行ったと見られてはいるのである。従って、名古屋市博物館蔵『倭名類聚抄』が与謝郡の箇所に載せる「駅家郷」の「駅うまや」も加悦谷にあったと推定されているのである。(25)

三　山名「大江山」の丹後への定着

1　地誌にみる「大江山」の扱い

先に『丹後風土記』（成立年代不明）が、「大江山」を見出しに立てていることを指摘したが、『丹後名所案内』（文化一一年〈一八一四〉）では「大江山」を見出しに立て、「大江山に酒呑童子隠家有、常に丹波老の坂へ住居到れども都近故憚りて此大江山に隠れて」と述べ、「千丈が岳より老の坂へかよいける」などと二つの「大江山」を説明している。『丹哥府志』（天保一二年〈一八四一〉）になると、「大江山（一名千丈が岳）」とし、「愚案ずるに小式部のよめる大江山は丹波の大江山今老の坂といふ処なりと往々註者の説あり。実はさもあらんか知らねど丹後の大江山も名高き地所なれば（云々）」とまで述べるに至っている。なお、「北丹勝景集」（安政四年〈一八五七〉）では本文中の挿図の山に「大江山」としている。こうしてみると、おそらくは一八世紀末ごろには、民間において「千丈が岳」が丹後の「大江山」として受け入れられて定着していたものと思われる。

1で、丹後の「大江山」の、地元での定着を見たが、そもそも山城の「大江山」から丹後の「大江山」への移動を誘導したのは、酒呑童子伝承であった。源頼光一行が鬼退治する際に山伏姿で鬼ヶ城に乗り込んでいることから、早くから丹後の「大江山」に鬼退治の伝承の舞台を誘導する上で修験道の山伏衆が深く関わっていただろうことは指摘されていたが、京都府立丹後郷土資料館の特別陳列図録二五「修験僧智海とその時代―十五世紀の丹後」の「丹後の修験道」の項がその間のことを簡潔に解説している。熊野や大和を始めとする修験の山々を往来する山伏達が都や諸国の状況を伝達する使者の役割を果たしていたと指摘している。

2　丹後の修験道

特に注目されるのは、一五世紀半ば以降活躍した修験僧智海（籠神社の神護寺・大聖院の僧）の存在である。智海は、生涯に多くの不動明王の像を描いたことで知られるが、不動明王は修験の守護神として山伏たちの信仰を厚くしたことで知られる。(26) 智海の墨で描いた不動明王像には脇に二童子を控えた図柄が目立って多いが、酒呑童子の絵伝の類の中に、頼光一行が鬼ヶ城で酒呑童子と初対面する場面で、酒呑童子が脇に二童子を控えて現れる図柄のものが有り、両者はよく似ている。例えば、伊吹山系の絵巻でサントリー美術館蔵の『酒伝童子絵巻』、舞鶴市の糸井文庫の『酒伝童子物語』、さらに名波本『酒天童子絵詞』、慶応大本『しゅてん童子』などである。(27) 二童子が、本文に出てくる酒天童子の眷属として登場する「かなくま（金熊）」「いしくま（石熊）」と関係あるのか、絵のモデルとして、不動明王をモデルに酒呑童子が描かれたのか、特に酒呑童子伝承の伝本間の系統と関係等については、今後の課題とせざるを得ない。

【注】

（1）以下、表記上「大枝山」も含めて「大江山」とする。ただし、必要に応じて「大枝山」とすることもある。
（2）「大江山」の地名研究としては、糸井通浩「地名研究の恍惚と不安―『大江山』の場合」（「勉誠通信」二四号、『谷間の想像力』・清文堂出版）、綱本逸雄「大江山（西京区）」（『京都の地名　検証』（勉誠出版）、拙稿「千丈が岳」（『京都の地名　検証』２（勉誠出版、本書Ⅲ参照）などがある。
（3）「丹後与佐海図誌」（元禄二年）など、後述する。
（4）伝承名としては「酒呑童子」の表記で統一する。
（5）拙稿「歌枕『大江山』考―小式部内侍の百人一首歌をめぐって」（『京都教育大学国文学会誌』二〇号、本書Ⅳ参照）。
（6）岩波日本古典文学大系本による。
（7）ここでは、大和からの旧丹波路のこと。
（8）謡曲など、このことについては後に詳述する。
（9）「大江山越えていく野の末遠み道ある世にも逢ひにけるかな」（『新古今集』・範兼）などがある。
（10）足利健亮「老ノ坂と古道」（村井康彦編『京都・大枝の歴史と文化』思文閣出版・所収）。
（11）金田章裕「大枝の自然環境」（（9）に同じ）。
（12）瀧浪貞子「国境の里」（（9）に同じ）。
（13）（9）に同じ。
（14）高橋昌明『酒呑童子の誕生―もうひとつの日本文化』（中公文庫）。
（15）鳥取県に「大山《ダイセン》」の例があるように、「禅定《ゼンジョウ》」を「山上《センジョウ・サンジョウ》」と捉え、「三上」とも表記、それを「みうえ」と訓読したのかも知れない。
（16）当寺には別に冊子本「当山（清園寺）略縁起」（漢文体）がある。
（17）勿論、「みうゑかたけ」ともある。
（18）以上の文献は一つの書承系統をなすか。モティーフの上で、奇瑞を語る「焼き栗」のエピソードが共通していることとが他の伝本と異なる特徴である。

(18)「大江山」が表に立ち、「千丈が岳」が説明の詞になっていることに注目したい。

(19) 加藤晃「『丹後風土記残欠』原写本について」(『両丹地方史』第四一号)、同「『丹後風土記残欠』との決別」(『舞鶴地方史研究』第三六号)ほか。

(20)(13)に同じ。

(21) 鳥取県の山名「大山」も同様であろう。

(22)『古事記』(崇神記)では、「日子坐王をば旦波国に遣はして玖賀耳之御笠を殺さしめたまひき」(岩波日本古典文学大系による)とあるのみである。

(23)『丹哥府志』では、「与佐の大山」の項で「普甲寺の東今杉山といふ」とする。

(24)「普甲」の語源について、私見では「(風が)吹きあふ」の意とみる(『京都地名語源辞典』東京堂出版・「普甲山」参照)。

(25)『宮津市史　通史編上』の第四章第二節「丹後の国府・駅路・条理」の項(金田章裕氏の執筆)による。

(26) 高瀬重雄『古代山岳信仰の史的研究』(名著出版)による。

(27) 酒呑童子伝承の伝本等については、佐竹昭広『酒呑童子異聞』(平凡社選書)に多くを学んでいる。本書には絵画と詞書との間に見られる「ずれ」の問題も指摘されているが、伝本系統を整理する上で無視できない事象(要素)である。

初出一覧

Ⅰ　和語地名の研究のために

日本語の歴史と地名研究　『日本地名学を学ぶ人のために』（世界思想社・二〇〇四年）

難読・難解地名の生成（上）『地名探究』一四号（二〇一七年）

難読・難解地名の生成（下）『地名探究』一五号（二〇一八年）

Ⅱ　地名の諸問題

「原・野」語誌考　『愛文』（一五号・一九七九年七月）

（参考）京の「野」地名　『京都の地名　検証』（1）（勉誠出版・二〇〇五年）

地名（歌枕）の語構成―連体助詞「が・の」を含む地名　『国語語彙史の研究』二〇号（和泉書院・二〇〇一年）

古代音節「す・つ」を巡る問題―「次」の訓をめぐって　原題「地名に見る「す・つ」の問題―丹後の地名「久次」をめぐって」『地名探究』（八号・二〇一〇年）

「あしずり」語誌考　『国語語彙史の研究』六号（和泉書院・一九八五年）

Ⅲ　京都・山城の地名を考える

木簡にみる山城の郡郷名　『地名が語る京都の歴史』（東京堂出版・二〇一六年）

（参考）もう一つの山背　「都藝泥布」四八号（二〇一四年）

（参考）乙方　『京都の地名　検証』3（勉誠出版・二〇一〇年）

難読地名「一口」と疱瘡稲荷　『朱』五三号（伏見稲荷大社・二〇一〇年）

（参考）「一口」「稲荷」『京都の地名　検証』（1）（勉誠出版・二〇〇五年）

五条（現松原）という空間　『京の歴史・文学を歩く』（勉誠出版・二〇〇八年）

（参考）　夕顔の宿　朴光華韓訳注『源氏物語』夕顔巻

「嵐の山」から「嵐山」へ―小倉山との関係をめぐって　『地名探究』一〇号（二〇一二年）

（参考）定家の山荘名―「小倉山・嵐山」考補遺　「都藝泥布」四九号（二〇一五年）

三年坂（産寧坂）考―伝承と地名　『地名探究』一一号（二〇一三年）

京の「アガル・サガル」（付・イル）考　『国語語彙史の研究』二六号（二〇〇七年）

（参考）「上る」か「上ル」か　「都藝泥布」四〇・四一号（二〇一一年）

Ⅳ

丹後の地名を考える

木簡が語る古代丹後　『地名探究』一三号（二〇一五年）

地名「間人」について―「はし」という語を中心に　『地名探究』創刊号（二〇〇三年）

（参考）古代文学と言語学（抄）『古代文学講座』第一巻（勉誠社・一九九三年）

丹後の地名由来

「日置」「朝妻」「新井崎」「筒川」「大内峠」「千丈ヶ岳」

「鳥取」「船木」「奈具」「久次岳」「熊野」「木津」「周枳」

『京都の地名　検証』（1）2・3（勉誠出版・二〇〇五～二〇一〇年）

「一色軍記と地名」京丹後市史資料編　『京丹後市の伝承・方言』（京丹後市・二〇一二年）

歌枕「大江山」考―小式部内侍の百人一首歌をめぐって　『京教大国文学会誌』（一〇号・一九八五年）

山名「大江山」、丹後への定着　『地名探究』一二号（二〇一四年）

あとがき――「糸井」という地名　『地名探究』一〇号（二〇一二年）

あとがき──「糸井」という地名

日本語では、地名と人名（姓）が同じであることが多い。住む所を指す言葉がそこに住む人々一族の姓にもなったことによるものと考えられる。地名が先で人名が後というわけである。しかし「糸井」も人名・地名ともに存在するが、この場合通常とは逆で、人名が先で地名が後の例になる。現在人名の「糸井」は群馬の「糸井」と丹後（京都府）の「糸井」と言われるように偏在しているが、一方地名の「糸井」は、次のようである。

北海道の苫小牧に「糸井」という駅名を見つけたときは、不思議な気分になったことを思い出す。しかし、調べてみると、もと「小糸魚(こいとい・村)」と言ったが、「よみやすくする」(?)ため「糸井」となったという。越後には「糸魚川」という地名がある。この方は、もと文献初出例など当初は「糸井川」と表記されていたが、嘉吉年間の資料以降、「糸魚川」と表記されるようになって現在に至っているようだ。糸井造の開発した糸井荘に由来するという伝承があるようで、人名から地名がついたことになる。

姓名としての「糸井」は、平安初期の『新撰姓氏録』に記録があり、三宅連とともに新羅から渡来した王子・天の日矛の後裔とされる氏族の一つである。「糸井造」であった。地名では、『和名類聚抄』但馬国養父郡に糸井郷がある。円山川上流の糸井川流域の村である。領域内には、天の日矛を祀る兵主系の一つである式内社・更杵兵主神社や天の日矛の子孫を祀るとされる、やはり式内社の佐伎津比古阿流知命神社も存在している。「阿流知」とは、コリア語ではないか。北隣の出石郡出石郷には、天の日矛渡来伝承でよく知られる、天の日矛を祀った式内社・伊豆志坐神社がある。

糸井郷は、古代から製糸が盛んで、「郷中に製糸に適する良水を出す井戸」があったことから、郷名を「糸井」と称したと言われるが、地名「糸井」はこの地に限って存在するわけではない。しかし、「糸」が絹糸を意味したことは間違いなく、糸井氏族が織物の技術を持った氏族であった可能性は高い。「いと」は、「シルク(絹)」のコリア語「イル」の日本語化した外来語であった、と解く国語学者(亀井孝)がいる。日本語とコリア語とで音韻上、「L(R)」と「T」の対応があることは従来指摘されていることである。つまり「イル」が日本語では「いと」になる。氏族名としての「糸」の意味は、以上のように考えていいと思うが、では「井(ゐ)」はどんな意味であったのか、は判然としない。

奈良県川西町結崎は、観阿弥・世阿弥による結崎座発祥の地としてよく知られているが、ここに式内社・糸井神社がある。祭神は、豊鍬入姫命であるが、相殿神に「綾羽・呉羽」明神を祀っていて、織物の神の性格が見える。隣町には式内社・比売久波神社があって、両神社の間には、深い関係があったと見られている。「ひめくは」とは「蚕桑(蚕養とも)」を意味しているという。隣の三宅町には「但馬」という地名もあり、この辺り一帯が、天の日矛系氏族の、一つの拠点であったことを思わせる。さらに大和には、田原本町に平安期には確認できる「糸井」の地名もあった。

地名の「糸井」は他に、群馬の赤城山麓、広島県三次市、兵庫県姫路の太子町にも見られ、これらが渡来の糸井造とどういう関係にあったか、今後の私の課題である。(「「糸井」という地名」(『地名探究』一〇号、二〇一二年)

日本語では、地名と人名が共通することが多いことを述べたが、広げて考えれば、日本語では居場所を指す言葉がそこに居る人を指す言葉にもなることが多いのである。「みかど」は「御門＝帝」であり、特定の女性を指す「北の方」「奥方」「御台所」「女房」などは、もともと居場所を指す言葉であった。「―殿」も本来建物を指す「殿」から、そこに住む主をも指すようになり、書簡などの敬称にも用いられるようになった語である。また、国定忠治、清水の次郎長など「地名＋人名」の呼称法があり、宮本武蔵も一説に「宮本」は出生地の村名とするという例もある。

筆者は、数年後に二十周年を迎える京都地名研究会に設立から所属しているが、それ以前から「地名」、特に古代のそれには関心を持っていた。「地名学」は、言わば諸学問と関わる総合的な学問であるが、私は専ら古代日本語はどういう言語であったかを究めるために「古代の地名」をもその観点から研究したいと思ってきた。日本語（国語）史のための「地名学」である。その思いは今も変わらない。少なくとも「地名」は言葉である。その有り様は多く「言語」の存在の有り様にそうものである。しかし、現行の地名研究には、地名が言葉であることを軽視、或いはそのことに無知、無頓着な論も見かけられ、物足りない思いである。

今度は、吉田誠氏（京丹後市教育委員会）に写真のことなどで大変お世話になった。紙上をかりて感謝申し上げる。

このところ専著の出版で清文堂出版にはお世話になり続けている。直近の二著では、前田保雄様に編集を担当して頂き、苦労をおかけしたのだったが、この初夏六月、悲しいことにご逝去との報に接し、大変驚いた、心からご冥福をお祈り申し上げたい。本書は同社の松田良弘氏が編集をご担当くださり、きめの細かいチェックなど、大変お世話になった。ここに感謝申し上げたい。

平成三十年十二月一日

糸井　通浩

糸井通浩（いとい　みちひろ）

［略　歴］

1938年京都・嵐山生まれ。小・中・高時代、丹後（現京丹後市）で育つ。

1961年京都大学文学部卒。日本語学・日本古典文学専攻。

国公立の高校教員（国語）、愛媛大学助教授を経て、京都教育大学・龍谷大学名誉教授。

京丹後市史編纂委員、京都地名研究会事務局・副会長などを歴任。

［主な専著］
『古代文学言語の研究』、『「語り」言説の研究』（以上、和泉書院）。
『日本語論の構築』、『谷間の想像力』（随想集）（以上、清文堂出版）ほか。

［主な共編著］
『小倉百人一首の言語空間—和歌表現史論の構想』
『物語の方法—語りの意味論』『日本地名学を学ぶ人のために』（以上、世界思想社）・
『後拾遺和歌集総索引』、『王朝物語のしぐさとことば』（以上、清文堂出版）、
『京都学を楽しむ』『京都の地名　検証』（1）・2・3（以上、勉誠出版）、
『京都地名語源辞典』『地名が語る京都の歴史』（以上、東京堂出版）ほか。

古代地名の研究事始め
—山城・丹後の伝承・文学地名を中心に

2019年4月25日　初版発行

著　者　糸井通浩©
発行者　前田博雄
発行所　清文堂出版株式会社

〒542-0082　大阪市中央区島之内2-8-5
電話06-6211-6265　FAX 06-6211-6492
ホームページ =http://www.seibundo-pb.co.jp
メール =seibundo@triton.ocn.ne.jp
振替00950-6-6238

印刷：亜細亜印刷株式会社　製本：渋谷文泉閣
ISBN978-7924-1443-6　C3081